| 光明社科文库 |

农村股份合作社的治理转型
村—社自治视角

吴素雄◎著

光明日报出版社

图书在版编目（CIP）数据

农村股份合作社的治理转型：村—社自治视角 ／ 吴素雄著 . -- 北京：光明日报出版社，2019.3

ISBN 978 - 7 - 5194 - 5114 - 1

Ⅰ.①农… Ⅱ.①吴… Ⅲ.①农业合作社—转型经济—经济管理—研究—中国 Ⅳ.①F321.42

中国版本图书馆 CIP 数据核字（2019）第 040157 号

农村股份合作社的治理转型：村—社自治视角

NONGCUN GUFEN HEZUOSHE DE ZHILI ZHUANXING：CUN—SHE ZIZHI SHIJIAO

著　　者：吴素雄

责任编辑：李月娥　　　　　　　　　责任校对：赵鸣鸣
封面设计：中联学林　　　　　　　　责任印制：曹　净

出版发行：光明日报出版社

地　　址：北京市西城区永安路 106 号，100050

电　　话：010 - 67014267（咨询），63131930（邮购）

传　　真：010 - 67078227，67078255

网　　址：http：//book. gmw. cn

E - mail：liyuee@ gmw. cn

法律顾问：北京德恒律师事务所龚柳方律师

印　　刷：三河市华东印刷有限公司

装　　订：三河市华东印刷有限公司

本书如有破损、缺页、装订错误，请与本社联系调换，电话：010 - 67019571

开　　本：170mm×240mm

字　　数：348 千字　　　　　　　　印　　张：20

版　　次：2019 年 5 月第 1 版　　　　印　　次：2019 年 5 月第 1 次印刷

书　　号：ISBN 978 - 7 - 5194 - 5114 - 1

定　　价：95.00 元

目　录
CONTENTS

内容提要

我国农村股份合作是对原村级集体经济资源量化改造的一种治理形式,然而,这种股份合作经济实质是基于原村级集体经济的地缘约束及其成员身份资格的社区经济,它阻碍了当前农村股份合作制的治理结构与治理体制的变革。地缘与身份对股份合作经济的影响放置到我国农村的治理背景中形成了村庄政治约束村庄经济的局面,这种政治约束使得农村股份合作社难以作为市场主体进行要素交换、流动、优化配置与扩张。因此,村社自治背景下农村股份合作制的改革的出发点与归宿点就是要实现村庄政经的分离,还原农村股份合作社单一的经济属性。然而,这个分离不仅涉及农村股份合作社治理的宏观结构与体制的变革,微观上还与股份合作社的政策权变以及各种影响变量相关联。因此,农村股份合作社的改革是一个综合的自上而下与自下而上的双向推进过程,这个过程既包含着治理节点推进的逻辑,也包含着面上对农村集体经济与农村村社自治的治理历史与现状的谨慎回应与关照。

●当前村社自治与农村股份合作的相互嵌入现状。农村股份合作制是一种介于股份制和合作制之间的经济组织形式。它在村民合作劳动的基础上,吸收了股份制的资金吸纳及按股分红的方法,使劳动合作和资本合作有机结合。但基于农村股份合作社与村庄公共管理与社会服务地缘与身份的交叉,两者结合与嵌入的结构、体制、环节及成员心理存在着较大的不一致性,主要表现为四个方面。

(1)村社自治下股份合作社"政社不分"的结构与体制。村支部、村民委员会和股份合作社多数是按照"一套班子、三块牌子"的模式来运作的,虽然名义上机构分设,但在实践中,却是三个组织的选举与换届往往同步进行,管理人员交叉任职,多数地区账目不分、职能重叠。在这种架构之下,股份合作组织的领导既是经营者又是社会管理者,其内部治理容易出现以政代社、政社不分、权责不明的现象,这背离了现代企业制度的要求。特别是农村社区民主治理的"一人一票"与股份合作社治理中的"一股一票"原则不一致,民主的公平性、开放性与集体经济的差异性和封闭性存在矛盾,会削弱社员参与股份合作的热情,进而影响民主制度与经济制度之间的有机融合与相互促进。

(2)村社自治下股份合作社福利主义决策的结构与体制。村集体资产通过量化重组并按比例与社员个人挂钩,使合作社成员有了合作社的剩余索取权,但合作社会的资产仍然是公有性质,这意味着所有权与分配权的分离,这种关系也促使社员不关心资产运作,只关心个人收益。合作社效益不影响股东福利分红的准入条件,这种沿习于原来集体经济模式下的平均主义,会削弱对经营者的激励,这也是目前股份合作社在决策效率与民主上的两难选择。

(3)村社自治下股份合作社经济与社会治理的双重身份。股份合作社引入了现代企业的运作模式并有了市场化运作的身份,但当前大多数农村股份合作社的原初设计是对城市化过程中失地农民权益保护的被动回应,没有根本上改变现存的土地制度及农民对村集体的依附关系,这意味着改制后的村股份合作社还要承担农村社区居民的社会医疗保障及其他诸多的社会服务与管理的功能与职责,这种双重负担不利于农村社区股份合作社的健康发展。

（4）村社自治下股份合作社产权与股权的结构性矛盾。村股份合作社无法向真正的社区股份合作社转变，其根本原因在于集体资产的所有权属于原村符合条件的居民，然而，随着城市化发展，原村地缘意义的社区已经融入了大量的迁移人口与外来人口，但集体资产分配的权利范围仍然被严格地限定于早期享有村民资格的成员，而且，社区之外的法人与个人资本不能进入，许多地方后续迁入的个人同样也不能享有收益分配权。另一方面，尽管股权可以继承，但缺乏交易的操作平台，妨碍了股权的规模交易，制约了村级社区股份合作社的成长与扩张，与股权的开放性要求相矛盾，也间接造成了新流入居民与原居民利益对立，不利于地方治理。

●**村社自治视角下农村股份合作社的实践困境。**除了村庄政经关系不顺所导致的宏观的层层递进的制约性因素，农村股份合作社即使在当前政经合一的关系结构下仍然存在着微观实践的困境，集中体现于结构缺陷、体制约束、变量影响三个方面。

（1）结构缺陷。股东大会作为最高权力机构并没有能够充分发挥自身所应该具备的功能和作用，同时作为日常决策管理机构的董事会却权力过大。合作社的经理人受制于自身的经验、知识等限制，并不能很好地执行合作社的政策，执行力普遍偏弱。监事会并没有起到相应的作用，反而成为董事会的附属机构，并不能起到监督约束的作用。总体上看，三者之间的相互促进与监督制衡作用不够理想。

（2）体制约束。投票决策体制缺乏有效的机制支撑使得民主流于形式。投票主体缺乏代表性，主体的产生、参与不够公开、公正，而且，投票主体对于自身的权利义务认识不够深刻。投票过程缺乏透明性，没有约束机制或者相应的约束机制起不到应有的作用，从而导致投票结果也缺乏相应的客观性与说服力。股份合作社的行政管理体制不够健全，党政领导人干预过多，专业经理人的优势和专业得不到很好地发挥。社员和股票流动机制不够灵活，社员加入、退出和股权的新增、继承、转让的成本都过高，并且手续繁杂。

（3）变量影响。目前的农村股份合作社的影响变量主要包括组织、盈利、管理、规范和稳定五个方面。农村股份合作社的盈利能力除自身的经营管理还与所处地区的经济发展水平相关联，相对来说，地区经济发达地区股份合作社发展更为容易。村民受限于自身的知识水平，在管理方面基本是依赖自身的实际经验，并没有相应的系统管理知识体系，这妨碍了股份合作社的管理水平的提高。股份合作社法律法规的建设仍处于初级落后阶段，不足以为现阶段的农村股份合作社的健康发展提供充分的法治条件。同时，政府对农村股份合作社发展的政策支持对其发展却有着决定性影响，因为稳定、持续的政策支持有利于转型期农村股份合作社的稳定与持续发展。

●**村社自治视角下农村股份合作社的治理节点**。农村集体资产股份合作制改革所出现的问题，并不能否认这一制度创新的合理性和必要性。因而要通过改革来实现其有效治理，但改革要找到出发点与突破点，才能围绕这些节点找到解决问题的具体思路。农村股份合作社的改革的核心是要还原其单一的经济属性，所以，要剥离其社会服务与管理职能，由此出发，农村股份合作社的改革要从以下四个节点实现突破。

（1）股份合作制方案在设立之初，可更多考虑村党组织及自治组织在董事会中的固有席位。但长期来看，要厘清上级政府、村党组织及自治组织与农村股份合作社的关系，关键在于确立股份合作社的单一经济法人地位，同时加强其监管和规范。符合条件的产权主体可以进入合作社，以形成新的生产力、迅速扩大生产规模。

（2）要剥离股份合作社的社会属性，合理的办法是设置公共服务基金，以政府加大对农村公共服务的投入代替股份合作社提供自治组织的运作经费,让股份合作社成为角色单纯的经济运营体,解除"一人一票"和"一股一票"之间关于公平性的矛盾,保证自治组织立足于公共服务,在经济上与合作社分离,从而理顺民主制度与经济制度关系。

(3)除了将现代企业制度融入股份合作社的管理中,作为经济载体的农村股份合作社,要形成真正民主的决策机制,合理方式是推动股份合作制向股份制的转变,实现个人股自由流通,股东自由退出,以股东直接民主决策机制取代原先股东代表大会的代议制。在此基础上,社区自治的小范围协商民主与股份制公司更大范围内的直接民主相结合。

(4)股份合作制是城乡分割治理下的特殊制度,应随着城镇化发展而退出。改制后的股份公司需要通过货币方式缴纳使用权属费用,避免既得利益群体对集体资产侵占,同时要健全股份公司债权债务规范。应对经营不善的股份公司设定破产条件,要求其与股份有限责任公司一样具有有限债务偿付制度,从制度上规范集体资产可延续经营。

●**村社自治视角下农村股份合作社的改革对策**。农村股份经济合作社的推进,不是一个单纯的政治或经济的抽象过程,而且还深层关联着文化、心理与经营者及成员的教育,是一个全面的综合过程,推进这个过程的具体化主要从以下三个方面深入。

(1)结构调整。第一,社员结构调整。首先应该通过培养合作社内部人员的专业技能或者从合作社外部引进专业技术人员提高合作社的专业性;其次应该通过建立健全的法规制度并培养社员的维权意识来提高社员的流动性,行使"用脚投票"的权力;最后应该通过克服搭便车的行为和创造有利于社员自治的环境条件来提高社员的自治性。第二,关系结构调整。首先应该建立股东代表大会、董事会(理事会)、监事会三权分立的机构划分,其中股东代表大会享有最高权力;其次,应该平衡董事会(理事会)内部的权力构成,保持董事会(理事会)成员的多样性和均衡性特点,保持普通社员达到合理的职位比例。第三,股权结构调整。首先应该控制集体股和个人股的比例,从章程上对集体股进行限制,在实践中逐步取消集体股;其次应该保持股权的适当差异化,形成激励机制,拒绝平均主义,调整股权"生不加、死不减"的做法;最后应该适当设置募集股,为股份合作社的发展提开放的融资渠道,募集股形式可多样但比重不宜过重。

(2)体制转型。第一,投票决策体制转型。首先要提高投票主体的代表性,投票过程的透明性;其次要提高投票规则的合理性,保证投票结果的客观性。第二,建立更加科学的行政管理体制。首先要形成股份合作社的法人领导体制,严格确定其经济组织的地位,借鉴股份公司的管理经验;其次股份合作社要拥有自主的经营权,减少直接的行政干预,减少对政府的财政依赖。第三,要建立更加严密的内外监督体制。首先要健全内部监督体制,以制度的形式规定监事会的组成和权力,积极发挥股东(代表)大会的监督力量,从多方入手激励理事会成员互相监督;其次要完善外部监督体制,强制公开财务预决算,创建多样化的监督渠道,鼓励普通社员参与监督。第四,要建立更加开放的社员进出体制。首先,社员的加入更加的规范,减少本村人和外村人的区分,对于社员加入的条件和程序要有明确的规定并严格执行;其次,社员的退出更加自由,社员的退出是其自由而非惩罚,社员不会因为退出合作社而蒙受巨大损失。第五,要建立更加灵活的股权流动体制,使股权的新增、继承和转让更加灵活。第六,要建立更加科学的利润分派体制,将按股分配和按劳分派有机结合起来,社员的获利和村社的发展相同步。

(3)政策选择。第一,要推行鼓励自治政策,具体措施包括提高农民的民主意识,鼓励农民积极地政治参与;完善村级民主选举制度,发挥村庄精英的作用;应该充分发挥党组织的民主带动作用等。第二,要发展招商引资政策,具体措施包括开放股权,允许外部资金的进入;吸引外部资金,建设配套企业;将部分可以外部的公共服务外包出去等。第三,发展教育培训政策,具体措施包括大力培养合作社中的专业技术人员,弥补技术人员比例偏低的缺口;培养高级管理人才,解决高等管理人才匮乏的问题;加强农村基础教育建设,普遍提高农村人口的素质和受教育水平等。

第一章

导　论

第一节　研究背景与研究意义

一、国外村社自治的传统

村社自治作为国家基层的一种社会治理模式和组织形式,其存在于一定的自然、地理、历史、文化的背景之中,由于这些因素的不同及时代的变迁,呈现出不同的地域特色。各种村社自治模式的存在既为国家基层社会治理提供了可兹借鉴的版本,同时,也为我们进行区域性、跨学科比较研究,提供了广泛的素材。现以西方传统的村社自治为研究对象,进行时序性、比较性研究,并在探究其差异性的基础上,总结出西方传统村社自治的一般规律。

(一)古代时期:资产阶级革命前的西方村社自治传统

1.史前时期。这一阶段为原始社会时期,人们是依靠血缘关系来维持生产、生活的。原始氏族作为原始社会的基本的社会组织,发挥过重要的社会职能。氏族除了以当时的传统习惯和道德来调解氏族成员间的关系,维护氏族的利益,还设有由氏族全体成员选举产生的氏族酋长或首领、全体成员临时选举产生的临时酋长或首领、各家族首领(长老)组成的氏族议会所构成的。氏族酋长负责领导生产、管理生活、处理内部及与外部的关系。氏族军事酋长负责保护本氏族的生存领地和指挥对外战争。氏族议事会负责处理氏族内部的和外部的事务的谋议。原始氏族的重大事情,基本上是由氏族全体成员参加的民众大会来讨论决定,即通常所说的原始民主制。①

2. 上古时期。指奴隶制的建立到西罗马的灭亡这段时间。在《世界上古史纲》(上册)②中，作者把希腊、罗马共和国时期的"城邦所有制"形式，视为是一种由公有制向私有制过渡的中间阶段的所有制。③ 城邦是村落的集合，城邦先于家庭而存在，城邦内部实现自给自足，形成城邦自治。希腊城内，有大大小小的上千城邦，各城邦之间是相对独立的，在各城邦内部，奴隶归奴隶主所用，共同从事城邦内的生产活动。城邦内部具有自己的管理组织，如议事会，由城邦长老组成，讨论城邦的生产、分配、教育、婚嫁等。亚里士多德在《政治学》中认为"当多个家庭为了获得比生活必需品更多的东西而联合起来时，就产生了村落"，④由此可以看出村落的形成是以血缘关系为纽带的扩大。

3. 中古(即中世纪)时期。即西罗马灭亡到英国资产阶级革命爆发这一时期。农业生产普遍实行农奴制，村社被视为是农奴制的基础。李云飞(2007)认为："农民虽然缺乏劳动的积极性，但领主可以通过强化村社集体管理和农民相互监督来大大转移或降低自营地的监督成本，村社制度可能成为奴隶制的基础。"⑤作者并以中世纪英格兰为例，说明了村社是维系农奴制的基础。对于中世纪庄园与村社的关系，学界形成了"庄园主宰说"和"村社自治说"⑥两种对立的观点，但又都承认了庄园和村社二者是相互依存的关系，即领主在庄园管理的过程中以村社组织及制度为载体，而村社也必须依托领主在庄园中的权威来管理内部事务，强化村社团结。村社议会作为村社的自治机构，其主要职能是制定村规民约、租佃领主的土地，譬如北安普顿郡下属的哈尔斯顿(Harlestone)村庄，在将村社土地由两田

---

① [美]乔纳森·哈斯. 史前国家的演进[M]. 罗林平，等译. 北京：求实出版社，1988：7 – 125.

② 《世界上古史纲》编写组编. 世界上古史纲：上册[M]. 北京：人民出版社，1979：18.

③ 孔令平，董振琦. 略论奴隶社会前期的土地制度——兼驳"东方公有、西方私有"的传统观点[J]. 学术月刊，1981(9).

④ [古希腊]亚里士多德. 政治学[M]. 颜一，秦典华，译. 北京：中国人民大学出版社，2003：14.

⑤ 李云飞. 农奴制的社会基础——以中世纪英格兰为例[J]. 首都师范大学(社会科学版)，2007(6).

⑥ "庄园主宰说"认为当庄园强盛时，居于主宰地位，取代或合并村社；"村社自治说"认为领主或庄园主的影响力比较有限，村社保持相当程度的自治权利，村社是抵制庄园主剥削的屏障。详细参见：Sir Frederick Pollock & Frederick William Maitland, *The History of English Law: Before the time of Edward I*, Vol. I, Cambridge University Press, 1968, the 2nd edition, pp. 83 – 100.

制改为三田制时,村民议会选出9人委员会负责处理此事。可以看出在村社治理过程中,村庄议会的决定主要是通过全体村民的共同参与和决策来完成的。农奴制的存在既有优势,也有劣势,其优势道格拉斯诺斯认为农奴制是农民与领主分担"生产成本"的契约,通过这一方式可以大大地降低谈判成本。同样认为具备优势的还有马克思、密尔沃德。① 劣势在于在领主的控制之下,缺乏劳动的积极性。

(二)近代时期:从英国资产阶级革命到第一次工业革命期间的国外村社自治

村社组织经过了原始社会、奴隶社会和封建社会这样一个过程,但由于各个国家在生产力水平方面的差距及国内政治因素等的多重影响下,村社自治也呈现出明显不同于以往的特征。尽管世界进入了资本主义世界,但像俄国、法国等国家仍然存在着农奴制,美国则存在着奴隶制度。现以比较典型的俄国、印度、越南为例作具体说明。

俄国的村社自治。在18世纪至20世纪初,村社在俄国国内的称呼呈现出差异性,普通农民将其称之为"米尔",称之为"农村公社"或"公社"的一般为受过教育的人。(1)对村社功能及地位认识存在争议,主要有三类看法。一类是支持者(如车尔尼雪夫斯基)。他们认为,村社是社会主义的核心部分,国家借助村社可以跨越资本主义。另一类是反对者(如斯托雷平)。领地贵族把村社比喻为"滋生社会主义杆菌的温床"。还有一类是相对客观的研究者。"亚历山大罗夫的《17世纪至19世纪初俄国村庄》、E.H.巴克拉诺娃的《17世纪末至18世纪初俄国北方农户和村社》、B.H.米罗诺夫的《历史学家和社会学家》及《俄国社会史》"②等对俄国村社的活动机制、社会生活、生产生活、土地分配、职能结构、村社管理等进行了具体的研究。(2)村社产生原因。米洛夫认为俄国不利的自然和气候条件使得农民的生产活动困难,而通过村社这样的强大组织可以有效地降低农民经济、社会上的风险。③ (3)村社职能。绝大多数俄罗斯史学家认为村社的基本职能是

---

① Robert Millward, "An Economic Analysis of the Organization of Serfdom in Eastern Europe", *The Journal of Economic History*, Vol. 42, No. 3, 1982, pp. 513 – 548.
② 曹维安. 俄国史新论[M]. 北京:中国社会科学出版社,2002:397.
③ 米洛夫在其力作《大俄罗斯农民与俄国历史进程特点》中,提出了俄国社会经济史的新概念,其中提出的自然——气候条件对俄罗斯地方村社群体所起的作用,在2005年得到了俄罗斯科学院历史分部的全部认同。

满足农民提出的物质、文化要求，其中土地重分职能最为重要。① (4)村社管理方式。通过村社大会和村长等来处理村社事务。妇女也可以参加村社大会。另外，还通过组建"长者会议"来调解村社中农民之间的纠纷。

印度的村社自治。印度农村村社自治采取的是潘查亚特制度，潘查亚特是管理村社的一种自治组织，它由村社长者组成，又称为"五老会"。(1)出现的时间：据考究，在中世纪时就已经存在。(2)潘查亚特组织的性质：潘查亚特对上即对国家负责，对领主来说是一种乡村自治组织，而对广大村社成员来说，却是一种专制主义的组织。其地位、性质随着政权的变更而变更。譬如在婆罗门时期强化，莫卧儿统治后期，村社瓦解，再到英国入侵，致使其彻底摧毁。(3)主要职能：在英国政府控制印度时期，其主要是充当了其在印度维持农村地区稳定、稳定政权的作用。在甘地争取独立时期，村社由男女五人组成的潘查亚特来负责行政管，其具有行政、立法、司法权。并设想潘查亚特对村社医药、卫生、教育、社会经济伤残及诸如此类事情进行管理。村社拥有公地，对土地拥有控制权并可以划分土地界限。② 另外也有持不同意见的，如赵卫邦(1980)认为村社作为一种基层组织，村社内部存在低种姓和贱民依附于高种姓的情况，低种姓和贱民对整个村社的依附实质是一种村社内部的剥削关系。③

越南村社自治。④ 越南的村社制度兴起得较早，保存的历史悠久。(1)出现的时间：公元前241年在交趾地区出现了村社，实行"公有私耕"的土地所有制。⑤ (2)村社的性质：在独立前的封建社会，土地变为归国家所有，村社成为封建制度下进行统治、控制、剥削民众的基层社会组织。(3)村社主要特征：公田及村社自治机构长期存在，村社内部严密等级划分及强烈的村社共同精神。村社成为越南社会中的一个个原生细胞，整个封建制度立足于村社之上。(4)村社的管理：作为自治的村社，有一套自己的管理组织机构，通过设置社政、社史、社监等社官来管理村社事务。除此之外，还设有各种互助组织，如贸易会、孝会、喜会、过年会、"百艺会"、"义仓"。

---

① 持同样观点的有普罗科菲耶娃、戈尔斯卡娅以及 E. H. 什维科夫斯卡娅等，基本一致认同村社的重要职能是重新分配土地，均衡每户劳动的资源及其纳税额，调解村社内之间的关系。

② 黄思俊. 印度农村潘查亚特制度的演变[J]. 史学月刊,1990(6).

③ 赵卫邦. 印度的村社制度——它的基本形态、内部结构和剥削关系[J]. 四川大学学报(哲学社会科学版),1980(4).

④ 刘稚. 试论越南封建村社制度[J]. 东南亚研究,1988(3).

⑤ 郦道元.《水经注》卷14《交州外域记》,叶当前,曹旭注,评. 南京:凤凰出版社,2011.

(三)现代时期:从俄国社会主义革命至今的国外村社自治传统

随着俄国十月革命的爆发,俄国走上了社会主义道路,世界上出现了两大社会阵营,由于社会性质的不同,作为国家管理社会有效组织形式——基层村社自治组织呈现出多样化的特征,但是,又由于世界联系的紧密又呈现出趋同性的特征。

首先是以苏联为代表的社会主义国家的村社自治。俄罗斯村社自治组织由来已久,村社不仅是生产、生活组织,同时也是国家的政策、法律、法规的传播工具,但是随着十月革命的爆发,村社成了苏维埃改造的对象,实施农业全盘集体化,村社演变成了集体农庄组织。1930年随着全盘农业集体化法令的颁布,在俄罗斯基层发挥了1000多年作用的村社自治组织退出历史舞台。虽然这一时期村社呈现出衰落和复兴的波折,但是有一点可以肯定的是,村社依旧是农村土地的占有、使用、分配的管理者。①

其次是以日本、德国及美国等发达的资本主义国家为代表的村社自治。相对于苏联的村社自治传统,日本的村落共同体构成了近代日本地方自治存在的基础。这种村落共同体,产生于"村民必须互相协助,共同生产;对于生产关联的事务如山林、水利等也要进行共同管理、共同维修;与此同时,在生活上,人们也共同生活,如共同祭祀等。"②其组织机构设有庄屋、组头和百姓代,负责管理村落共同体并作为村与藩交涉的带头人。寄合是村社的议决机关,算是村中所有户主的联合会,由本百姓一户一人组成,在讨论问题时,采取全员人认可制,明显不同于权威者发号施令,也不同于代议制中的民主。法国的村社自治引入多方参与,在众多的公共事务方面则采取了社会组织、团体广泛参与社会管理的民主化管理模式,法律赋予了社区管理部门权利和责任。③ 法国村社具有很大自主管理的权利,这种自主权利主要体现为人事任命、人员调整和经费使用等。除此之外,笔者通过对西方其他发国家村社(社区)的研究发现,村社不仅发育成熟,而且拥有高度的自治的权利,如德国注重民间力量的整合与聚集④、美国城市社区推行高度的居民自治⑤、英国实行的是地方自治,在农村地区设有教区,是地方政府的最基层单位,教区承担了自治主体的功能,由公共选举产的社区议会

---

① 张志敏.组织与认同:俄罗斯村社变迁.华中师范大学硕士学位论文,2012:20-46.
② 郭冬梅.近代日本的地方自治和村落共同体[J].日本学论坛,2004(4).
③ 吴自斌.法国地方政府治理的变迁与启示[J].江苏社会科学,2010(4).
④ 林纯洁.德国地方自治对中国改革的启示[J].学习月刊,2009(2).
⑤ 郑晓东.美国城市社区自治的现状与趋势[J].浙江学刊,2008(5).

来进行管理。①

二、中国村社自治的流变

"村社,是农村社会的共同体单元。村社自治,作为一种乡村区域社会治理的基础,经历了从传统形式(即共同体式的民主自治),到现代形式(即在乡村治理结构中公民主体与非政府组织中介相结合的自治)的历史进程"。② 依照国家与社会关系理论,村社是存在于国家、社会与家庭三者之间那种既独立又交叉的部分——自治的空间区位。

在谈论我国的村社自治之前,应该理顺自治与治理的关系,避免与当前的热点"治理"相混淆。二者是互有交叉又有区别的概念。在权力分配指向上,治理和自治方向相同。具体区别上,治理更偏向于政府与非政府、国家与公民社会等之间的管理过程性,期望形成一种多元化的、合作的治理模式;自治则偏向于一定地域范围内的群体、组织或个人对大家普遍关心的问题或事务进行自行管理。村社自治是治理的基础,是在国家与社会之间寻求一种乡村政治民主与社会管理有机结合与有效衔接的平衡模式。

(一)传统型社会的村社自治

村社是存在于国家、社会、家庭三者之间那种既交叉又彼此独立的空间区位。村社自治是治理的基础,村社治理是在国家与社会之间寻求一种乡村政治民主与社会管理有机结合与有效衔接的平衡模式,是实现村民民主权利的有效衔接方式。③ 在中国的传统社会,国家控制乡村,实现对乡村社会的统治,主要是通过以血缘关系为纽带的宗族组织和以地缘关系为纽带的乡绅阶层来实现,其过程突出表现为:王权更迭时加强控制,村社自治权力收缩,国家进入常态时,村社自治权力扩大。

1. 以血缘关系为纽带的村社自治

其中血缘的意思是人与人的权利和义务根据亲疏关系来确定。"缺乏变动的文化里,长幼之间发生了社会的差次,年长的对年幼的具有强制的权力"。④ 这就

---

① 孙宏伟. 英国地方自治体制研究. 南开大学博士毕业论文,2014:82 – 185.

② 杨张乔. 村社治理:自治的组织建构和制度创新——以浙江农村为例的新制度主义分析范式[J]. 浙江学刊,2009(5).

③ 杨张乔. 村社治理:自治的组织建构和制度创新——以浙江农村为例的新制度主义分析范式[J]. 浙江学刊,2009(5).

④ 费孝通. 乡土中国(修订版)[M]. 上海:上海世纪出版社,2013:65.

是血缘社会的基础。亲属是由生育和婚姻关系所构成的关系。大体说来,血缘关系是稳定的,在以血缘关系为纽带的村社自治中,血缘所决定的社会地位不容个人选择,家庭在处理家庭与国家、家庭与社会的关系中扮演着重要的角色,承担着重要的职能。在对内关系的协调上,在家族的内部,家族成员之间不是截然分开的,拥有相互扶助、救济家族中贫困成员的责任,并通过所谓的宗族制度来加强对家族成员的管控。在对外关系上,家族保护本家族免受其他族群或外界的侵扰。以家族传统伦理、道德规范作为人们的行为的准绳,构成了人们行动上的自觉。如果说"家"是政治经济学中的一个基本单位,结构单一并包括女性成员,那么"宗"强调共同的祖先、男系血缘的嫡传、按辈分排列长幼次序,宗族继承了"同宗"含义,宗族势力的强弱主要体现在农村的政治体系中,"一般来讲,宗族势力越强大,其在政治中的作用越活跃,在村庄一级,村公会成员往往由宗族势力来决定,换句话说,血缘划分与政治领域相重合"。① 生育没有社会化之前,血缘作用的强弱似乎是以社会变迁的速率来决定的,在这一过程中"细胞分裂"②起着重要的作用。

2.以地缘关系为纽带的村社自治

地缘和血缘是分不开的,地缘是血缘的空间投射,除了通过血缘关系形成的村社自治方式外,还有以绅士为代表所形成的、以地缘关系为基础的村社自治组织,绅士充当着国家与社会之间的媒介,是国家与社会之间的缓冲地带。费正清指出"旧中国官吏以士绅家族为收捐征税的媒介。同样,在地方政府统治基层的过程中,绅士也充当中间人的角色,在执行官员向指派任务时的,也能减轻官方的压迫。地方官吏在应付水灾、饥荒或早起叛乱以及众多的次要刑事案件和公共建筑工程时,都要靠绅士的帮助。他们是平民大众与官方之间的缓冲阶层"。③ 同样,因地缘关系而形成了密切联系。著名社会学家费孝通也认为乡土社会的一个特点就是这种社会的人是在熟人里长大的,他们生活上互相合作的人基本天天见面,即形成了所谓的"面对面的社群"。④

---

① [美]杜赞奇.文化、权力与国家——1990—1942年的华北农村[M].王福明,译.南京:江苏人民出版社,2010:64-79.

② 所谓的"细胞分裂"是指在乡土社会中,一个人口在繁殖中的血缘社群,繁殖到一定程度,他们不能在一定地域上集居了,因为这个社群所需的土地面积,因人口繁殖,也得不断地扩大。

③ 费正清.美国与中国[M].1版.北京:商务印书馆,1987:29.

④ 费孝通.乡土中国(修订版)[M].上海:上海世纪出版社,2013:14.

通过研究发现,村社自治,从基层上看去,中国农村社会是乡土性的,既是血缘关系社会也是地缘关系社会,只是侧重点有所不同,二者存在的社会基础不同——血缘是身份社会的基础,而地缘却是契约社会的基础。① 家族(宗族)长老和乡绅构成了乡村社会运行过程中权力的拥有者,家族长老依托权威来治理家族或村社内部的事务,乡绅则依靠自己的品行和影响来调解地方官员与百姓的冲突。

(二)新中国成立初期的人民公社体制

新中国成立后较长时间社会管理都是通过经济与政治管理变现的,农村也不例外,社会管理一直与政治与经济管理形成依附关系。而且,1958年以后,我国的人民公社化运动将这种依附管理模式推向顶峰,人民公社体制在广大农村全面展开,人民公共既是文化、经济、生活单位,也是政治控制单位。在这种控制与管理模式下,国家由党所领导下行政系统严密而紧紧控制,使得农村的社会管理更加萎缩,自组织能力更加削弱。这种体制在特定的历史时期有利于国家目标的实现,但这种无所不包,无所不能的体制,造成了农村管理结构上的缺陷与功能上的不足,看似无所不能,但很难适应农村基层快速变化的需要。

在人民公社体制下,公社是唯一的农村正式组织,国家透过公社成为农村社会管理的唯一权力中心。这种自上而下的行政层级压力型体制主要通过经济处罚与行政干预实现管理,必然忽视社会参与在社会监督与社会管理中的作用,不利于形成有效、有活力的社会。随着我国经济政治体制改革,农民各方面素质在逐步提高,也要求在社会事务的管理中体现自己的要求与愿望并争取自己的合法权益,这种变化为社会组织的发展奠定了基础。另一方面,政府在体制改革中对自己管理不了,也管理不好的事务逐渐放开,为农民的自我管理提供了条件。

(三)新时期的"乡政村治"体制

人民公社实行的是"政社合一"的管理体制,是一种国家力量对乡村社会的强行介入,不是一种内生性的村治模式,破坏了村社自治的民主生态,抑制了村社自治的活力的释放,当代真正意义上的村社自治形成于20世纪70年代末期。

由于旧的管理体制,即人民公社解体后造成了农村社会在实际管理中出现了"权力的真空"地带,农村的生产、生活陷入了瘫痪的境地,此时,农民渴望建立一种新的组织关系,以维持农村生产、生活的正常、有序运转,因此,迫切需要组织力量的出现。1980年在广西的宜山县出现了村民自发组建的村民委员会,通过其职能的发挥并协助乡镇政府来实现对农村公共事务的管理。1982年中央鉴于国内

① 详见费孝通. 乡土中国(修订版)[M]. 上海:上海世纪出版社,2013:70.

很多地方出现了类似于宜山那样的村民自治组织,并且产生了巨大的社会效应,于是当年通过宪法正式确立了这一组织的法律地位,并明确规定"村民委员会是村民自我管理、自我教育、自我服务的基层群众性自治组织,实行民主选举、民主决策、民主管理、民主监督"。① 同时,还确立了村民委员会的组成和职责、村民委员会的选举、村民会议和村民代表会议、民主管理和民主监督,等等。

村民是村社自治的权力主体,村民自治权利的转换与实施是通过村级自治组织(主要是村委会)来承载。村民委员会在整个村社自治中是核心组织。村社法定自治组织(即村民委员会)与党组织及其他经济、社会性自治组织是村社治理的主体组织。村社组织与通过政府组织的合作,自治能力逐渐提高,使村社组织成为自治性复合主体,承担公共事务管理与决策。

我国村民自治制度经过了近 30 年的成长历程。尽管在推行的过程中,还存在一些不足和争议,但是其对我国农村经济的发展、农村地区的长治久安、农民自身合法权利的维护等产生的积极的作用是不容置疑的。随着村民自治制度的不断完善,村民自治会实现更好的发展,从而逐步成为现代意义上的村社自治。

(四)我国已形成的农村社区类型与治理模式

相对于传统与现代城市社区,农村社区是农村居民在农业生产方式上的共同体,它比自然村落及社队村组体制更具有弹性。当前我国农村社区具有经济功能、政治功能与文化功能。但在经济发达的部分沿海地区逐渐出现新型农村社区,力图将经济功能从政治功能与文化功能中剥离出来,交还给股份经济合作社,社区主要承担社会管理与服务功能;在这个农村社区建设的推进过程中出现了多种类型,主要有三种。(1)一村一社区:"一村一社区"是按社区的合适范围,在一个村委会管理范围内进行社区建设。其主要特点,一是一个村委会就是一个社区,社区与村的管理机构合二为一,加强村委会的服务功能;二是集体经济是维持社区管理与服务的经费的主要来源。(2)一村多社区:"一村多社区"是指多个社区在一个村委会的管理范围之内。其主要特点一是根据更加合理的社区地域范围进行的一个尝试;二是要适合于村民居住分散的农村;三是要充分体现村民共同利益;四是要促进了农村社区社会组织的发育与成长。(3)多村一社区:"多村一社区"即在几个地理位置相邻的村中选出一个中心村,并在这个中心村建立服务机构,强化对相邻村庄的服务,其特点主要是强化的社区服务机构是出于纯粹的服务目标,尽力将服务标准化、专业化。

---

① 详细参见《中华人民共和国村民委员会组织法》总则第二条。

三、研究意义及研究价值

"村—社"自治背景下农村股份合作社的结构与体制转型研究,不仅对于研究村社自治具有重要的理论和现实意义,而且对于农村股份合作社的进一步发展也具有积极的理论指导意义和实践参考价值。

(一)研究的理论意义

本研究的理论意义主要表现在以下两个方面:一是可以丰富村社自治组织的内涵。村社自治组织的主体应该是多元化的,不应以单独的村民委员会作为村社自治研究的主体与对象,还应该包括村民委员会与党组织及其他经济、社会性自治组织。"完善和发展中国特色社会主义制度,大力推进国家治理体系及治理能力的现代化"①是全面深化改革的总目标。农村是推进国家治理体系和治理能力现代化的难点和薄弱环节。加强对村社自治制度的制度由来、发展及未来走向的研究,有利于我们深化对村社自治制度本身的认识,同时,也有利于加深我们对农村发展现状、存在的问题及未来的转型研究,提供多元化的理论指导。

二是有利于深化对新形势下农村股份合作社的认识。首先,符合2015年中央"一号"文件所提出的"引导农民专业合作社拓宽服务领域,促进规范发展。引导农民以土地经营权入股合作社和龙头企业。鼓励工商资本发展适合企业化经营的现代种养业、农产品加工流通和农业社会化服务"的政策要求。② 其次,中国是个农业大国,解决"三农"问题必须围绕农民这一主体并且以这一主体为出发点和落脚点,加强对村社自治背景下农民股份合作社的研究,不仅是农村发展的需要,更是推动农业产业化升级与农民身份转型的需要。此外,随着新型城镇化的快速推进,既给村社治理带来了机遇也带来了挑战,对村社自治背景下农村股份合作本身治理结构及转型的研究将丰富新型城镇化视域下村社自治的现实内涵,加深对村社自治及农民股份合作社的认识。基于这三方面,加强对村社自治背景下农村股份合作社结构及其转型的研究具有重要的理论价值。

(二)研究的现实意义

本研究的现实意义主要表现在以下两个方面:一是有利于村社自治制度的发展与完善。村社治理的发展,除了要对村社自治框架中的核心组织——村民委员

---

① 参见十八届三中全会《中共中央关于全面深化改革若干重大问题的决定》。

② 中央一号文件:《关于改革加大创新力度加快农业现代化建设的若干意见》,http://money.163.com/15/0201/19/AHD3KP9Q00251OB6.html。

会进行不断地改进与完善外,还必须进一步地加强对村社自治核心组织——村民委员会以外的其他治理主体的研究,譬如典型的村党支部、妇女联合会、农民专业合作社、农民股份合作社等的研究,治理主体的多元化不仅是一种趋势,也是符合善治的要求的。通过多元化的自治组织的发展,有利于减轻村委会组织本身所承受的压力和责任,通过权力的分担,不仅能够大大降低村委会独权的情形,推动村民委员会加快改革,转变"对上不对下"的服务方式,而且还有利于农村新型的社会组织的发育成长与发展壮大,增强农村社会的自治意识和能力,有利于维护农村的持久稳定及长远发展。

二是有利于农村股份合作社更好地发挥作用。随着新型城镇化、农业现代化以及工业信息化推进步伐的加快,党和国家对农村的发展提出了新的要求,农民对农村的发展给予了很高的期望,尤其是当前很多农村出现了"空壳化",留在农村的主要为"386061 部队"(妇女、老人和儿童),①要加快农村的发展既缺少人力,又缺乏资金支持,而通过发展农村股份合作来推动农村经济的持续发展,一方面可以有效地改变过去农村发展靠政府、农民增收靠个人、农业发展靠天增产的传统局面,而且通过发挥农村股份合作社的引领作用,不仅能够对农村的闲置土地、资金进行整合,实现农村农业土地利用的集约化,实现农业的产业化经营,而且还有利于实现富余劳动力(农民)的就地转移就业,通过合作社的引领而增加农民的收入。

案例调查——富阳坑西村

2004 年起,富阳市坑西村开始实行股份化经济并于 2005 年出台了《农村经济合作社股份制改革实施意见(试行)》政策,提出在全村范围开展农村经济合作社股份制改革。在开展股份合作的十余年里农民收入有了明显增加,促进了农村的经济发展。股份经济的专门化生产和专业化经营使得在相同土地的情况下数量和质量比自己经营的模式下有了很大的提高。农民的个人收入有了质的变化,农民收入的增加也促进了本村的经济发展。

---

① 赵鹏程,原贺贺. 农民合作社对农民组织化的作用探究——基于四川省示范合作社的调查[J]. 农村经济,2015(3).

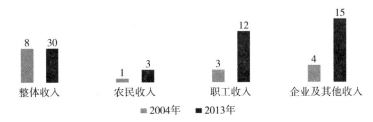

图 1.1　2004—2013 年富阳市坑西村收入比较

单位:万元

资料来源:坑西村委会。

总之,加强对村社自治背景下农村股份合作社结构及其转型的研究,不仅具有重要的理论意义,而且具有重要的实践参考价值。既丰富了村社自治的内涵,拓宽了村社自治的外延,同时,也有利于实现农业的增效、农民的增收及农村全面建成小康社会的实现。

第二节　研究主题的理论基础

一、股份合作的内涵与类型

（一）股份合作的界定

1.经济学对股份合作的界定

（1）政治经济学对股份合作的界定。马克思主义认为合作社是改造小农的有效方式,是消灭资本主义的一种手段。恩格斯提出:"我们对于小农的任务,首先是把他们的私人生产和私人占有变为合作社的生产和占有,不是采用暴力,而是通过示范和为此提供社会帮助。"①陈和钧(1993)认为,股份合作经济原本就是劳动者按入股方式建立起来的经济组织。②

（2）制度经济学对股份合作的界定。该理论认为农村股份合作社是将股份制的某些制度引入到合作社中,将原来的村社集体经济组织改造成股份合作制,是

①　恩格斯.法德农民问题.马克思恩格斯选集:第四卷.北京:人民出版社,1995:498 – 499.

②　陈和钧.关于合作经济的几个问题[J].农村经济与社会,1993(3).

为了解决农村集体经济产权问题所进行的一项变革。① 还有通过利用制度经济学家科斯的"企业的性质"的研究模式对股份合作进行了界定,钱忠好和曲田福(2006)认为,"股份合作制的制度安排满足了农民、乡村集体、政府的利益诉求,符合一致同意的原则,是一种典型的帕累托变迁。"②

(3)交易成本经济学对股份合作的界定。亨德里克斯和沃尔曼(Hendrikse & Veerman,2001)认为,股份合作社无非是一种生产者所有企业,是降低市场交易成本的一种有效措施。③ 林坚和马彦丽(2006)认为,股份合作社与投资企业相比较,在与农民交易的过程中,是更有利于节约交易费用的一项制度安排,尽管它也是一个高成本组织。④

2.法学对股份合作的界定

任丹丽和陶光辉(2009)认为,股份合作社既不同于公司这样典型的企业法人,也不属于社会团体法人,是一种特殊的法人组织,具有独立的法人地位,独自经营、自负盈亏、民主管理、民主决策,不受任何组织和个人的非法干预,是独立的市场主体。⑤

3.政治学和社会学对股份合作的界定

它们主要是从社会公平和农民的权益保护的视角来看待股份合作的,认为农业和农民都是弱势的,需要保护,将农民有效地组织起来是维护农民权益的有效措施,农业股份合作社具有组织农民的功能,是解决农业弱质性的重要手段。持这一观点的主要代表人物温铁军(2009)认为合作社除了帮助农民维护权益外,还是扭转乡村失序、建设农村文化等方面的重要组织载体。⑥

---

① 刘素贤.关于农民专业合作社与农村社区股份合作社的探讨[J].农技服务,2013(1).
② 钱忠好,曲福田.农地股份合作制的制度经济解析[J].管理世界,2006(8).
③ G. W. J. Hendrikse and C. P. Veerman, "Marking Cooperatives and Financial Structure: A Transaction Costs Economics Analysis", Agricultural Economics, Vol. 26, No. 3, 2001, pp. 205 – 216.
④ 林坚,马彦丽.农业合作社和投资者所有企业的边界——基于交易费用和组织成本角度的分析[J].农业经济问题,2006(3).
⑤ 任丹丽,陶光辉.基于农民专业合作社治理结构的法律服务.中国农民合作经济组织发展:理论、实践与政策.杭州:浙江大学出版社,2009:224.
⑥ 温铁军主持的"建设社会主义新农村目标、重点与政策研究"课题组.部门和资本"下乡"与农民专业合作经济组织的发展[J].经济理论与经济管理,2009(7).

（二）股份合作的特征及外延

1.股份合作的特征

王天义和徐国华（1996）在对股份合作经济的内涵和外延进行分析的基础上，不仅提出了股份合作经济的概念，还对股份合作经济的特征作了详细的说明，他们认为股份合作经济特征具有：全员入股；民主决策与管理；按资分红与按劳分红的结合。王可侠（2000）根据我国股份合作经济的三个阶段，总结出股份合作制的特征，其认为股份合作制具有：地方性特征——股份合作制由不同的经济发展水平和条件所决定；灵活性特征——因地制宜对股份合作制采取不同的做法；过渡性特征——因制度内容的不断变更，股份合作制也呈现出过渡性。①

2.股份合作的外延

谢义亚（1994）对国内理论家六种股份制内涵意见进行了较为详细的梳理，并区分了股份制和泛股份制的区别，并在此基础上提出了农村股份合作外延，认为要确定股份合作制的边界就必须把典型的股份制企业、各种法人的联营、一些个人之间的联营、中外合资等分离出去。② 王天义和徐国华（1996）认为股份合作经济与其他的经济组织形式（如合伙企业、有限责任公司、股份有限公司、合作社）不同，应将各种法人之间的联营、中外合资合作企业等从股份合作经济中剥离出去。③ 陈荣文（2014）解读了合作社中"集体经济"的属性变迁，通过法学视角观照了"集体所有"与"集体所有制"的意涵，在此基础提出股份经济合作社属于"劳动群众集体所有制"的现代经济形式，并认为"民主控制"这一特征贯穿股份合作社原则始终，并成为判断股份合作真伪的必要标准之一。④

（三）股份合作的类型

1.根据股份合作的发起方和主导方的不同

（1）农户自发型。产生于那些掌握了先进农业技术，或是对市场信息比较了解的特殊的农户，在以前这些人被称为"专业户"，而如今的"专业户"不仅掌握先进的生产技术，还掌握较为丰富的市场信息及拥有高人一等的经营能力，通过这些能够在较短时间内发现市场的有效需求，然后快速地进行整合资源来满足市场，于是组织民众进行生产，而自己则负责其生产、加工及销售等。其优势在于灵

---

① 王可侠.股份合作制的特征及效率分析[J].经济问题,2000(12).
② 谢义亚.农村股份合作制的内涵、外延及分类[J].中国软科学,1994(6).
③ 王天义,徐国华.论股份合作经济的内涵与外延[J].经济管理,1996(12).
④ 陈荣文.合作社"集体所有制"属性辨析[J].科学社会主义,2014(6).

活、自主性强,弊端在于相对大型龙头企业而言,抵御市场风险的能力还比较弱。

(2)政府发起型。与西方发达国家相比,政府发起型股份合作社在我国占有较大的比例,各级政府在国家各项农业政策的推动下,基层的政府来发动群众从事某些特色农产品的栽培、种植、养殖等,并负责或协调整个销售过程。这种模式的推广,除了有政府的政策支持外,还依托于政府的威信。这种模式由于政府的主导而推行速度快,但是也存在较大风险,可能会因为政府部门的经营不善、组织协调不到位、推动者"人走政息"而导致股份合作的失败。

(3)龙头企业主导型[①]。龙头企业根据自身的需要,同当地股份合作社签订统一生产销售合同的模式。这一模式的优势在于龙头企业拥有较为雄厚的实力来支持合作社的发展,如在前期给股份合作社提供技术指导、教育培训、农药化肥,在销售环节提供统一的购销渠道,有效地避免了股份合作社同市场直接交易所存在的风险,其弊端在于股份合作社很容易成为龙头企业的附庸,失去独立性。

2. 根据股份合作制产生的途径

(1)集股新办型。根据设置股份合作社的目的和需要,进行重新的筹集资产、社员资金,并在遵循股份合作的原则和管理办法的基础上建立新的股份合作社,这样设置的合作社,其优点在于从零开始,不用对以前的村社集体资产进行折旧,避免了因集体资产清算所引起的纠纷,其劣势在于可能因为刚刚发起建立,农民的参与愿望还不是很浓厚,初期的动员、组织成本相对较高。

(2)改组而办型。对原有股份合作社、专业合作社或村社集体资产等进行改造或重新评估,在此基础上重新组建股份合作社。这样的优势在于之前的合作社还存在一些固定资产和人员,直接进行折旧就可以利用,大大减轻了初始资本的积累压力,之前的人员稍加培训便可上手,降低了员工的培训费用,其弊端在于在固定资产的盘算过程中可能会出现利益纠纷,或由于之前的某些裙带关系而对新建立的股份合作社形成新的控制。

除了以上提到的分类之外,也可以从具体的产业(产品)和生产环节、股份合作社的纵横向关系、社区型股份合作与专业型股份合作、传统股份合作和新型股份合作进行分类,还可以从经济成分、入股内容、入股范围、合股主体、股权种类、发育程度等进行分类。

---

① 胡碧玉. 西部人口、资源、环境与可持续发展研究[M]. 成都:四川人民出版社,2009:265 -270.

二、股份合作的思想与实践

(一)合作社思想的产生与发展

1. 合作思想的产生

作为空想社会主义的奠基人,托马斯·莫尔在见证了英国的"圈地"运动后,认为资本主义和私有制度是造成社会贫富差距和人民不幸的主要原因,并撰写了《乌托邦》一书,表达了对资产阶级的不满,并试图建立一种消灭私有制的社会。① 随后托马斯·康帕内拉在《太阳城》中阐述了自己的空想社会主义思想,虚幻性地描述了一个人们过着幸福生活的理想社会。② 合作思想就是在这样的设想中孕育而生的,并对之后的社会实践产生了重要影响。关于空想社会主义的合作社思想,代表人物有昂立·圣西门、沙尔·傅立叶和罗伯特·欧文等,其中欧文发展了空想社会主义的合作社思想,提出了建立合作公社的设想,创建了较为系统的合作社理论,并进行了大胆的实践。③

2. 合作思想的演进

无政府合作社思想的代表人物蒲鲁东认为应该取消政府,建立以劳动为依据的平等交换机制。国家社会主义合作社思想的代表人物路易·勃朗主张建立大规模的生产合作。④ 基督教社会主义的合作社代表人物威廉·金主张拥有劳动力的劳动者阶级团结起来,即劳动的成果为资本,组织起来办合作社。⑤ 尼姆学派的合作社思想代表人物查理·季特主张建立消费合作社。⑥

3. 马克思、列宁主义的合作社理论

以马克思、恩克斯为代表的农业合作社理论,认为通过合作社改造小农应遵循的原则不是采用暴力,而是通过示范和为此提供社会帮助……⑦以列宁为代表

---

① [英]莫尔. 乌托邦[M]. 戴镏龄,译. 北京:商务印书馆,1982.
② [意]托马斯·康帕内拉. 太阳城[M]. 吴向宇,梁明伟,译. 天津:天津人民出版社,2010.
③ 昂立·圣西门、沙尔·傅立叶及罗伯特·欧文二者不仅继承了空想社会主义的前辈像康帕内拉等的思想,在对资本主义进行了批判的基础上对未来的社会进行了积极地探索,而且还接受了法国唯物主义、黑格尔的辩证法,使空想体系和内容更加完整,进而把空想社会主义推到最高阶段。
④ [法]勃朗. 劳动组织[M]. 何钦,译. 北京:商务印书馆,2012:3-214.
⑤ 米鸿才,等. 合作社发展简史[M]. 北京:中共中央党校出版社,1988.
⑥ 管爱华,符纯华. 现代世界合作社经济[M]. 北京:中国农业出版社,2003.
⑦ 李秉龙. 农业经济学[M]. 北京:中国农业大学出版社,2013:266.

的合作社理论,在其著作《论合作制》中指出:第一,合作社的性质取决于社会声场关系的性质;第二,合作社适合农民的特点;第三,全体居民加入合作社需要很长时间;第四,国家要从各个方面帮助合作社发展,譬如经济、财政、银行等给予各种优先权;第五,完成合作化要进行文化革命。①

4.合作社思想的流派

由于流派较为纷繁复杂,为了研究的需要将其大的分为改革派和进化派。②改革派认为合作社对经济体制具有改革的作用。根据其思想观点又分为社会主义学派和合作联邦学派。社会主义学派认为合作社是实现社会主义的一种手段,社会主义是合作运动的最终目标。③ 合作联邦学派认为合作社本身就是一种目的,并不是实现社会主义的一种手段,此外,还主张消费至上,将对经济的控制权交给消费者。④ 进化派认为合作社是资本主义内部的一种进化发展,是资本主义体系的重要组成部分,合作社是对资本主义制度的一种完善。

(二)关于股份合作社的不同理解

根据学术界对股份合作社的不断深入地研究,以及对前人研究成果的梳理的基础上,现将合作社的理解归为两大类。

1.合作社的社会制度观点

德国经济学家李费曼(R. Liefmann)将股份合作社视为一种经济制度,其采用共同经营的方法,以促进和改善社员家计或生产经济为目的。⑤ 德国的戈龙费尔德(E. Grunfeld)认为合作社是分散性的个体基于意志的结合,又由于对共同所有的经济利益的追求,不仅实现了个人目标也实现了社会政策目标。⑥ 而马克思、列宁则认为,合作社就是生产者联合劳动的制度,合作社是代替资本主义雇佣劳动制度的有效方式。

2.合作社的企业观点

美国的合作经济学家巴克尔(J. Baker)认为合作社是社员自由自享的团体,全体社员有平等的分配权,并以社员对合作社的利用额为依据分配其盈余,是不

① [俄]列宁. 论合作制[M]. 北京:外国文书籍出版社,1950:1 – 15.
② 张晓山,苑鹏. 合作社基本原则及有关问题的比较研究[J]. 中国农村观察,1991(1).
③ 该学派认为合作社是实现社会主义的一种手段,这一学派的理论主要流行于西欧及社会党关系比较密切的合作组织中。
④ 该学派包括法国的尼姆学派和德国的汉堡学派,或者说前两个学派的论点都代表了合作联邦学派的观点。
⑤ 参见冯开文. 合作制度变迁与创新研究[M]. 北京:中国农业出版社,2003.
⑥ 同上.

同于私人企业、公司制企业的一种事业。① 国际合作社联盟认为合作社是人们自愿联合、通过共同所有和民主管理的企业来满足他们共同的和社会需求的自治组织。②

中国的《农民专业合作社法》规定，农民专业合作社是在农村家庭承包经营基础上，同类农产品的生产经营者或者同类农业生产经营的服务的提供者、利用者，自愿联合、民主管理的互助性经济组织。③ 就目前的研究而言，将合作社定义为企业，在整个世界取得基本的共识。在中国，农业股份合作社，是指在家庭联产承包经营的基础上，按照自愿和民主管理的原则，遵守合作社的法律和规章制度，联合从事特定经济活动的所组成的企业组织形式。就其性质而言，农业合作社是独立经营的企业，农业合作社必须有共同经营的内容，自负盈亏，实行独立的经济核算。

（三）股份合作社的组织原则与运行特征

1. 股份合作社的组织原则

自罗虚代尔公平先锋社④成立之后，众多的研究合作社的学者，以此为基准探讨并发展了合作社的原则，如 1966 年国际合作社联盟提出了合作社入社自由、管理民主、资本报酬适度、盈余返回、合作社的教育与合作社之间的合作六项原则。1995 年国际合作社大会的召开，对先前的合作社原则进行了修改。⑤ 修改后的原则为：①自愿与开放的社员。入社自愿，没有性别等的排斥。②社员民主管理。管理人员由选举产生，采取民主决策的方式。③自主和自立。民主管理，管理自主、经营独立。④教育、培训与信息。为社员、管理者、雇员等进行教育培训，对外宣传合作社的益处、性质及组织原则等。⑤合作社间的合作。不仅包括地区间的合作，也包括合作社之间的合作。⑥社员经济参与。社员公平入股并民主管理合作社的资金。⑦关注社会。在满足社员内部的需求的同时要肩负起促进经济发展、维护社会稳定等的责任。

我国农民专业合作社的发展，在遵循国际合作联盟的基础上，结合我国的现

① 参见洪远朋. 合作经济的理论与实践［M］. 上海：复旦大学出版社,1996.
② 英文简称（ICA）是一家跨国性、国际性的非政府组织,1895 年成立于伦敦。促进和团结世界各地的合作社并推动合作社的发展是其的目标。
③ 《中华人民共和国农民专业合作社法》由第十届全国人民代表大会常务委员会第二十四次会议通过，于 2007 年 7 月 1 日起施行。
④ 罗虚代尔公平先锋社成立于 1844 年，是公认的世界上成立的最早的合作社。
⑤ 先前的合作社原则是指 1966 年国际合作社联盟所提出的合作社入社自由、民主管理、资本报酬适度、盈余返回、合作社的教育与合作社之间的合作六项原则。

实国情及其现实需要确立了自己的原则。我国《农民专业合作社法》①规定,合作社应当遵循以下原则:①成员以农民为主体。②以服务成员为宗旨。③入社自愿、退社自由。④成员地位平等,实行民主管理。⑤盈余主要按照成员与农民专业合作社的交易量(额)比例返还。

2.农村股份合作社的组织原则

一般认为,农村股份合作社主要遵循以下组织原则:一是经营目标的双重性,即服务性与盈利性的统一。② 农业合作社一方面向自己的社会员提供一些便利,是一种互利互惠的关系。另一方面,股份合作社是一种特殊的企业,对外要以追求利润的最大化为目标,是一种竞争关系。二是经营结构的双层次性,即约定统一经营与分散经营相结合。③ 凡是适合经营的生产、加工、储藏、营销和服务项目,都由合作社统一经营;对于某些生产要素的使用和生产环节的协调,也由合作社统一安排。在非合作的项目上,家庭经营保持其独立性。三是管理的民主性,即自主与自愿的有机结合。农业合作社章程的制定必须是在民主协商、自愿的基础上制定的。农业合作社是完全建立在自愿组合的基础上,在没有外界干预的条件下,农民所做出的自主选择,联合各方彼此信任,需求基本一致。

(四)农村合作社在国外的发展趋势

相对于我国而言,国外农业合作社在农业与农村经济中占有重要的地位。据合作社联盟统计,2006年全世界有56.8万家合作社,4.08亿社员。在欧盟50%的农业投入品和60%的农产品是由合作社提供的,在加拿大64%的粮食和73%的林产品是由合作社提供的,在乌拉圭90%的牛奶是由合作社提供的,在韩国的农产品供给中合作社占了40%。④ 鉴于目前的发展情况,国外的合作社发展呈现出如下特征:一是政府对农业合作社的支持和保护在加强。⑤ 除了政治上的支持和制定专门的法律进行保护外,各国政府还通过税收减免和财政补贴等方式对农业合作社提供特殊的优惠政策。二是农业合作社越来越重视效率的提高。农业合作社为了提高效率和自身的竞争力,合作社与合作社之间的交易越来越市场

① 《专业合作社法》的全称为《中华人民共和国农民专业合作社法》,由第十届全国人民代表大会常务委员会第二十四次会议通过,于2007年7月1日起施行。
② 国务院发展研究中心农村经济研究部课题组.稳定与完善农村基本经营制度研究[M].北京:中国发展出版社,2013:151.
③ 黄祖辉,赵兴泉,赵铁桥.中国农民合作经济组织发展:理论、实践与政策[M].杭州:浙江大学出版社,2009:5.
④ 李秉龙.农业经济学[M].北京:中国农业大学出版社,2013:266.
⑤ 周应恒,耿献辉.涉农产业经济学[M].北京:科学出版社,2014:29-46.

化。竞争机制的引入和外部力量的介入使合作的效率和竞争力大大提高。三是农业合作的专业化、横向与纵向一体化。① 竞争的压力迫使合作社趋于专业化,为了增强市场的竞争力和获利能力,出现了更大区域的联合,通过延长下产业链条来实现纵向的一体化。四是管理的专业化与现代化。随着规模的扩大开始聘请专业的企业管理人员来管理,合作社的所有者与管理者出现分离,社员只专心自己的农产品的生产,合作社的日常管理则交给专业的企业家来进行,以提高合作社的经营效率。

(五)我国农业合作化的发展及农民股份合作社的成立

1.农业合作化的发展历程及经验教训

在土地改革完成后,我国的农村进行了各种农业合作化运动,其发展经历了农业生产的互助社、农业生产的初级社、农业生产的高级社、农村人民公社四个阶段。而人民公社最具特色,即具有"一大二公"、政社合一、"一平二调"、三级所有,队伍基础的特征。由于产权功能的弱化、劳动激励措施的缺乏、监督成本的高昂、农业劳动力的不流动、市场机制的瘫痪,导致了其解体。总结其经验教训可以归结为以下几点。(1)严重背离了自愿互利的原则。如果说一开始的初级社还尊重了农民的意愿,可是到后来的高级社和人民公社则违背了互利互惠的基本原则。(2)否定了农业的家庭经营。② 农业合作社不是对家庭经营的否定,而是建立在家庭联产承包经营的基础之上。当时所进行的合作化运动就是要限制或以计划取消商品经济,否定了家庭承包经营制度的基础地位。(3)农业合作化演变成了农业集体化。③ 由于对社会主义认识存在偏差,盲目地推行"一大二公",造成了农业合作化运动变成了一种农业集体化运动。

2.农村股份合作社的成立

随着家庭联产承包责任制的推行,人民公社随之退出了历史舞台。家庭联产承包责任制的实施,极大地调动了农民的生产积极性、自主性,其活力得到了深度释放,原来村庄存在的集体资产一部分划分给农民,另一部分则保留下来。随着时间的推移,农村集体资产流失严重,集体统一经营的功能也逐渐丧失,"双层经营体制"名存实亡。市场经济的进一步发展,要求土地的规模化、集约化、产业化

---

① 黄祖辉,梁巧等.农业合作社的模式与启示:美国、荷兰和中国台湾的经验研究[M].杭州:浙江大学出版社,2014:7-221.

② 李秉龙.农业经济学[M].北京:中国农业大学出版社,2013:275-276.

③ 黄祖辉,赵兴泉,赵铁桥.中国农民合作经济组织发展:理论、实践与政策[M].杭州:浙江大学出版社,2009:2.

经营,农民获得收益的愿望日益强烈,农民迫切需要开展联合与合作,于是各地出现了各种股份合作社。

调查案例——苏州大联村

苏州大联村土地股份合作社的成立与发展。大联村土地股份合作社主要从事农业生产,实行规模经营。成立初期,合作社按 1998 年当地人民政府颁发土地承包经营权书时认定的农户为依据,确认农户是否享有土地承包经营权入股的资格。经过确认后,全村 822 户农户都以土地承包经营权入股合作社,并签订入股协议书。关于合作社的运行模式,苏州农村土地股份合作社的组建和运行有三种形式:①单一以土地入股为主,入股土地原则上不作价,一般称为内股外租型;②土地作价入股,参与经营开发;③承包土地与社区集体资产统一入股或量化,实行股份化经营。① 对此,根据了解到的情况,笔者认为大联村土地股份合作社属于"内股外租型"的土地股份合作社。内股外租型是指单一以农民承包土地入股组建土地股份合作社,入股土地一般以统一对外租赁或发包为主,取得的收益按农户土地入股份额进行分配。② 这一点可以从大联村土地股份合作社的股权设置、收益分配方面得到验证。

合作社的股权设置只有农户个人股。从合作社的章程可知,入社农户的股份份额以农户流转给合作社的土地面积来确定。土地量化折股方式将入股土地面积以每 1 亩为 1 股进行股份量化,故 2010 年合作社共有农户土地股 3630.98 股。通过访谈得知,由于当地政府征用土地,合作社的农户土地股在 2010—2013 年期间有在变更,由起初的 3630.98 股减少到现在的 3610.79 股。对于农户入股期间政府征用土地问题,合作社则按照组内均分的方式进行处理。入社农户的入股期限为 10 年。合作社的股权管理在第二轮土地承包确权政策范围内,实行"生不增、死不减"的静态管理。此外,入社农户的土地股权在入股期间只能继承,不能转让、抵押,以及退股。

合作社的收益主要来源于土地的出租收入。合作社的可分配收益是合作社当年总收入减去总支出和税金后的余额,即可分配收益=当年总收入—总支出—税金。并且合作社要在当年可分配收益中提取 10% 的公积金和

---

① 汪立波. 姑苏城外春水蓝——土地股份合作社激活苏州农村土地流转[J]. 农村工作通讯,2009(9):18-21.
② 汪立波. 姑苏城外春水蓝——土地股份合作社激活苏州农村土地流转[J]. 农村工作通讯,2009(9):18-21.

5% 的公益金后，才能按照按股分红的原则进行分配。分配方式是按各村民小组确定的方式进行分配，即按 1998 年确权人数和现有人口各 50% 进行分配。最终的分配金额按照土地用途不同分为三种类型进行收益分配：(1) 粮田按种植面积不低于每亩 450 元（含各种政策性补助）分配；(2) 鱼池、苗木按租金的 75% 分配；(3) 租赁地按政府租赁价分配。其中因合作社的每亩粮田出租收入只增不减，所以粮田出租总收入由 2010 年 760740 元上涨到 2013 年的 1172903 元。

为了更好的支持、引导、发展农业合作社，规范农业合作社的管理，保护农民的合法权益，促进农村及农业经济的发展，2006 年 10 月 31 日《农民专业合作社法》正式颁布。[①] 该法除了界定了农民专业合作社的性质、遵循原则之外，还就农民专业合作社的设立和登记、成员、组织机构、财务管理、合并、分立、解散和清算、扶持政策、法律责任等方面进行了较为详细的规定，标志着农合合作社的发展朝向规范化。

（六）我国股份合作社与村社之间的关系

对股份合作社与村社之间的关系进行了大量的文献梳理，可以归结为整合、相互依赖、相互排斥三种类型，其中股份合作社对村社的整合是主流观点，在此作重点介绍。

1. 股份合作社对村社的整合

随着新型城镇化和农业现代化的快速推进，农村的社会秩序正在发生悄然的变化，传统的依靠血缘关系和地缘关系维持的乡村社会正在走向解体和失序，而现代的新型农村社会关系并未建立，村社自治陷入了"空转"的状态，这构成了农村社会危机和村庄失序的重要原因。[②] 而村社自治背景下兼具经济与社会功能的农村股份合作社则具有村社的整合功能。

（1）股份合作社整合村社的必要性。要研究股份合作社对村社的整合的研究，就离不开对村庄秩序失范的研究，就目前说来，村庄的失序是由内部原因和外部原因双重作用的结果。[③] 从内部因素看，目前农业生产的高投入与低产出，决

---

① 《专业合作社法》的全称为《中华人民共和国农民专业合作社法》，由第十届全国人民代表大会常务委员会第二十四次会议通过，于 2007 年 7 月 1 日起施行。
② 贺雪峰. 论人口流动对村级治理的影响[J]. 学海，2002(1).
③ 黄增付. 农民合作村庄整合的实践与反思——基于闽赣浙湘豫土地股份合作社案例的分析[J]. 农业经济问题，2014(7).

定了农业的生产效益低、农民收入的微薄及农村劳动力的过剩。这一生产状况迫使了农村富余劳动力向城市的转移,随着人力、资本、技术的输出,农村便出现了"空心村",由于人们空间活动范围的扩大,自由度的增加,人们对村庄的依赖程度开始下降,长此以往便出现了村庄失序。从外部因素看,受现代化、市场化等因素的冲击,传统的维持村庄秩序的血缘关系和地缘关系开始走向瓦解,传统的村规民约、民俗随着时间的推移而不再构成约束。而目前我国的农业正在从传统农业向现代农业过渡,农民与外界的市场建立或支持体系之间,需要一个多目标的组织来承接这一职能,而村社股份合作社既符合合作社的原则又具有公司制的机制,因此,成立以社区为界的合作社来为民服务是必要的。

(2)股份合作社整合村社的可能性。就目前农村而言,一方面,在村一级拥有较高的管理能力和领导能力的人才非常有限,社区合作经济组织和村社自治组织具有空间上的统一性,人员配备上的交叉性,[1]在村社自治背景下建立股份合作社,有利于在同一地域范围内部进行资源的整合,挖掘本村社的优势。另一方面,股份合作社是兼具经济功能与社会功能的组织,能够将分散弱小的小农家庭农业的生产、加工与销售进行有效的衔接,同时还有解决农村就业、转移富余劳动力的作用。因此,通过股份合作社进行整合村社资源具有现实可能性。

2. 股份合作社与村社之间的相互依赖

股份合作社与村社是一种相互依赖的关系。[2] 譬如股份合作社在成立、发展的过程中希望能够获得村社所提供的土地、道路设施、水电、仓储、网络、人文环境等方面的硬件配套设施和软件配套设施。但是作为村社也同样会对股份合作社提出一些要求或主张,最常见的表现为直接参与股份合作社盈余的分配,让股份合作社支持村社公共产品或服务的供给,为村社的富余劳动力提供就业的机会等,以弥补村社的功能不足。其优势在于整合村社内部的有效资源,弊端在于一方对另一方可能会形成较强的依赖,将未入社成员排斥在股份合作社之外,会产生潜在的排斥效应,另外,入社人员与未入社人员之间可能会存在疏离或矛盾。

3. 股份合作社与村社之间的相互排斥

张晓山(2011)认为随着《中华人民共和国农民专业合作社法》的颁布以及地方政府对股份合作社发展的积极推动,股份合作社的功能也在逐渐地增强,股份

---

① 张晓山,苑鹏. 浅议中外社区合作组织[J]. 农村经济与社会,1991(1).

② 任大鹏. 多主体干预下的合作社发展态势. 中国农民合作经济组织发展:理论、实践与政策. 杭州:浙江大学出版社,2009:29 - 31.

合作的经济组织功能也越强大,与村社区的经济联系就越多,股份合作社与村社之间的矛盾就愈多,并且越来越突出。① 在股份合作社发展的过程中,土地承包的流转、道路的铺设、网络的开设、水利电力设施等的建设或投资,都需要村社组织的协助,但是,由于股份合作社的组织、整合功能强大,吸收了资本、人力、物力等资源,而因农民股份合作的功能强大而抑制了村社自治组织的发展,对村社自治组织构成了威胁和挑战,降低了村社自治组织的威望,甚至合作社与村两委关系也因此而出现了分离。

第三节　前期研究与研究思路

一、村社自治的理论发展

古代村社,古代社会治理的基础,原本是形成农村社会的共同体单元。现代村社,具有中国特色的村社自治——农村村民自治是广大农村村民在党的领导下,依照法律通过民主选举、民主决策、民主管理和民主监督,进行自我管理、自我教育、自我服务的基层群众性自治形式。村民自治制度是我国农民在实践中创造的群众自治和直接民主模式。② 在对中国古代史的研究中,真正开始对农村公社制度的研究是开始于20世纪50年代,对其的研究主要是集中于史学家对史学材料的研究,探讨了周代公社,并提出了村社组织与井田制的关系。而真正的细化研究并形成较为系统的成果还是在近些年,研究较为突出的是结构功能主义的研究。现对其进行较为详细的论述。

（一）传统意义上村社自治研究——功能结构主义

就目前国内学者对村社的研究,具有结构功能主义的特点。古代的农村公社存在奴隶社会和封建社会之中,是原始氏族公社制度向阶级社会过渡的产物,商品关系的兴起促使了公社制度的瓦解。③

（1）对农业公社的性质及地位的定位研究。马克思指出,"农业公社既然是原

---

① 张晓山. 农民合作发展需关注六大问题[J]. 农村工作通讯,2011(5).
② 吴爱民. 地方政府学[M]. 武汉:武汉大学出版社,2011:273.
③ 程伟礼. 对中国古代村社组织的历史和理论的思考[J]. 苏州大学学报(哲学社会科学版),1997(1).

生的社会形态的最后阶段,所以它同时也是向次生的形态过渡的阶段,即以公社制为基础的社会向以私有制为基础的社会的过渡。"①

(2)恩格斯提出了公社组织发展的阶段性概念,"家长制家庭公社乃是母权制共产制家庭和现代的孤立的家庭之间的中间阶段,……差不多一切民族都实行过土地由氏族后来又由共产制家庭公社共同耕作。"②

(3)生产发展说。杨宽(1959)在对中国古代的井田制考察的基础上,论证了井田制是古代村社的土地制度。③ 在原始氏族公社制度下,由于生产力水平的低下以及为了发展生产的需要,成立公社进行统一灌溉、统一管理水利,并且以此为基础将村社制度保留了下来。

(4)分配土地。村社存在的一个重要职能是每年进行土地的分配,起初是一年分配一次,接着是三年更换一次。④

(5)村社的单元。古书中"邑"和"里"称为"社"和"书社",且大小不一,最普遍的是以十家为单位所形成的社,也有更大的,如百家的,千家的,但是千家是不多见的。

(6)村社的管理。最初村社中管理公共事物的领导由选举产生,后来由由国君和贵族选派。原来村社里的父老里正,主要承担领导、组织和监督社内成员劳动的责任。在农忙的时节,里正和父老就坐在"塾"里,以此来监督人们早出晚归的情况。此外,村社的治理还会受到里宰的监督,里宰属于国家官吏,负责征收赋税,负责执行上级命令,同时,还对耕作进行组织和监督。

(7)村社里的相互协作。在古代的村社中,农民之间有相互协作的风俗。正如孟子所说"乡里同井,出入相友,守望相助,疾病相扶持"。⑤

(8)村社的公共生活。在古代村社中,像庠、序、校均为村社里的公共建筑,兼有礼堂、议会、俱乐部、学校的性质。父老会在这里主持一切村社事务,同时,也是群众们的习射之所。每年的祭社是村社里最热闹的群众活动,此时男女齐欢,奏乐歌舞,通过这一方式来祈求甘雨和丰年。其次是腊祭,这个节日是在丰收之后,

---

① [德]马克思.给维·伊·查苏利奇的信——二稿.马克思恩格斯全集:第19卷[M].中共中央马克思恩格斯列宁斯大林著作编译局,译.北京:人民出版社,1963:450.
② [德]恩格斯.家庭、私有制和国家起源[M].中共中央马克思恩格斯列宁斯大林著作编译局,译.北京:人民出版社,2003.
③ 杨宽.试论中国古代的井田制度和村社组织[J].学术月刊,1959(6).
④ 杨宽.试论中国古代的井田制度和村社组织[J].学术月刊,1959(6).
⑤ 杨宽.试论中国古代的井田制度和村社组织[J].学术月刊,1959(6).

以此来庆祝丰收、酬谢鬼神。除了腊祭之外，还有像"六博""投壶"等娱乐活动。

村社作为农村社会的共同单元，在商和西周时期，村社是奴隶制国家控制社会的基层组织，村社长老、成员和奴隶成为国王和贵族的附属，受到剥削和压迫。随着封建制的形成，村社及其成员均隶属于领主。到了春秋战国时期，随着土地的买卖、井田制的瓦解，村社出现了进一步的阶级分化，村社组织成为残余形态。

（二）对现代村民自治制度的发展的研究

村社自治，作为乡村社会的一种治理方式及社会治理基础，其发展经历了从传统形式（即共同体式的民主自治）到现代形式（即在乡村治理治理结构中公民主体与非政府组织中介相结合的自治）的历史历程。① 就国内外研究而言，西方的发达国家将村社自治置于新民主体制的深化之中，将村社自治与新制度主义的组织理论相结合，探讨村社正式制度的变迁、村社的制度创新及非正式制度的功效影响，试图找到一种新的治理模式，即宪政体制与自治体制之间衔接的桥梁、政府与公众之间的互动关系，并以此来支撑自己的政治制度。对村社制度的研究，主要分为以下三个方面。

1. 对村民自治定位的研究

（1）村民自治的概念及内涵的研究。就研究主体而言，主要分为：一是国家部门对村民自治的定义，主要如下：全国人大常委会法制工作委员会，村民自治是指农村基层由群众按照法律规定设立村委会，自己管理自己的基层事务，它是我国解决基层民主的一项基本政策，是一项基本民主制度。② 二是国内学者对其的定义。徐勇（1997）认为，村民自治属于基层社会生活的人民群众自治，是一种基层直接民主制度。③ 许安标（1999）认为村民自治是农民依法管理社会生活方面的事务。④

（2）村民自治的内涵解析。自治的主体是农村人民群众，而不是地方。村民自治不能和"村治"相混淆。自治的内容是不包括政务的，即国家法律、政策法令，仅指的是在本村范围内与农民的利益直接相关的村务，是法律规定范围内的自主管理的事务。自治组织行使单一职能，既不属于国家行政机关，也不承担财务责任。⑤ 村民自治的组织主体除了村委会外，还包括农村妇女联合会、农民专

①　杨张乔. 村社治理：自治的组织建构和制度创新——以浙江农村为例的新制度主义分析范式[J]. 浙江学刊,2009(5).
②　何泽中. 村民自治概念辨析[J]. 法学评论,2001(1).
③　徐勇,魏启智. 论农村村民自治的创造性和独特性[J]. 求索,1997(4).
④　许安标. 农民如何行使民主权力[M]. 北京:法律出版社,1999:14.
⑤　徐勇. 论中国村民自治的独特性与创造性[J]. 求索,1997(4).

业合作社、农村土地股份合作社及其他自治组织。群众自治组织的领导人(负责人)不是国家公务人员,不享受公务员、事业单位人员的工资、福利等待遇,而是由村组成员通过直接性的选举产生,从事兼业性的农业劳动,并获得一定的经济补助。就村民自治的本质而言,说到底就是人民群众自治,由人民群众直接参与、管理农村基层的社会事务。中国农村村民自治的本质是人民群众自治,这一形式有利于人民群众直接参与基层社会事务管理。

2. 国内外的主要研究视角

(1)国外对村民自治的研究。就研究的分析框架而言,主要分为三种。一是"经济—民主"分析框架。从经济与民主的二者之间的关系来寻求村社现象原因。戴慕珍(Jean C. Oi)认为,经济发展水平与村民自治的实行具有反向关系。① 史天健认为在村庄内部,经济发展与村民选举之间曲线相关而不是直线相关。二是"国家—社会"分析框架。② 克利赫(Kelhher)认为,国家能够影响社会的重要原因在于中国农村的非组织性、个体分散性二者结构上具有同一性。③ 詹姆斯·斯科特(James C. Scott)以租佃和税收的关系为视角,分析了农业社会中国家统治、精英行为的合法性基础,以及税赋政策对农民及农村社会的影响。④ 三是新制度主义分析框架。分析了选举制度的实施与政治的合法性,选举与农村社会稳定之间的关系。代表人物梅尼恩(Melanie Manion)、罗伦丝(Susan V. Lawrence)等认为农村发展不是经济原因,而是制度的创新推动了政治的发展。⑤

(2)国内对村社自治的研究。19 世纪三四十年代,对传统乡村社会及其治理的研究,最具代表性的是梁漱溟先生发起的乡村建设运动,对村社自治进行了大胆的探索,此外,费孝通的《江村经济》《乡土中国》,李景汉的《定县社会概况调

---

① 参见 Jean C. Oi, "The Role of the Local State in China's Transitional Economy", *The China Quarterly*, No. 144, 1995, pp. 1132–1149。

② 史天健. 西方模式难套中国民主[J]. 党政干部文摘,2007(7).

③ 参见李江. 村社功能的转变与利益平衡的法律应对. 西南财经大学硕士学位论文,13.

④ [美]詹姆斯C.斯科特. 农民的道义经济学——东南亚的反叛与生存[M]. 南京:译林出版社,2007:39.

⑤ Melanie Manion, "The Electoral Connection in the Chinese Countryside", *American Political Science Review*, Vol. 90, No. 4, 1996, pp. 736–748; Susan V. Lawrence, "Village Representative Assemblies: Democracy, Chinese Style", *Australian Journal of Chinese Affairs*, No. 32, 1994, pp. 61–68.

查》等著作对乡村社会及其治理提出了自己独到的看法。① 在进入80年代后，国内很多的学者开始关注村民自治。研究主要集中在以下三个方面。一是对其意义及价值的研究。徐勇、白钢（1997）认为村民自治是一项重大的政治改革，作为一种直接的民主形式，实现了权力的平衡，改变了以往公共权力对下而下边权力不能对上的情形，体现了农民的主体地位，体现了民主与法治精神②。二是对村委会选举、"两委"关系、乡村相关关系的研究，其代表人物主要为徐勇、吴毅。三对村民自治的研究除了采用政治学、社会学视角外，还有学者采用法学视角研究，如唐鸣、王禹（2004）研究了法律政策对村民自治的影响。③ 在取消农业税及当前的税费改革形势下，项继权（2007）认为乡村赋税关系也将对乡村治理，尤其是权力原有结构产生重要的影响。④

3. 对村民自治的实施与保障机制的研究

（1）村民自治在现阶段实施的经济社会背景。概括来说，中国特色的村民自治，具有两大特点：一是经济社会背景。村民自治与农村特有的生产资料集体所有制相衔接，自治组织的成员存在于集体组织当中并与其形成较为密切的关系。二是政治社会背景。遵循民主集中的组织决策原则，服从中国共产党的领导，在其领导下发展人民民主，实行基层人民民众的自治。⑤

（2）村民自治发展的成效及经验启示。取得的成效：自20世纪90年代村民自治实施以来，村民自治的影响力不断地提升，被称之为一场"静悄悄的革命"。⑥ 何泽中（2001）认为村民自治制度的广泛实践，使广大农民在农村社会真正享受到了民主，当家做主，参与对经济、政治、文化、社会事务的管理，行使民主权利。⑦ 徐勇（2005）认为通过近30年的村民自治的实施，村民自治呈现出喜人的成绩，使得我国农民通过民主选举、民主监督、民主管理和决策直接管理村组事务，不仅使得人民民

① 参见费孝通. 江村经济[M]. 上海：上海世纪出版社，2007；费孝通. 乡土中国（修订本）[M]. 上海：上海世纪出版社，2013；李景汉. 定县社会状况调查[M]. 上海：上海人民出版社，2005.
② 徐勇. 中国农村村民自治[M]. 武汉：华中师范大学出版社，1997：3-11.
③ 唐鸣. 关于村委会选举选民登记的几个法律问题——对省级村委会选举法规一个方面内容的比较与评析[J]. 华中师范大学学报（人文社会科学版），2004（1）.
④ 项继权. 集体经济背景下的乡村治理-南街、向高和方家泉村村治实证研究[M]. 武汉：华中师范大学出版社，2002：123.
⑤ 徐勇，魏启智. 论农村村民自治的创造性和独特性[J]. 求索，1997（4）.
⑥ 徐勇. 村民自治：一场"静悄悄的革命"[J]. 人民论坛，2008（17）.
⑦ 何泽中. 村民自治概念辨析[J]. 法学评论，2001（1）.

主得到了很好落实,也使得农民在这种制度下创造了属于自己的幸福。① 不仅激发了农民原有的生活、生产积极性和创造性,推动了农村经济社会的良好发展,呈现出村民自治与农村经济社会发展的良性互动。经验总结:总结村民自治的发展经验,徐勇(2005)认为村民自治与党的领导存在密切的关系,党的领导是村民自治发展的前提,村民自治是党领导下的村民自治。② 徐勇(2008)认为我国村民自治的发展,犹如改革开放一样,基本是摸着石头过河,体现了"实践第一"的原则。③ 村民自治从实践中来,并在实践的过程中不断地完善。此外,发展村民自治也是从社会主义政治发展的现实需要考虑的,具有一定的战略性。与推行行政化的村治相比,村民自治具有更大的灵活性,有利于提升广大人民的民主能力,使得他们有更多的机会来分享我国民主政治发展的成果,在此过程中,也将有利于农村基层社会活力的激发,提升供人民参与基层社会治理的积极性,有力推动政治文明的发展。

二、股份合作的相关研究

国外没有股份合作制,但国外学者研究了集体产权的内部结构与效率的关系。一是国外学者研究了如何避免模糊不清的集体产权导致生产与效率的负相关④(Holmstrom,1982;Cook,1995)。国外学者强调明晰产权(科斯,1937)。伯利和米恩斯(1932)的委托代理理论(Principal‐agent Theory)倡导所有者拥有剩余索取权,企业所有权与经营权分离。二是研究了集体经营结构如何达到与个体资源配置同样的效率。做这一研究的人员有森(Sen,1966),沃德(Ward, 1958);米德(Meade,1972);钦(Chinn, 1979);博宁(Bonin,1977);普特曼(Putterman,1980)。类似的研究还有格罗斯曼(Grossman,1983)和哈特(Hart,1986)的不完全契约理论。三是研究了管理层收购(Management Buy-Outs)模式,即少数人控制的相对集权模式,也就是在职管理层收购所在企业解决产权模糊导致的效益低下、监督失效等"代理人难题"。另外,国外学者研究了合作制效率与国家、社会因素的关联。一是与国家相关的研究。范尼克的工人自治模型及本·沃德的伊利里亚模型,以及提倡国家拥有所

---

① 徐勇. 论村民自治与加强农村基层组织执政能力[J]. 当代世界与社会主义(双月刊),2005
   (4).
② 徐勇,徐增阳. 论村民自治与加强农村基层组织执政能力[J]. 当代世界与社会主义(双月刊),2005(4).
③ 徐勇. 村民自治:一场"静悄悄的革命"[J]. 人民论坛,2008(17).
④ Cook, Michael. L, 1995:"The Future of U. S. Agricultural Cooperat ives :A Neo‐institutional Approach". 0, American Journal of AgriculturalEconomics 77:1153 – 1159.

有权,而企业拥有经营权。阿马蒂亚·森认为集体内部的激励与约束难题与分配上的平均主义、管理上的官僚主义有关(1985)。二是与社会相关的研究。汉克(1991)认为股份合作制是劳动和资本联合,比非正规就业劳动组织要稳定。施塔蒋(Sta-atz,1987)认为股份合作组织有利于解决规模较小农户交易费用高、竞争能力弱的难题。黄宗智(2000)发现长江三角洲的发展不是来自个体农业生产和小商业。

　　国外对经济合作组织有一定的研究和经验积累,在理论方面,国外对合作制和股份制的研究已有相当成熟的理论。国外尽管没有正式的股份合作制的提法,但是在企业发展实践中对股份制和合作制形成了两种倾向化的变化,即股份公司的合作化和合作社的股份化。比较有代表性的案例是美国的职工持股计划。路易斯·凯尔索提出美国的职工持股计划是出于对资本掌握在少数人手中,劳动者个人利益受损的关注,为此,在职工持股计划中设计设立信托基金,企业担保向金融机构融资用于购买公司股票,并从公司利润提成归还贷款,且增加职工个人帐户股份。这种方式使职工成为真正意义上的股东。在该计划中对融资购买的股票不可以自由流通,企业内部职工只能在企业内工作时才能取得股票。

　　另外,仍有一些学者对中国农村的股份合作经济作了探索,如格莱格(Clegg)就专门对中国农村合作制与其他国家的经济组织形式作了比较,探索了其中利益相关者权利。同时国外学者在研究合作制时也探讨了其与中国股份合作的类似性,如尼尔森(Jerker Nilsson)对新一代合作社的介绍[1];国外新一代合作社的制度安排与传统的合作原则已经有很大差异,它们更多引入股份制的特征,成员自愿拥有和控制,在保本或非盈利基础上由他们自己经营企业。

　　再者,美欧国家的学者对合作社会也提出了改进意见。例如,德姆塞茨认为明晰产权可以促进合作社会持续发展,避免农村产品的机会主义采购。斯塔蒋(Staats)和塞克斯顿(Sexton)则提出,如果合作社实行按比例分担责任和分享利益的原则,就可以达到博弈论中的稳定合作解[2]。国外一些公司制企业不断引入合作制的因素,如职工股份所有制股权可以广泛分布在每个职工手中,也可以被集中在管理阶层的少数职工手中,或采用信托保管形式公共拥有,由职工集体行使对这部分股份的权利。企业决策权既有劳动控制资本型(一人一票制),也有资本雇佣劳动型(一股一票制),因此,企业决策权并不与股权密切相关。

　①　Jerker Nilsson, Are Large and Complex Agricultural Cooperatives Losing Their Social Capital? *Agribusiness*, 2012, vol. 28, issue 2, pages 187-204
　②　李同明.关于乡镇企业股份合作制若干理论问题的思考[J].农业经济问题,1999(7).

对农村股份合作制的研究,国内的学者主要有孔径源、张晓山、陈吉元、于幼军、郭书田、韩俊、傅晨、金祥荣等人。他们对股份合作制的性质、动因、治理结构进行了研究。

(1)股份合作制的性质。我国股份合作制出现于 20 世纪 80 年代中晚期,在 1990 年农业部颁布了《农民股份合作企业暂行规定》以后,理论界对农民股份合作的性质一直存在分歧,主要有三种观点。一是认为农村股份合作制确实包含有股份制与合作制的内涵,并不是两者的简单叠加,而是把合作制为其成员谋福利的基本原则和股份制集聚分散的生产要素形成规模使用的特殊功能结合起来,形成了一种具有独立组织目标、组织功能和形态特点的经济组织形式。① 二是认为股份合作制是走向规范的股份制的过渡形式。② 三是股份合作制是一种经典的合作制。③

(2)股份合作制产生的基础与动因。一是认为股份合作制产生于家庭联产承包责任制。认为承包责任制导致了农村生产资料使用权与所有权的分离、广泛的社会联系及资本意识。④ 二是认为股份合作制的产生与乡镇企业的发展有关,是企业行为、企业管理的要求。⑤ 傅晨认为农村股份合作制的产生是典型的诱致性的制度变迁。应瑞瑶、沈亚芳对发生在苏南的农村社区股份合作制改革的原因分析后认为社区股份合作制改革源于集体财产的产权矛盾。卢向虎、张正河则认为股份制产生于农村集体资产或土地的股份量化。

(3)股份合作制的内部治理结构。理论界的相关研究主要集中在三个方面,一是要不要设立集体股;二是员工持股与否的问题;三是"一人一票"还是"一股一票"的问题。⑥

关于治理结构,国内学者从不同视角作了分析。一是治理及产权视角。这一视角突出村民自治为中心的农村治理⑦(徐勇,1996),并对经济发展、产权与乡村治理的关联作了初步研究(项继权,2002;唐贤兴,1997)。二是法律与管理视角。谭炳才(2004)、张忠根(2007)、李明刚(2007)认为我国农村集体经济存在法人地位不明、

① 广东省佛山市南海区农业局.南海区农村股份合作制改革纪实[J].农村经营管理,2003(6).

② 乔传福.股份合作经济的制度评价[J].农业经济问题,1999(8).

③ 解安.农村土地股份合作制的生成机理分析[J].生产力研究,2002(8).

④ 房慧玲.广东农村土地股份合作制研究[J].中国农村经济,1999(3).

⑤ 石秀印.农村股份合作制[M].长沙:湖南人民出版社,1999.

⑥ 孔文.对股份合作制度运作的若干思考[J].当代财经,1999(6).

⑦ 徐勇.中国农村村民自治[M].华中师范大学出版社,1997.

机制不活及产权不清等弊端。① 三是结构视角。有学者强调股份合作制对重构农村公有制的重要性(陈国良 2000),重视经济组织的内部治理结构,主张政社分离和公司化经营(杜党勇,2005;张军,2010)。另有学者则推崇"村企合一"(何开荫,2003;戴振启、郑伟军,2009)。

西方经济学的研究与主要阐述与解读集体经济组织的的集体行动与多元化选择的的性质、变迁、集体行动与多元化选择的逻辑。但国外集体经济的比例较低,这与我国有较大差异,集体经济是我国经济的重要组织部分。我国学者的相关研究更加务实,主要集中于集体经济实践中的演进路径、现实状况与当前的改进上。当然,前述的研究成果一方面能体现本研究价值所在,另一方面提供了理论上的反思与借鉴,或是形成了研究上的逻辑出发点。但由于研究目标的限制,前述这些研究对于本研究而言并没有给出"农村股份合作社"的结构和体制与农村社区民主治理的内在逻辑关联,更没有能在中国农村社区民主治理的现实背景下展开农村股份合作社结构与体制的全面研究。

三、研究路径与研究方法

(一)研究路径

本书研究的基本思路可用图 1.2 表示:

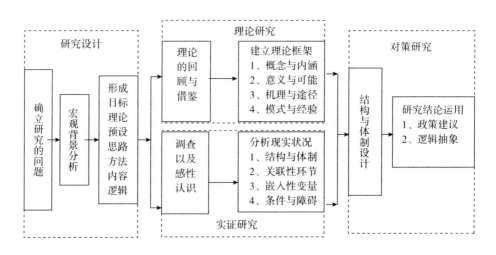

图 1.2　研究思路框架图

资料来源:笔者自制。

---

① 谭炳才. 当前我国农村集体经济存在问题与发展建议[J]. 岭南学刊,2004(6).

框架解析:①通过相关文献和政策文件研究确立问题,并根据文献归纳和背景分析进行目标预设。②从理论高度论证"村—社"自治视角下的农村股份合作模式作为一种全新独立方法体系存在的客观性和价值,阐明其相对其他类型集体经济组织的绩效和资源配置的的借鉴和推广意义;③"村—社"自治视角下的农村股份合作模式与其他农村集体经济的比较研究,论证其对传统集体经济模式与农村基层自治相互关联与嵌入的经验及修正效果;④通过"村—社"自治视角下的农村股份合作模式在不同区域的案例研究分析自治视角下农村股份合作的结构与体制、关联性环节、嵌入性变量及其发生、发展的条件与障碍;⑤探索本地"村—社"自治视角下的农村股份合作模式,在实境中验证基层自治视角下的农村股份合作模式的科学性和民主性,最大限度地进行优化和完善。在这个路径基础上按图1.3的步骤进行。

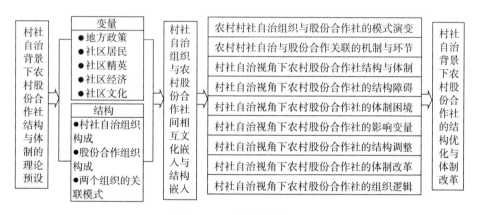

图1.3 研究内容结构图

资料来源:笔者自制。

(二)研究方法

本研究综合运用政治学、管理学、经济学、社会学等学科理论,并采用理论演绎、模型构建、实证研究和统计分析相结合的方法。研究通过理论演绎寻找农村股份合作制的内在动因以及"村—社"自治与股份合作的关系嵌入模式,再根据所构建的理论模型和范式选取农村案例进行调查,并对这种关系模式的效果进行综合评价。最后根据调查问卷结果,对农村"村—社"自治下的股份合作社的适用性、相关理论及尚需完善的地方作出进一步研究。后面将对调查方法和统计进行详细说明。

研究范式包括:①嵌入性理论。嵌入性这里指股份制经济行为受到农村社区文化及自治结构等非经济因素的影响。非经济因素的嵌入性分析贯穿于整个股份合作制的结构分析之中;②结构主义。结构主义认为结构要素之间及其与外部环境之间的互动决定了整个结构的运行机制、运行绩效,而且影响整个结构变迁的路径走向。结构主义的分析方法对于研究农村股份合作社的外部环境、基本结构、运行机制、治理绩效及演进方向具有重要的指导作用。③比较制度主义。比较制度分析强调不同层面、不同领域的制度的关联性、互补性,以及经济体制的多样性与演化。制度主义的方法适合于农村股份合作社模式演变过程中多变量的、长期性的、整体性的制度结构演化分析。

(三)调查方案

1.调查目的

本次调查是为了全面了解我国农村股份合作社建设的现状,目的在于促使农村股份合作社的结构和体制转型更加适合村社自治的需要,提高农村股份合作社的专业化和民主化程度,加强农村集体资产的管理避免其流失,推动农村工业化和产业化发展。农村股份合作社作为农村集体资产分配和管理的一种重要形式,在发展农村经济带动农民致富方面具有非常重要的作用。对于村社自治视角下农村股份合作社建设现状的研究,主要是从合作社的结构和体制两方面进行研究,在梳理大量文献的基础上,确定了农村股份合作社结构和体制的基本内容,设计出了农村股份合作社结构和体制的评价指标,根据指标制定了调查问卷,根据问卷情况来检验农村股份合作社结构和体制情况,发现其中存在的问题并加以改进。

2.调查设计

本次采用问卷的形式进行调查。通过对文献资料的查找和整理,搜集了一些关于农村股份合作社结构和体制的信息,对这些信息进行了比较、筛选和整合之后,考虑到本课题村社自治的大背景,结合本次调查的目的,经过多次的讨论和征求意见,最终确定了农村股份合作社结构和体制的评价指标体系。在指标体系的基础上制定了调查问卷,将指标和问卷对应起来,每一个问题都能够反映出指标体系中的特定内容。在充分考虑人员工作量、调查结果科学性等的基础上,最终确定了样本容量。

(1)问卷设计。问卷设计的步骤如下:第一步,按照本课题的研究的范围,决定从农村股份合作社的结构和体制两个方面进行调查,将问卷设计成为三个部分,第一部分是受访者基本情况调查,第二部分是农村股份合作社的结构调查,第三部分是体制情况调查。第二步,农村股份合作社结构的衡量从社员结构、治理结构和股权结构三个方面进行,其中社员结构主要涉及社员的专业性、流动性和自治程度;治理结构主要涉及各管理机构之间的权力分配以及各管理机构内部的权力分配;股权机构只要涉及集体股和个人股的比例以及个人股中各类别股的占比。第三步,农村股份合作社体制的衡量主要从投票决策体制、行政管理体制、内外监督体制、社员进出体制、股权流动体制、利润分配体制六个方面进行,其中投票决策体制主要涉及投票主体的代表性、投票过程的透明性、投票规则的合理性和投票结果的客观性;行政管理体制主要涉及党政领导与合作社法人领导之间的关系,上级政府的干预方式与程度;内外监督体制主要包括内部监督体制和外部监督体制;社员进出体制主要包括社员的加入和社员的退出;股权的流动体制主要包括股权的新增、继承和转让;利润分配体制主要涉及分配方式是按劳分配还是按股分配,社员的获利与村社发展之间的关系。第四步,从问卷的排版、问题内容是否有歧义、选项设置的合理性等多个方面进行了讨论,并得出问卷初稿。第五步,在问卷的修改阶段,我们邀请了几位专家和农民填写问卷,并提出了很多有价值的建议。在进行了预调查之后,根据问卷的反馈情况并综合多方面意见对选项的顺序、问题的增减、多选选项的整合等问题进行了多次调整,最终确定了问卷。

(2)调查方案设计。抽样方法主要采用了多阶段抽样,具体步骤如下:第一步,将调研对象按照经济社会发展水平分为 A、B、C 三类地区;①第二步,在三类地区各选择一个省(自治区、直辖市)作为调查地点;第三步,在被确定为调查地点的省(自治区、直辖市)各选择两个乡镇;第四步,在各个乡镇选择 2 个村作为调查对象。

(3)最终样本量的确定。由于本次调查的跨越的地理范围比较广,调查的人员和经费都比较有限,因此经过商讨,将本次调研的样本总量确定为 600 份,二类地区各 200 份,各个乡镇 100 份,单个村 50 份。

3. 调查实施

(1)调查概况。本次调查共发放 600 份问卷,回收问卷 552 份,最终确定有效问卷为 530 份,有效回答率为 88.33%。② 由于本课题的研究对象主要是农村,调

---

① A 类地区包括:北京、天津、河北、辽宁、上海、江苏、浙江、福建、广东、山东、海南;B 类地区包括:黑龙江、吉林、安徽、山西、江西、河南、湖北、湖南;C 类地区包括:内蒙古、广西、重庆、四川、贵州、云南、西藏、陕西、甘肃、宁夏、青海、西藏。

② 部分案例的调查由项目组成员组织完成,未纳入整个项目的调查方案,因此问卷题目有所不同。

查组成员深入各个乡村进行入户调查，或者采用集中填写问卷的方式；在调查走访的过程中尽可能将受访者的性别、年龄、职务等相关因素对抽样随机性的影响考虑进来，全面了解普通社员、股份合作社管理人员、村委会成员、外村嫁入妇女等对农村股份合作社的看法和态度。

（2）调查方法。调查过程中抽样方法采用了多阶段抽样方法：第一阶段，按照地理分布，将我国的省份分为 A、B、C 三类地区，在每个地区各随机抽取一个省份作为调查对象，发放问卷 200 份；第二阶段，在各个受调查省份中随机抽取连个发展了农村股份合作社的乡镇，在每个乡镇中发放问卷 100 份；第三阶段，在各个乡镇中随机抽取 2 个发展了农村股份合作社的乡村，针对每个乡村发放问卷 50 份。

（3）数据录入。调查结束后，使用 Excel 对问卷进行了录入，然后将数据导入 SPSS19.0 中，并对数据进行了相应的分析和处理。在数据录入过程中，做到仔细认真，并多次检查，以免出现错误。

（4）误差分析。在进行问卷调查过程中：①由于我们采用的方法主要是入户和集中填写，部分被调查者对我们的身份和动机表示怀疑，针对这种情况，我们耐心地向调查对象介绍了我们的身份和调研目的，出示了我们的证件；②我们收回的问卷中有少部分存在回答草率的问题，如胡乱填写、问题遗漏等问题，针对这个现象，我们将这部分问卷视为无效；③由于我们的调查对象大部分是农村人口，受教育程度偏低，无法完成问卷的阅读和填写，工作人员将问卷题干和选项读给受调查者听，帮助其填写问卷。

（四）统计方法

1.统计软件

在将调查结果录入到 Excel 中后，将其导入 SPSS19.0 中，利用 SPSS19.0 对数据进行相应的处理。

2.统计方法

由于问卷分为三个部分，第一部分为受访者基本情况调查，后两部分分别为合作社的结构和体制调查。对于第一部分的处理主要统计了频数和百分比；对于第二部分和第三部分，不仅分析了总体的选答频数、百分比、平均数、标准差、卡方值，还按照性别、年龄、户籍等要素进行了分组统计。

第二章

村社自治与农村股份合作的相互嵌入性模式

第一节　农村村社自治与集体经济组织的流变与现状

一、农村村社自治的历史流变与现状

（一）农村村社自治的内涵

一般来说,村社是指在血缘和地域等关系基础上而建立起来的社会经济组织形式。在中国,村社自治是一种在人民民主专政的社会主义国家政权中,由中国共产党领导的新型基层社会政治制度,以实现广大农民群众当家作主为目的,在农村以政府、村民自治组织、其他社会组织或社会力量为主体来生产并提供公共产品和公共服务①。作为农村自治基础中重要一项,其自治的形式经历了从传统到现代的历史进程,也就是从共同体式到农民个体与社会组织中介相结合的自治结构。西方新制度主义研究范式有两个重要支撑点,即组织结构与制度框架。提效问题是当今社会中一个不可回避的方面,不管是经济发展,还是社会服务或政治管理,都有相关内容。但无论是以成文规定的正式制度,如宪法、法律、法规,还是人们在现实活动中相互交往所形成的非正式制度,均同以上国家运行的基本面有着重要关联。我们也将这两种范式应用于农村村社自治的研究,即村社组织结构和村社制度框架的相关内容。

关于村社治理的组织结构,我国宪法规定"城乡基层都实行群众性自治制度,农村的自治组织叫村民委员会"。1988年《中华人民共和国村民委员会组织法》(以下简称《村组法》)明确规定了村民委员会的定义,即"村民自我管理、自我教

---

① 李全胜. 论中国农村村级治理模式创新:复合式治理[J]. 中州学刊,2012(3).

育、自我服务的基层群众性自治组织,实行民主选举、民主决策、民主管理、民主监督"①。并规定了其所承担的四项基本职能"村民委员会办理本村的公共事务和公益事业,调解民间纠纷,协助维护社会治安,向人民政府反映村民的意见、要求和提出建议"。此外,村级组织还是国家与农民之间维系关系的一个重要点,《村组法》对于村委会要协助乡镇贯彻落实国家政策做出了相关规定。基层群众自治作为社会最基本的自治形式,农村以行政村为基本单位。群众性作为限定其属性特征的基本概念,村委会以处理村民利益相关的公共事务和兴办公益事业为目标,是由村民自发、自愿结合而成的组织。因此,村级组织不大能跟国家权力机关一样建立层级化的制度来管理,不管是办理本村公共事务,还是贯彻落实国家政策或国家意志,都应该采取半正式或非正式的管理组织形式和方法。

　　关于村社治理的制度框架,自治制度是限定其本质的基本概念,它揭示了村社自治的性质。村社自治即村民对自己所在的村子区域所实行的一种自治管理模式,它是村民实现民主的充分形式。其自治的内容包括"代表人民群众的利益和要求,尊重人民群众的意志和愿望,由人民群众行使选举权、决策权、管理权、提案权、评议权、否决权、罢免权,由人民群众制定自治章程和各项规章制度"②。这种自治形式对于促进自治组织和政权机构的有效衔接,提高农村政治民主发展和公共管理服务的有机结合起着重要作用。由于不同个体或组织利益的关系会存在相互冲突的可能性,为了化解这些冲突加并在此基础上采取联合行动,所以必须要建立正式制度来使村民强制性地遵守,同时要有不同类的非正式制度来满足不同个体或组织的利益需求。但是,所有自治都要在特定环境中才能进行,社会主义大环境下,村社自治组织虽然并不属于国家政权机关,却是国家政权组织的基础,是整个国家政治体系中有机组成部分,因而村社组织的自治活动必须在法定范围内进行,必须在中国共产党的领导下进行,落实党的路线、方针、政策,接受政权机关的指导,完成政府与农民对公共事务的共同管理,达到公共利益最大化的目标。村社治理的运行规则具有下列特征:村社的治理需要经历一个完整的流程,它所经历的这个完整流程需要对不同的环节和个体进行协调,参与的主体之间有合作和互助,上级和下级之间有互动。

　　村社自治是治理的基础。治理是组织和个人管理其共有事务,整治相关行为的手段、方式和方法的总和,原意是统治、调理,最初用于国家公共管理领域内各

---

① 参见《中华人民共和国村民委员会组织法》。
② 保长武. 村民自治制度刍议[J]. 新农村(黑龙江),2013(12).

项政治活动与管理活动。发展到 20 世纪末期,有关"治理"这一概念的实践范围渗透到了经济社会领域,治理理论之核心要义强调参与公共事务管理的主体要多元化。治理和自治为一组相互差异同时相互联系着的概念:关于国家和政府的权力分配方面有一样的侧重点,但在其他方面存在着显著差异。二者都是管理方式,却属于不同意义内的管理方式。治理以达成合作框架为目标,属于社会意义范围内的管理,更倾向于介入国家、政府、公共组织、社会组织和私营组织之间的相互关系。自治则属于国家意义范围内的管理方式,无须借助强制性的外部力量来进行干预,更倾向于根据村民的意愿在自身利益选择的基础上形成符合大多数人利益的集体选择,以民主协商这一方式进行公共管理,推动整个村社进入自我教育、管理、服务和约束的状态,倾向村民自发形成组织来对公共事务进行自行管理,或者是村民自主选出代理组织进行代为管理①。

从本质上来说,村社治理—自治模式其实是治理和自治内在关联的一种外在表现形式,目的是使国家和政府寻找到一种平衡模式,这种模式能够对农村自治的民主制度和民主形式进行创新,从而使得农村的政治民主与社会管理两大方面形成有机结合。在村社治理中,村民委员会、党组织和其他各种形式的自治组织是主体,而在村社自治中,农民是主体。村委会作为一种民主机制,能够对农民进行有效地整合与分化,而建立村民自治制度并保证其有效运行对于确保农民的主体性具有重要意义。政府组织为了完成国家治理和村社自治有机统一这个目标,整合了各种类型的权力资源与治理机制,以加强和村社组织之间合作这一手段,逐步提升村社组织自身决策水平,也提高了公共管理和服务的能力,村社组织才有能力承担起更大责任。

(二)农村村社自治的流变

在中国,农村村社自治的流变主要反映在组织方式、组织功能和组织能力三个方面。

1.组织方式

客观上农村社会的小农经济体系使其处于封闭的状态中,城乡之间的差别与分化进一步加剧。中国古代的政治格局中封建等级制度森严,由此形成了显著的社会分层,不同分层的社会成员则有着不同的价值观与文化体系。而这种城乡对立、上下分裂的政治格局,使得拥有最高统治权力的统治者所掌控的有效权力十

---

①　杨张乔.村社治理:自治的组织建构和制度创新——以浙江农村为例的新制度主义分析范式[J].浙江学刊,2009(5).

分有限。除此之外，某些庞大的政治势力，由于其在农村影响力极大，如乡绅、地主及宗族等，而实际上在对当地形成了间接统治。直至清朝统治晚期，经济快速发展，人口大规模流动，而由于统治阶级的腐败和固步自封，农民阶级的起义如太平天国等大肆兴起，社会动荡不安。这个时候，农村最原始的社会结构开始慢慢分崩离析，也就是以宗法和家族血缘关系为基础的结构开始瓦解，并成为不可逆转的趋势。在这一形势下，传统的以宗法为基础的"聚族而居"的习惯开始改变。随着预备立宪进一步发展，各地以乡绅、地主及宗族等为代表的阶级逐渐分化，他们参政议政的热情随之高涨，资产阶级性质的民主运动逐渐兴起并推动了地方自治，这样地方自治组织和民间组织变成了自治主体，进而进一步推动了农村自治的形式由家族自治向组织自治的转变。新中国成立后完成了土地改革，个体农民开始拥有自己的土地，互助组、合作社这种形式的组织应运而生以实现其自我管理和服务。1958年起实行的人民公社体制揭开了"政社合一"农村治理的序幕，国家以此为起点对之前高度分散的农村社会进行整合，国家行政机构干预力度逐步加强，人民公社也逐渐发展成政府行政管理机构中的一个组成部分。1982年，我国修订颁布的《宪法》中规定"村委会是基层群众自治性组织"，是"村民自治"这一概念首次提出①。1995年，民政部下发了《关于进一步加强村民委员会建设工作的通知》，进一步提出"四个民主"的要求②。从"村民自治"概念到"四个民主"要求，整个社会对基层民主的认识得到逐步完善和提高。自此，我国农村自治的发展经历了传统家族自治到村社组织—村民自治的完整变革。

2.组织功能

近代史上中国村级组织不断发展，形式多种多样，农会是其中重要形式之一，在新民主主义革命时期，实际发挥了基层政权这一作用，它不仅组织和发动农民为夺取政权而斗争，领导农民进行了反帝反封建的民主革命，还是土地改革的执行机构，对在农村进行的革命和生产建设具有重要意义，也发挥着帮助共产党团结、教育全体农民的重要作用。1951年12月，中共中央颁发了《关于农业生产互助合作的决议（草案）》，互助组和初级农业生产合作社开始在全国各地蓬勃发展③。1952年末期，互助组织已经普遍见于农村。1953年2月中共中央正式颁布《关于农业生产互助合作的决议》，农村随之进入全国范围内的合作化运动时期。

---

① 参见《中华人民共和国宪法》。
② 参见民政部：《关于进一步加强村民委员会建设工作的通知》（民基发〔1995〕7号）。
③ 唐茂华,陈丹.农村土地制度变迁的政策过程及现实困境[J].农村经济,2011(3).

互助组和合作社的性质是在小范围内进行生产的组织,具有自助性的特征和单一的经济功能。1978 年我国开始实行改革开放的战略决策,随着社会经济的不断发展,个人利益开始得到重视,各项政策的制订发生了根本性的转变,农村生产方式也有了重大突破,家庭联产承包责任制应运而生。1984 年国家废除了人民公社体制中的生产大队,村组织主要职能是经济职能①。1983 年 10 月,中共中央、国务院颁布《关于实行政社分开建立乡政府的通知》,规定"当前的首要任务是把政社分开,建立乡政府,同时按乡建立乡党委,并根据生产的需要和群众的意愿逐步建立经济组织",还指出"村民委员会是基层群众性自治组织,应按村民居住状况设立"②。建立起村民委员会体制之后,政府行政职能下放到村社,村委会开始接手处理所管辖村社里各种公共管理与服务工作,并辅助乡一级的政府处理行政事务与推动生产发展。村社组织自治领域进一步扩大,单一的经济功能为主慢慢发展为以社会管理功能为主的多元复合功能。同城市社区相同,村社自治组织同样具备下列职责与功能:社会生活服务、维护治安稳定、教育文化、医疗卫生还有部分经济管理。

3. 组织能力

中华人民共和国成立前相当长时间内,村社建设大多依靠本村的人力、物力和财力,主要通过对当地富裕户的筹资募捐来兴办公共事业和完善公共设施建设,在这一阶段,村社组织自治属于自力更生型。中华人民共和国成立后,土地改革广泛发展,在农村个体经济发展的基础上,农民以土地资源为基础,自愿互利、生产互助,形成了互助组与合作社的组织形式。1978 年 12 月我国实行改革开放的战略决策,国家在政策制定上更具有开放性,政策制定的转变为农村经济的发展注入了新的活力,也为各类村社组织如党支部、村委会、合作社和民间社会组织的发展开辟了道路,村社自治各力量相互联合,合力不断加强。城乡一体化进程深入发展,政府不断加大投入农村公共事业力度,2005 年 10 月,中国共产党十六届五中全会通过《十一五规划纲要建议》,《建议》提出"按照'生产发展、生活宽裕、乡风文明、村容整洁、管理民主'的要求,扎实推进社会主义新农村建设"③。政府和各社会组织从不同方面来引导农村社会经济发展,形成政府、企业、村社、

① 张丽琴. 建国以来村级组织建设及其职能演变——60 年村级民主发展的历程考察与政策分析[J]. 长安大学学报(社会科学版),2010(1).

② 参见中共中央、国务院:《关于实行政社分开建立乡政府的通知》(中发[1983]35 号)。

③ 参见《中共中央关于制定国民经济和社会发展第十一个五年规划的建议》(2005 年 10 月 11 日中国共产党第十六届中央委员会第五次全体会议通过)。

社会组织和村民的合力来治理农村,切实提升农村基层民主制度和农村法制方面的建设,指导农民依法实行其民主权利,进一步提高了村社治理—自治综合能力。

（三）农村村社自治的现状

当前,我国农村村社自治的现状主要体现了以下三个方面的特点。

一是组织结构单一化。我国农村实行村民自治,普遍存在二元权力结构来对农村的公共事务进行管理,一是村党组织,即村党支部,二是村民自治组织,主要是村民委员会。在原有的"政社合一、三级所有、队为基础"这一体制中①,人民公社、生产大队与生产队发挥着领导农民进行生产、分配农村社会资源与整合农村利益矛盾的重要作用,由于人民公社这一体制瓦解,导致没有主体能够继续承担这些责任了。村党组织与村民自治组织分工不明确,二者之间关系多处表现出不协调,进而加剧了相互间争权夺势的势头;村委会本应承担的职责由于村党组织的干预大幅降低,难以发挥其应有的作用;而村党支部本应所处领导核心这一地位也由于村委会过度参与而弱化。

二是民主机制形式化。《村民委员会组织法》规定了"村民委员会可以处理村民自治范围的争议"②,在农村全面推行村民自治制度,其目的是把村民自治制度和家庭联产承包责任制相连接,以此来加快农村和农业的现代化建设,解决"三农问题"。而制度建立与现实执行仍存在较大差距,农村始终难以有效地将民主治理的机器运转起来。村委会在村民自发选举这一基础上产生,对农村实行民主管理。村委会的职能一开始只是简单协助维护社会治安,逐渐发展为自行管理本村政治、经济、社会、文化等各方面。由于乡镇政府利益膨胀不断加剧,农民个人和农村基层政权组织之间利益矛盾日益激化,农民不合理负担问题更加突出③。除此之外,行政运行机制不健全,决策权没有明确的规定,越权行为泛滥;决策制度不健全,细节不太具体,相关规定不太充分;决策权不明确,造成权力过度集中;决策监督机制不健全,村民自觉参与到村社自治中监督意识不够;民主渠道不畅通,村务公开透明程度过低④。

① 竭红云.村民自治下的农村权力结构及其功能分析[J].河北青年管理干部学院学报,2009(2).

② 参见《中华人民共和国村民委员会组织法》。

③ 陈业林,邓晓丹.村民委员会选举中存在的问题及对策研究[J].大连干部学刊,2006(12).

④ 吴湖.基于村级事务流程化管理制度作用的探究——以宿松县北浴乡罗汉山村为例[J].当代经济,2012(9).

三是管理机制官僚化。首先，从农民自身来讲，他们受上千年的封建专制文化洗礼，难免对政治产生疏远感，无论是参与的意识还是程度均很低，很少有人自愿参与投票、选举等政治活动。其次，在推进农村民主的过程中，村党组织看重选举忽视治理的情况不可避免，地方官员们或者是把村民自治简单地理解为选举，造成高度重视选举过程本身而忽视了选举过后的治理。最后，大体制自身存在上下级脱节的现象，村社自治同政府管理体制有一定的分化：村委会由村民自主投票选举产生，村党委由村党支部任命，分别对村民和乡镇负责，而其他官员由政府或上级任命只需对上级负责，这种体制下，只要乡镇完成上级下达的任务，达到上级期望的政绩，博得上级肯定，就可以无惧于百姓的压力。

二、农村集体经济组织的流变与现状

(一)农村集体经济组织的内涵

国家现行法律和地方性法规始终无从厘清"农村集体经济组织"的具体涵义，1982年《宪法》中第一次提出了这一概念，规定"农村集体经济组织实行家庭承包经营为基础上、统分结合的双层经营体制"①。此规定使集体经济组织具有独立自主进行经济活动这一权力，而在这之后的立法中，并未对集体经济组织的组织形态、经营范围、责任形式、管理方式和法律人格界定清晰，目前仅限于学术研究与实践探索。法律地位不明确，运作程序不规范，给农村集体经济组织在发展中造成"主体缺位"的困难，进而导致了在经济活动中的各种不便，如申办法人代码证、银行开户和贷款等方面存在困难，其他法人主体不信任或不承认农村集体经济组织，其在对外经济交往或活动中的交易成本增加。

农村集体经济组织产生于20世纪50年代初农业合作化运动，基于实现社会主义公有制改造的目标，是在农村里在土地所有权基础上发展起来的农业社会主义经济组织，是农民自愿联合，把他们各自拥有的生产资料(土地、耕田、畜牧、较大型农具)投入到集体之中归集体所有，再由集体组织农业生产经营，引导农民各尽其能来进行集体生产劳动，并实行按劳分配。人民公社解体以后，生产队在各地的名称发生了改变，但仍按原规模延续下来;经营方式，原本为集体经营按劳分配，现在引入家庭承包经营方式，形成统分结合、双层经营新体制这种合作经济。不属于法律中法人中任何一类，农村集体经济组织则区分于政府、企业和社团，是除国家以外对土地拥有所有权的唯一组织，在政治和法律上的性质具有独特性。

---

① 参见《中华人民共和国宪法》。

（二）农村集体经济组织的流变

改革开放以来,我国农村集体经济组织的演进主要分为以下三个阶段的形式。

一是农村家庭联产承包责任制。1978 年初,以邓小平为代表的中共中央提出"坚持按劳分配的社会主义原则"①,是为了让农民群众真正实现多劳多得,增产增收。对农业坚持"放宽政策"和"休养生息"政策,支持农民以"包产到组"这种形式经营土地。1980 年,在《关于进一步加强和完善农业生产责任制的几个问题》的会议纪要中,中共中央提出加强和完善农业生产责任制,以实现国家、集体、个人三者利益相结合的农业集体化道路②。1982 年,在《全国农村工作会议纪要》中,中共中央强调要在稳定政策的基础上进一步完善农村所实行的各种责任制,其性质均为社会主义集体经济的生产责任制。③ 在 1984 年 10 月中共十二届三中全会召开后,农村经济改革进入了第二个阶段。1985 年底,我国开始实施以家庭联产承包责任制为核心的农村经济体制改革,对农村产业结构进行调整,对农村生产力的提高,商品经济的发展具有促进作用,大大鼓动了农民的生产热情与创造性,稳步、快速地提升了农民收入,迅速复苏并发展了农村经济。1991 年,中共十三届八中全会通过《中共中央关于进一步加强农业和农村工作的决定》,并提出"把以家庭联产承包为主的责任制、统分结合的双层经营体制,作为我国农村集体经济组织的一项基本制度长期稳定下来,并不断加以完善"。④

二是乡村集体企业产权制度。乡村集体企业产权制度有着严重缺陷:乡村行政组织干预力度过大,造成产权关系混乱;投资方式和主体多样化,但相应制度不完善,导致产权要素处于无序状态。在此环境中以党的十四届三中全会《中共中央关于建立社会主义市场经济体制若干问题的决定》为指针对乡村集体企业产权制度进行了改革,为了转换企业经营机制、提高企业整体素质、加速企业的经济发展,在坚持邓小平同志"三个有利于"前提下,以股份合作有限公司、有限责任公司、租赁、出售、兼并、资产增值承包等多种方式展开。改革中要坚持下列原则:"尊重群众创造、群众意愿与积极引导、加强具体指导相统一的原则;转换企业经

---

① 邓小平. 邓小平文选:第二卷[M]. 北京:人民出版社,1994:51.

② 参见《中共中央印发〈关于进一步加强和完善农业生产责任制的几个问题〉的通知》,1980 年 9 月 27 日

③ 全国农村工作会议纪要. 中华人民共和国国务院公报,1982(8).

④ 中共中央关于进一步加强农业和农村工作的决定. 中华人民共和国国务院公报,1991 (42).

营机制与加强集体资产管理同步推进的原则;企业转制形式多样化与操作程序规范化相结合的原则;企业产权制度改革与转换政府职能相配套的原则。①"

三是农村社区股份合作制。为了推进农村集体经济快速发展,进而针对乡和村两级社区来进行产权制度改革所进行的一种对制度的安排,我们称之为农村社区股份合作制。这是一种新型社区集体经济组织,以原有农村社区合作经济组织为基础,适当引进一些合适的股份制机制和因素,将股份制跟合作制相结合。关于具体做法,2014 年中央一号文件提出:"推动农村集体产权股份合作制改革,保障农民集体经济组织成员权利,赋予农民对落实到户的集体资产股份占有、收益、有偿退出及抵押、担保、继承权,建立农村产权流转交易市场,加强农村集体资金、资产、资源管理,提高集体经济组织资产运营管理水平,发展壮大农村集体经济"②。

(三)农村集体经济组织的现状

当前,我国农村集体经济组织的发展主要表现为以下三个方面的特点。

一是职能发挥有限。从农业合作化运动时期开始发展至今,农村集体经济组织不断发展壮大,原有生产方式从集体经营转变为家庭经营。宪法将农村集体经济组织定义为"经济组织"发挥着经济职能,而村委会则是基层群众性自治组织发挥着政治职能③,但由于受人民公社体制影响过久,农村的组织结构与原有的生产队一级并没有发生根本性转变,还是按原规模延续下来,只是名称和形式做了改变——公社、大队和生产队分别被改叫乡、村和组。我国农村现行体制仍具有政社合一的特点,农村集体经济与村委会之间的职能关系也未完全界定清晰,其经营职能被弱化。

二是产权较为模糊。为了使农村集体经济组织顺利运转,非常必要建立起农村集体经济组织法人治理机构,而当前我国农村集体经济组织产权制度依然存在许多问题。主观上我国基层干部对推进改革存在思想认识问题④。首先,农村集体经济组织产权制度是一个系统,具有完整性的特征,改革需要较为完善的政策来进行指引而得以完成,这项工作较难操作,能够加以参照的现成经验几乎为零。其次,改革程序繁琐,工作量大,各种资源消耗大,容易产生消极怠工的情绪。最后,开展改革工作必须建立起完善的组织治理结构,凡涉及集体资产和集体经济

---

① 同上.

② 参见《关于全面深化农村改革加快推进农业现代化的若干意见》(中发[2014]1 号)。

③ 李俊英.农村集体经济组织的主要形式与发展趋势[J].农村经营管理,2010(2).

④ 方志权.农村集体经济组织产权制度改革若干问题[J].中国农村经济,2014(7).

组织成员切身利益的重大事项和权利运作都要在阳光下进行,就必须提交成员(代表)会议讨论,基层干部因改革权力会有所下降而产生失落感,对推进农村集体经济组织产权制度改革也会降低积极性。除了上述几点,客观上还缺乏相应法律依据。首先,"农村集体经济组织法人证书"制度存在缺陷,《民法通则》中法人有四大类型,分别是企业、机关、事业与社会团体,农村集体经济组织既不能划到其中任意一种类型里,也不具有这些法人所具有特征。其次,法律中对农民专业合作社有相关规定,但农村集体经济组织在功能和成员方面的定义不同于它,因此也不能登记在内。①

　　三是发展前景不明。长期以来农村里都存在消极而悲观的思想,认为集体经济既保守又落后,受此不利舆论影响,人们的视听被扰乱,许多地方对于支持发展农村集体经济缺乏相应政策,不可避免地出现了贷款难、赋税重等困难,进而导致在农村坚持和发展集体经济的人群在思想上有着较大压力,凝聚力不强,把群众团结起来存在困难,也就贯彻落实不好党的群众路线,党的农村工作难以落到实处,党的方针政策被流于形式,导致村集体经济的发展走弯路。农村集体经济经济增收在很大程度上依赖资源等,因此难度大,发展后劲不足。有些村地理位置优越,能够通过股份制合作、租赁经营、土地承包等方式,发展工业园区,可凭借多种渠道拥有稳定的收入来源;而靠有限的自然资源进行开发的村社,由于现在各方面对进一步控制生态自然的要求,收入渠道正在逐渐萎缩,增收后劲严重不足,进而导致农村集体经济组织难以发展②。

第二节　农村村社自治与股份合作的关联环节和机制

一、农村村社自治与股份合作的关联环节

(一)股份合作的高度内向性推动村社自治

　　我国最早在 1982 年宪法中规定了"村民委员会是基层群众的自治性组织"③,由此建立了我国农村村民自治制度。经过 20 多年的发展,在新时期特别

---

①　龚欣一. 完善农村集体经济组织体制的法律思考[J]. 法制与经济:上,2011(12).

②　彭海红. 中国农村集体经济的现状及发展前景[J]. 江苏农村经济,2011(1).

③　参见《中华人民共和国宪法》。

是在农村经济发展的推动下,我国农村逐渐开始出现向社区转变的趋势,农村村民自治也逐渐适应形势的转变,向村社自治逐渐转变。我国农村村社自治主要是指我国农村村民依据相关法律规定,自主行使民主权利,通过民主选举、民主决策、民主管理和民主监督等方式对农村事务进行自我治理的一种制度,是农村村民自我管理、自我教育、自我服从的一种基层民主制度形式。我国在经过 20 多年经济的高速发展,尤其是农村经济的极大发展,股份合作形式作为当前我国农村村社实现和促进自身经济发展的重要方式,农村村社自治也在其影响之下产生了许多变化。

股份合作的内向性是指股份合作组织能够保护自身成员内部的利益和所得,维持其已经获得收益。而农村实行村社的目的不仅在于实现农村基层民主,更重要的是通过基层民主的方式实现农村村社内部事务的治理,维护和保障村社成员的所得利益。股份合作的发展促进了农村经济的发展,从而确保了农村村社成员自身经济利益的实现。在外部经济实现条件成熟时,村社成员首先考虑到的便应该是自身既得经济利益的维护和长久保持。"从民主制度产生的普遍规律看,村民们采取的手段不外乎就是通过公选,推举出能够让他们相信,并且有能力维护其利益的代表去行使大家的权利;此外,还可以通过一定法律程序罢免那些不能让大家相信的代表的一种机制,而这种权力又必须掌握在村民自己的手里。全国范围内的村民自治普及正好为村民们提供了一个绝佳的实施机会。"[1]因此股份合作的高度内向性与农村村社自治的目的具有一致性,而不论从理论还是目前实践的现实来说,农村村社都是保护和维持农村村社成员经济利益的最好工具。

农村股份合作社企业是在我国社会市场经济的大环境下,依托我国农村经济发展的现实状况,适应农村经济发展的要求逐渐形成的一种市场经济实体。既然是一种市场经济主体,在具体的运行过程中农村股份合作社就会具有其他市场经济实体所具有的规范性、开放性、法制性的特点,并且处于自身利益最大化的"理性人"价值追求,农村股份合作企业也会通过各种方式谋求降低企业内部的交易成本。[2] 首先,农村股份合作社的开放性特性要求村民转变过去狭隘的治理眼光,不仅要考虑到个体的经济利益,又要考虑村级的公共利益的提高

---

[1] 王醒男. 村民自治与社区型股份合作企业—急速城市化进程中广州村民自治变迁逻辑的经济学分析[J]. 南方经济,2004(9).

[2] 于金波. 论农村经济体制改革与村民自治[J]. 河南农业,2009(10).

和公共服务的优化,建立这种包容性的开放性思维才能促进村民的自主性和参与积极性。其次,农村股份合作社的规律性特性要求农村股份合作制企业作为市场经济运营中的独立个体,应当首先保证自身的生存和发展,实现集体资产保值增值,这就必须按照经济规律来办事,必须推动上级政府的职能转变和企业自身治理的改变;推动村务公开公平,改变过去单纯依照行政命令的老模式;村民通过自主投票行使自身的合法权益,实现自治权。最后,法制性是村民实现自治的法律保障,遵守相应的法律法规是股份合作社的正常运营的前提,而这也是股份合作社经济运营的保障,同时也推动村民自治的法制化、民主化。村民通过召开村民代表大会等法制形式来达到规范村民自治的治理主体和过程的效果。

经济基础决定上层建筑。当前我国农村社会中存在的村委会自治的制度便是农村成员在农村家庭联产承包责任制改革之后,自发形成并得到国家承认和扶持的制度,这说明广大农村具有强大的创造力和自治能力,欠缺的是相对应的物质基础的支持。在当前我国农村经济体制改革不断深化的背景下,农村自身的经济条件得到极大改善,农村成员的受教育程度比改革开放时期得到了极大的提升,思想素质明显地提高了,这些条件都将推动农村村民自治意识的真正觉醒和相应的管理方式和体制的转变。① 目前我国农村各地区的发展程度呈现出较大的差异,主要是表现在经济的发展程度,由此而引发的相应的政治建设方面的差异。我国在市场经济建设初期,考虑到我国农村人多地少,人均耕地产出低下,农村劳动力流动不畅的现实情况,采取了对农业生产的保护措施,如政府下发订单,制定农业产品最低收购价等。但是随着市场经济的发展,农村单位生产力的提升及城市劳动力需求的不断增加,原有的小型的家庭作坊式的生产模式已不能满足农村家庭的经济物质需求,"农民工"群体便应运而生。农民工群体的存在正是证明了我国农村生产过程中的问题,一方面是家庭作坊式的生产方式的破产,急需与外部市场形成沟通和交流,打破农村产品走向市场所存在的各种壁垒和障碍;另一方面是农村仍然存在的碎片化生产的问题,不能发挥农业生产的规模化效应。这种情况下,就需要通过相应的引导来促进农村股份合作经济的发展,将农村已有资源化零为整,形成规模效应。而与之相对应的现有村委会也必将因为村庄经济形势的转变产生相应的体制改变,正如家庭联产承包责任之改革一样,村委会必将会因为农村股份合作经济形势的出现而更加注重村民的意见和参与,

---

① 于金波. 论农村经济体制改革与村民自治[J]. 河南农业,2009(10).

"要求村民自治制度在赋予村民委员会自治权力的同时,也要保证自治权力的实现"①,从而真正实现村民的自治。

（二）股份合作内在的"功效最大化"推动村社自治

股份合作具有内在的功效和利益最大化特点,这为村社自治提供了动力。具体来说,股份合作拥有以下三个方面的功效。

一是维护基层社会秩序,产生良好社会效益。随着城市化进程的加快,当前农村实行"村改居"的步伐也在加快,农民在由村民转变为居民的过程中会产生很多实际问题,其中以利益分配问题为首要难题。村民会担心在村改居,失去集体资产之后失去村民身份,从而无法获得村股份合作社的资产收益。同时也会担心在村改居之后自身的社会保障以及户口迁移问题,一方面涉及养老,另一方面涉及子女上学问题。同时,在村改居之后,农村股份合作社也会相应的在管理体制上进行改变,村民也会担心村集体财产被变相转移或私人收购,使企业性质产生根本转变,损失利益。这些问题只是村改居之中的几个方面,但是村改居工程的一个缩影,处理不好便会产生巨大的反作用,甚至影响基层社会的稳定。② 2015年末,中国城镇常住人口为7.7亿,城市化率已达到56.1%（见图2.1）。但是,仍然有数量庞大的人口居住在农村。因此,农村基本社会秩序的稳定与否,也关系到我国社会建设的总体进展,对我国和谐社会的建设与"维稳"具有举足轻重的作用。推行股份合作制改革明晰农村集体资产的产权关系,明确农村集体资产的分配关系,有利于维护农村社会的基本社会秩序。明晰农村集体资产的产权关系,重新确定农村社会治理中各主体的产权占有关系,不仅能够使农村治理中各产权主体明确自身的角色与职能确定,也可以保证村民对于公私产权的明晰,使其能够更好地维护自身的利益。同时明确农村集体资产的分配关系也可以保证将农村集体资产确实用之于民,实现农村社区基本公共服务的提供,减少农村社区成员出现"用脚投票"的现象,实现农村基层社会秩序的稳定,实现较为良好的社会效益。

---

① 凌刚. 村民自治视角下苏南农村集体资产股份合作制改革研究——以吴江市盛泽镇西白洋村为例. 华东理工大学学位论文,2011.

② 廖鹏程. 股份制民主与社会管理——以浙江省温州市鹿城区"城中村"农村社区股份合作制改革试点为例. 复旦大学学位论文,2008.

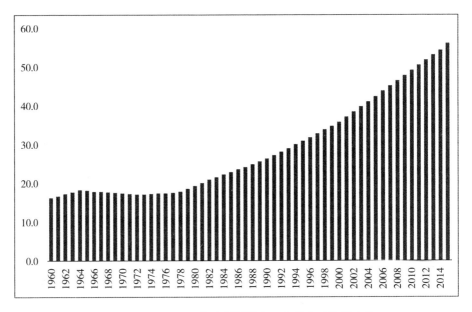

图2.1　1960—2015年中国城镇人口占总人口比例变化

单位:%

资料来源:世界银行数据库。

　　二是创造基层财政收入,增加剩余索取。这里的基层财政收入既包括基层地方政府的财政收入,也包括作为基层群众自治组织的村委会的村集体资产的增加。农村股份合作制企业是在农村土地承包责任制和乡镇企业改革的基础上,顺应社会发展形势逐渐发展起来的市场经济实体。在我国农村村社建设的当前背景下,农村股份合作企业的主要目的还在于通过市场化的经营方式,和股份化的合作参与,实现农村股份合作企业经营规模和经济效益的增加,扩大股份合作企业成员剩余索取的增加,实现农村村社成员的收入增加,实现农村村社集体资产的增加,从而更好地为农村村社和成员提供公共服务。例如,苏州大联村土地合作社尽管成立时间较短,农民股份额较低,但入社农户增收效果已经显现出来(见图2.2)。由于合作社的收入来源于土地出租收入,随着土地出租收入的增加,农户的股利也相应地增加。合作社的发展可以说是拓宽了农户收入渠道。土地未入股前,农户的农产业收入较少,主要来源于工资性收入。土地入股后,合作社每年土地分红增加了农户的土地财产性收入,使得农户收入渠道多元化,农户在获得工资性收入的同时,不用从事农产业也能获得土地经营收益。另一方面,农村股份合作企业作为市场经济主体,是以法律规定的企业法人的形象出现,理应受到国家有关市场和企业法律的规定,而按照国家法律规定,股份合作企业纳税更是应该包含在内。农村股份合作企业的发展在增加农村村社成员剩余索取的同时,也为当地经济的发展做出了贡献。农村股份合作企业的发展不仅能够为当地政府解决城市化过程中农村村民就业的难题,保证社会的稳定,而且可以通过纳税等方式为地方财政的增加做出贡献,从而使地方政府能够更好地履行自身的职能,更好地提供应有的社会公共服务。这对于双方来说是共赢的局面。

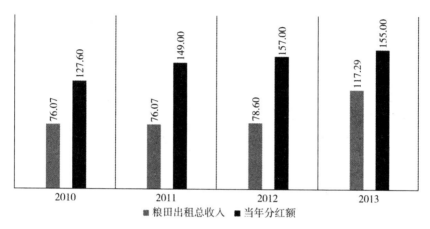

图 2.2　2010—2013 年苏州大联村合作社入股土地分红情况

单位:万元。

资料来源:大联村委会。

三是监督基层社会治理,实现地方问责。在当前我国农村基层自治中,村民通过民主选举、民主决策、民主监督、民主管理等初步实现了自我管理与治理,但是在农村经济大步发展的同时,也产生了一系列的侵吞村集体资产、变相专卖集体资产谋利、侵害村民政治和经济权益的事件。之所以产生这种恶性事件,一方面是农村经济发展过程中不可避免出现的制度缺失带来的后果;另一方面更为重要的是民主监督的缺失。民主监督的制度和方式都比较匮乏,村民只能通过村民大会和自身举报进行监督,但前者耗时耗力,后者会使自身丧失在村中的地位,因此,目前农村民主监督缺位严重,这直接导致部分农村干部玩弄权力,欺压村民。要解决这一问题,可以通过设置专门的监事会履行监督职权,"村民监事会的组成由村民会议或村民代表会议推选产生,以 5—7 人为宜,监事会的任期与村委会的任期相同。为了保证监督的公正性,监事会成员必须是非村党支部和村委会成员。"①"监事会监督的职能包括监督村委会的财务收支、执行民主决策决议情况和村民会议、村民代表会议议事程序;平衡村委会、村民会议和村民代表会议之间的关系,协调决策权、执行权之间的矛盾。"②监事会的设立使农村的权力出现分权制衡的态势,在农村当前文化水平普遍提高的前提下,这种方式是有利于村民行驶监督权,保证自身利益的长期措施的不二选择。

二、农村村社自治与股份合作的关联机制

(一)农村村社自治与股份合作的关联机制的表现形式

农村村社自治与股份合作的关联机制主要体现在村民会议与股东代表大会之间的关联性上。村民会议是指在我国实行村民自治的广大农村地区成立的由本村18周岁以上的村民组成的会议。《村民委员会组织法》第23条规定村民会议的职权是:"村民会议审议村民委员会的年度工作报告,评议村民委员会成员的工作;有权撤销或者变更村民委员会不适当的决定;有权撤销或者变更村民代表会议不适当的决定。村民会议可以授权村民代表会议审议村民委员会的年度工作报告,评议村民委员会成员的工作,撤销或者变更村民委员会不适当的决定。"③第27条规定:"村民会议可以制定和修改村民自治章程、村规民约,并报乡、民族乡、镇的人民政府备案。"④第3条规定:"村民委员会的设立、撤销、范围调整,由乡、民族乡、镇的人民政府提出,经村民会议讨论同意,报县级人民政府批准。"⑤由此可以看出,村民会议、村民代表会议和村民委员会三者之间的关系是:村民会议是村社自治体的权力机关,村民代表会议是权力机关的代表机关,村民委员会是执行机关。作为村社自治与股份合作关联机制的村民会议,它所发挥的作用主要体现在经济组织的所有者对经营者的监督上。在原有的制度下,村级集体资产的所有者虽然是全体村民,但经营管理者却是由上级区、镇政府任命的,因此,集体资产的所有者虽然对经营者有监督的动力却无法有效地作出监督的行为。在这种状况下,集体资产的经营管理者由于缺少群众的监督就出现了寻租行为,造成集体资产的流失,对村民的经济利益造成损害。而村民会议作为村民自治的权力机关,可以选出符合自身偏好的管理者,并对其行为进行监督,使经营管

---

① 韦少雄,胡正辉. 股份制民主:创新村民自治模式的有效探索[J]. 科技信息,2013(26).
② 同上.
③ 参见《中华人民共和国村民委员会组织法》。
④ 同上.
⑤ 同上.

理者的各项行为满足自己的利益,不仅为集体经济带来活力,同时为集体资产所有者增加收益,从而进一步适应社会主义市场经济发展的要求。

对于股份合作企业而言,其基本管理机构包括股东代表大会、董事会和监事会。但是,在实际运行的过程中,不同地区的股份合作制这三部分的具体权重和职能也不同。一般来说股东代表大会的主要职能是制定章程、选任董事会成员、决定合作社的重大事项等;董事会是合作社权力机构的常设机构,必须对股东代表大会负责,其主要职能是制定经营规划项目和组织投资生产的具体事宜;监事会是股份合作社的监督机构,对股份合作社的成员进行监督,对股份合作社的实际运行及股东提出的重大质疑事项进行监督。① 也有组织结构上采用董事会领导下的厂长负责制形式,这种模式股东代表大会与职工代表大会合二为一,董事会的成员由村级行政组织的负责人构成,监事会则由村级基层党组织担任。实行行政与经济分离,行政意愿主要通过集体股的方式而不是直接指导的方式得以实现,而监事会由基层党组织构成,这在一定程度上可以加强基层党组织作用的发挥。② 再有实行所谓的"股田制",这种模式以村委会为组织载体,在组织机构上实行股东代表大会领导下的理事会的管理结构,享受土地股权的所有农户都是股东,户主参加股东代表大会,并在每四户中选举出一名股东代表,由股东代表组成股东代表大会,它是股份合作社的权力机构,选举同时产生理事会,负责股东代表大会决议通过的具体事宜,处理土地的转入、转出及利润分配,为股东的土地经营管理提供服务。③ 从以上三种模式看出,虽然股东代表大会、董事会和监事会在实际运行中的具体设置和职能各不相同,建立了一种独立核算、自主经营、自负盈亏的股份合作企业的管理运营机制,④在很大程度上贯彻了村民自治的原则。这种机制不仅使集体资产的所有者获益,还在一定程度上保护集体资产所有者的权益。

在农村股份合作社中,股东代表大会为最高权力机构,负责合作社的全面管理工作。村民管理委员会成员由全体村民按严格程序投票选举产生。而董事会与村委会则通常是"两套班子、一套人马",并由此赋予村民自治与股份合作高度

---

① 凌刚. 村民自治视角下苏南农村集体资产股份合作制改革研究——以吴江市盛泽镇西白洋村为例. 华东理工大学学位论文,2011.

② 中国农村股份合作制研究课题组. 关于农村股份合作企业运行机制若干问题的研究——对山东周村、河北遵化 36 家股份合作企业的个案调查与问卷分析[J]. 中国农村经济,1997(4).

③ 桓台县农村改革试验区办公室."股田制"试验与探索[J]. 山东省农业管理干部学院学报,1999(1).

④ 参见农业部:《关于推行和完善乡镇企业股份合作制的通知》,1992 年 12 月。

的关联性。

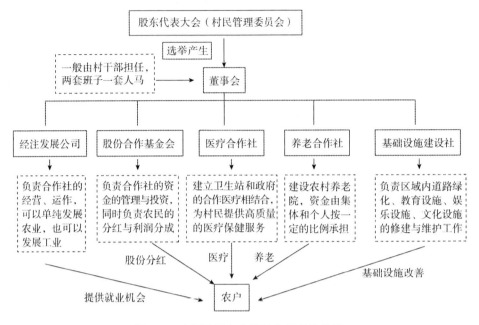

图2.3　农村股份合作社基本组织结构图

（二）农村村社自治与股份合作的关联机制的运行现状

1.村民公选的程序与标准存在形式主义问题

村民公选即有选举权的农民在自治法律框架下,按照自己的意愿公开、直接推荐并选举出村干部。它是一种首先在四川农村兴起的选拔乡村领导干部的方式,这一方式的产生是农村经济社会发展的内在要求。村民公选的实行在实践中具有重要的意义,主要表现在:第一,村民公选打破了村干部选任的黑箱,形成了由村民广泛参与的公正、透明的选任环境;第二,公选将村干部选拔标准的确定交予村民手中,充分尊重农民的民主权利,调动了他们的参政热情;第三,由于公选出的村干部是村民自己选出的,这就为良好干群关系的形成奠定了基础,从而形成干部与村民的相互理解与支持的局面。

从经济视角来看村民公选,它在实践中流于形式。主要表现在以下三个方面。

第一,公选更倾向于政治因素,而忽视了经济利益的实现,这使官员承担了过重的政治压力。村民公选的初衷是为了改变村干部从少数党员中选拔产生,甚至由上级任命产生的局面。因此,公选过程中,官员考虑更多的是如何提高村民的政治热情,使他们参与到选举中去,而忽视了农民对增收和致富的期盼。并且在选拔标准的制定上,廉洁、公正、品德被排在了至关重要的位置,但对是否有能力维护农民的经济权益和促进集体经济的发展关注度不够。因此,过度看重政治因素的村民公选反而会阻碍股份合作制的发展。①

第二,公选更倾向于传统的选拔程序,而没有对参选人管理经济的能力提出针对性的要求。在股份合作制的发展,村民公选仍采取填表报名、资格审查、政审等这些传统的选拔程序,甚至有些地方用选拔处级党政干部的方式和标准去选村干部,这就给参选者造成了必须在思想品德进行大幅度美化的误导,同时也使村民选出的村干部虽然品德过硬却缺乏经营管理的能力。思想品德过硬固然是选拔村干部的一个基本标准,但是若在公选过程中仅将眼光局限于此,那么选举出的村干部是无法在集体经济改革浪潮中带领广大村民致富的。村委会也是根据其他股份经济运行成功农村的经验来领导村民。

调查案例——富阳坑西村

根据对富阳市坑西村村民的调查了解到,对于股份经济的概念、模式、具体流程等,村民们并不熟悉。对股份经济模式相当了解的村民只占全体村民的10%,对股份经济稍微有点了解的村民也只有27%左右,还剩下六成多的村民对股份经济一无所知,而他们只根据村委会和农民自己组织的委员会来办理股份经济的诸多事情,导致了股份经济没有专业化的领导和指导方式(见图2.4)。因此,选举存在着很大的不确定性和不专业性,也有可能把农村的发展带上不正确道路的危险。

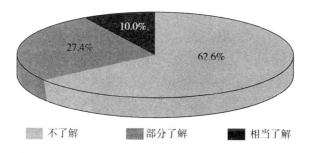

图2.4 2004年坑西村村民对股份经济的了解百分比

资料来源:坑西村委会。

---

① 雷世界. 对四川公选乡村干部的若干思考[J]. 西华大学学报,2005(6).

第三,公选出的村干部存在发展关系而不是发展经济的倾向。在公选的竞争中,参选人对经济有不合实际的承诺,致使在任命后无法履行诺言,而是极力与村民发展关系。并且由于在村民更倾向于选出听话的村干部,对村干部能否连任具有否决权,因此,未获连任村干部会做出极力讨好村民的行为,他们在任期间很多时候考虑的并不是如何发展集体经济而是如何与村民搞好关系。

2.“一人一票”与“一股一票”冲突的凸显

农村在进行股份合作制改革之后,形成了以村民会议为基础的村民自治体制和以股东代表大会为基础的经济治理体制,这两种体制协调配合以推进农村政治、经济和社会的发展。“一人一票”是指在村民代表会议中,只要是本村的村民,无论进入村组的时间长短、地位高低、贡献大小均有投票权,它在一定程度上体现了村民政治权利的平等地位。村民代表会议具有开放性和公正性,它并不限制村民的流入和流出,只要是户籍登记合法的村民均具有投票权。而“一股一票”将股东代表大会的成员限定在股份合作改革过程中满足条件的村民,它是指在满足条件的村民集体中,根据村民所持有的股份而拥有不同分量的投票权。股东代表大会具有相对的封闭性和权利差异性,由于每个股民所认定的股份是不相等的,因此他们在实际中也就具有不平等的权利。因此,实践中就出现了这样的情况,一部分进入村组的村民虽然拥有民主投票权但在股份合作社的决策中不具有经济上的表决权。由此可见,这是在集体经济的股份合作制改革中出现的基层自治制度与集体经济制度之间的矛盾,是村民自治的开放性、公正性与股份合作的封闭性、差异性之间的矛盾,这些矛盾若不能进行调和将会影响到民主制度与经济制度之间的协调配合作用,进而对农民权益的维护和农村经济的发展造成不良影响。①

3.村社自治与股份合作自主纠正机制的缺失

村社自治的自主纠正机制的缺失主要表现在事前监督的漏洞和事后补救机制的缺失。

一方面,虽然已经有相关法律法规来规范村社自治中的各种行为,但是这些法律法规更倾向于事后的审查而无法在事前将问题防范于未然。例如,《村民委员会组织法》第23条规定“村民会议有权审议村民委员会的年度工作报告,评议村民委员会成员的工作;有权撤销或者变更村民委员会不适当的决定;有权撤销

---

① 凌刚.村民自治视角下苏南农村集体资产股份合作制改革研究——以吴江市盛泽镇西白洋村为例.华东理工大学学位论文,2011.

或者变更村民代表会议不适当的决定。"再如《村民委员会组织法》第36条第1款规定,"村民委员会或者村民委员会成员做出的决定侵害村民合法权益的,受侵害的村民可以申请人民法院予以撤销,责任人依法承担法律责任。"该条第2款规定,"村民委员会不依照法律、法规的规定履行法定义务的,由乡、民族乡、镇的人民政府责令改正。"①由此可见这些条款均是事后在利益已经受到损失后进行补救,而不是事先进行审查。另一方面,根据现有的法律法规可以看出,在不良行为发生后,虽然有相应的补救和惩罚措施,但是这些措施的规定太过笼统,可操作性不强,致使问题出现后即使有法可依,也无法做到对损失的及时有效补救。

股份合作制自主纠正机制的缺失主要表现在监督机制和约束机制的漏洞。股份合作制中的监督机制是指在股份合作制企业中,委托人对代理人的经营决策行为过程和行为结果进行审核、监察与控制的制度。在股份合作制运行过程中,由于存在信息不对称和道德风险,经营者在经营过程中存在机会主义倾向,并且在实际运作过程中,经营者的行为目标与所有者的行为目标的不完全一致性将可能导致二者之间的利益冲突,这种冲突的结果就是集体资产的损失和股东权益的受损。因此,保护集体资产和自身权益是集体资产所有者对集体资产经营者进行监督、激励和惩罚的动机。但是,在实际运作中,监督是有成本的,作为理性的"经济人",只有当监督成本小于监督带来的收益时,所有者才会对经营者的行为实施监督。对于村社自治背景下的股份合作企业来说,大部分情况下,监督的成本是大于收益的,这样的结果就促使在企业的监督行为中大量"搭便车"现象的存在。按照公共选择理论,农村股份合作制企业的成员大多数是持股较少的小股东,对这些小股东来说,监督的成本高昂且超过监督带来的收益,而由于集体资产不可分割性的特征,一旦某个成员耗费高额的监督成本获得利益时,其他股东作为组织的一员也自动地分享了该利益,因此在这种情况下,从个人理性的角度来看,小股东都会采取"搭便车"的行为,他们希望在自己不采取任何监督行动的情况下从他人的监督中获益。股东的这种心理和行为对经营者的监督无益,且容易使机会主义风气在组织中盛行并产生道德风险,最终损害到广大股东利益。

股份合作制的约束机制考虑的是如何对经营者的行为进行有效的约束和规范,它是一种使企业利益目标与股东利益目标保持一致的机制。实践中,土地股份合作的约束机制不足,一些处在发展初期的股份合作制企业的经营控制权实质上由少数大股东或基层行政组织的领导掌握,企业缺乏正常的经营权竞争市

---

① 参见《中华人民共和国村民委员会组织法》。

场,难以获得债务资金支持,也就谈不上债权人的监督和约束。现行的约束机制不能对企业现有的在职经营者形成足够的约束和压力,企业经营管理水平难以提高,甚至一些不称职的经营者借机滥用职权,损害股东和企业利益。①

(三)农村村社自治与股份合作关联机制的改善路径

1.村民自治能力的提高与基层民主法治建设的完善

当前农村社会的治理主要是依靠农村村社成员自身的自治,这也是我国政府在促进农村自治政策的效果。但是农村村民自治的建设是一个系统工程,除了依靠党和政府的政策,更重要的是必须依靠法制建设的完善,如此才能从根本上寻到完善农村自治的一条途径。

第一,正确认识党在村社自治中的地位,发挥政府的导向作用。首先,坚持党的领导是推进村社自治的前提,这是由党的性质、宗旨以及村社自治、基层民主的性质决定的。党在村社自治建设中的正确领导主要体现在正确处理党的领导和村民自治的关系上,具体来看,应当合理划分党组织和自治组织的职责权限,即党应当从具体事务中脱离出来,将自己置于更加开阔和宏观的位置,为村社自治和基层民主法治建设指明正确的方向,并使党的路线方针得以贯彻和实施,而自治组织则应当注意保证自己的自治性,将职能重点放在具体事务的治理上,了解民情并切实发挥其自治作用。其次,我们应当明确,村社的自治是相对的,它并不意味着村社可以脱离政府的管辖,政府应当合理运用自身的权威,引导村民树立正确的法律观念、健全自治组织的组织架构,在党组织和自治组织的关系中起到协调作用等。总之,保持自治组织正确的发展方向不能离开党的领导和政府的引导、调控。②

第二,健全村社自治制度的法律和相关配套法规,为村社自治提供制度保障。由于村社自治制度是在缺乏民主和法制传统的乡村社会背景下推行,因此,国家为村社自治制度的运作提供法律保证是必不可少的,村社自治法律制度体系作为一项具有创新性的法律制度体系,不可能在推行之初就完美无缺,它必须在实践中不断完善。首先,应尽快出台《村民自治法》对村民的自治权利做全面和专项的规定。其次,村社自治行为过程的动态性决定了还应当出台相关程序法来保证这种行为过程有法可依。最后在基层民主制度上,一方面要保证村务公开制度的有效推行,另一方面要规范各地的村民公选制度,不可将公选流于形式。③

---

① 王玉双.我国农地股份合作制发展问题研究.东北农业大学,2006.

② 万朝荣.关于基层民主法治建设的几点建议[J].新重庆,2012(6).

③ 王秀梅.转型期加强基层民主法治建设的对策思考[J].科技创业月刊,2012(6).

第三,加强民主法治宣传力度,促进基层干部和村民法律素质的提高。首先,要加强对基层干部的教育和引导。基层干部是村社自治建设的基本力量,应当采用更多正式的方式组织基层干部集中学习宪法、法律及中共中央关于推进村社自治与基层民主法治建设的配套法规,提升民主法治素养和业务水平,推进治理理念由"管理"向"服务"转变,治理方式"人治"向"法治"的转变。其次,要加强法治文化的建设,在乡村社会中营造一个崇尚法治的氛围。就目前的情况来看,重要的是通过加强普法的实效性来促进村民法治观念的形成,基层党组织也应当引导村民在实践中使用自己民主权利,使村民做到依法办事和依法维权。

2. 村社自治组织与股份合作组织的界定与区分

从理论上看,村社自治是我国农村基层民主的模式,股份合作是当下农村的经济模式,基层民主与经济制度是否匹配、是否能够相互促进,决定了我国广大农民切身利益能否实现、农村社会经济能否得到稳定与发展。我们应当明确村社自治与股份合作制是相互影响的,集中表现在两个方面:首先,村社自治不仅是股份合作制民主决策的外在推力也为股份合作社的经营提出了新的要求。一方面,随着农村股份合作制的发展,股份合作制组织的经营管理与村社自治组织的公共事务逐渐融合,股份合作组织的经营不仅影响到村民作为股东的个人利益,还影响到农村公共物品和服务的生产与供给。村民对于村务管理的民主要求逐步渗透到了股份合作组织的经营决策中,从外在推动股份合作组织决策的民主。另一方面,由于股份合作组织是建立在对农村集体资产的经营使用基础之上的,因此村社自治下的很大一部分的村务管理工作需要借助股份合作社的经济支持。而农村公共物品和服务的生产和供给方向对股份合作社的发展方向具有重要的影响,村民自治通过村民会议实现,村民代表和股东代表身份的部分重叠导致了村民会议和股东代表大会决策内容的部分重叠,这影响了股份合作社的经营发展。第二,股份合作制的发展推动了村社自治组织职能的转变。农村股份合作制的推行打破了生产、加工、流通、外贸相互脱节的局面,搭建了小农户与大市场相互联系的桥梁,这在客观上要求农民提高参与市场竞争的意识和能力,同时,在股份合作制下,生产的决策者变为服务者,农民自我管理、自我教育、自我服务的意识和能力将得到很大程度的提高。

由以上分析可以看出,村社自治组织与农村股份合作组虽然是两种不同性质的组织,但它们之间具有内在的对立统一关系,能否正视和处理好这种关系是二者能否发挥作用的关键。为此,应当赋予股份合作社单纯经济运营载体的身份,村民代表会议和村委会这些自治组织的运作经费不应建立在股份合作社的运营基础上，而是由政府加大对农村公共产品和服务的投入来取代。这样有利于解决村民会议与股东代表大会之间的决策矛盾，村委会立足于农村社区的公共产品和服务的供给，这种供给以社区为范围，在经济关系上与股份合作社完全分离，而股份合作组织则专注于自身资产的经营和管理上，以股份合作组织资产的保值增值为目标，来满足全体股东对经济利益的需求。通过村民会议和股东代表大会功能的区分，理顺农村基层民主政治制度与农村基本经济制度之间的关系，使政治制度与经济制度协调发展、互相促进，从而进一步促进农村生产力的发展。

3. 建立并完善村社自治与股份合作的自主纠正机制

股份合作社在发展过程中由于制度或者人为因素不可避免地会出现一些意外或者人为的错误，面对这些错误的产生一方面需要提高村社自治人员的素质，从根本上改善错误发生的机制，但同时股份合作社自身的工作机制也发挥着十分重要的作用，因此，农村股份合作社的自主纠正机制在保证村社自治发展的过程中不可缺少。

第一，完善村务公开制度以健全事前监督机制。健全事前监督机制的重要途径是推行村务公开制度，它不仅可以保障村民的知情权还可以督促村委会及其照章办事，廉洁自律，从而防止不良行为的发生。《组织法》规定了要在村民自治制度下实行村务公开制度及公开的原则、要求、内容、范围以及法律责任。而进一步的关于村务公开的方式、程序及真实性等具体问题还应在实践中加以具体化。另外，为了确保监督机构的有效运转还应当从立法上对监督机构的人员配备和人员罢免等作出规定。①

第二，完善村社自治的地方配套性法规以保证事后补救措施的可行性。现行关于事后补救的法律参照只是做了原则性的规定而不能用于全部具体事务上，因此，在事后补救方面应当发挥地方立法的作用。从省级立法层面来说，首先，要结合本省的实际将《组织法》所倡导的精神具体化，完善相关地方性配套法规以对村民的民主权利作出程序性和操作性的规定；其次，是尊重群众的首创精神，及时总结村民实践中产生的好经验，将这些做法吸纳到地方配套的法规中；最后，要研究实践中不断出现的新情况，充分、合理地应用立法授权，在不违背上位法的基础上对地方的自治制度进行创新，并通过对实践中出现的问题的解决和总结，为村民自治相关配套法规的完善打下基础。②

第三，规范农村股份合作组织的组织形式。实践中有许多农村土地股份合作

---

① 赵秀玲. 村务公开制度的变迁及其展望[J]. 河北学刊,2001(9).
② 黄小贺. 中国村民自治运行机制研究. 复旦大学学位论文,2010.

企业组织机构的设立和运作不规范,虽然设立了股东代表大会、董事会和监事会,但"三会"制度形同虚设,并没有起到应有的作用。因此,必须规范股份合作组织的组织形式,建立完善的组织运行机制以保证组织行为的合法性和合理性。首先,规范股份合作组织机构的形式,制订组织章程以保证组织信息公开透明,从而达到增强组织民主决策和民主管理力度的目的;其次,健全组织的激励和约束机制,完善分配制度以调动经营者管理行为的积极性和创造性,通过借鉴现代股份合作组织中对经营者行为进行纠错的相关经验,对村社自治背景下股份合作制组织中的经营者行为进行监督,并提高其自律意识和能力;最后,实施制衡机制,对经营者行为进行严格审查,防止道德风险和机会主义倾向,以提高组织内部经营者与委托人在目标和利益上的一致性。①

第三节　村社自治视角下农村股份合作的结构与体制

一、村社自治视角下农村股份合作的结构

（一）农村股份合作的结构

1.内涵和外延

所谓结构,是指组成整体的各个部分的搭配和安排。这个定义包含以下五个方面的内容:第一,整体是由部分构成的;第二,组成整体的各个部分要按照一定的方式来安排和搭配;第三,各个部分的这种搭配和安排的方式所展现出来的特点或呈现出来的规律就是结构;第四,如果组成整体的要素发生改变,或者要素的搭配方式改变了,那么整体的结构也会发生改变;第五,结构是对事物整体的外在的客观描述,合理的结构能够促进事物朝着既定的目标发展,不合理的结构会抑制这种进程。

所谓农村股份合作的结构,是指构成农村股份合作的各种要素的排列组合方式。这一定义由以下四个方面的内涵:第一,农村股份合作需要人员、资产、管理等的参与,这是形成农村股份合作必不可少的要素;第二,包括人员、资产、管理等在内的各个要素要按照一定的方式进行搭配和安排;第三,要了解农村股份合作的特征,必须掌握人员、资产、管理等要素是通过何种方式、按照何种比例进行搭

---

① 王玉双．我国农地股份合作制发展问题研究．东北农业大学学位论文,2006.

配的;第四,如果现行的农村股份合作结构不合理,那么就需要对组成农村股份合作社的各个要素进行调整,或对现有要素的排列进行调整。

2.结构的类型

一般来讲,农村股份合作的形成离不开人员的参与、资产的投入、权力的配置以及管理。因此,农村股份合作结构的重要内容主要包括以下三个方面。

一是合作社成员结构。合作成员结构是指农村股份合作的人员构成。可以按照不同的标准进行分类。例如,按照性别标准,可以分为男性成员和女性成员,并分别计算其在总体成员中的占比;按照户籍是否在本村,可以分为本村成员和外村成员,并分别计算其在总体成员中的占比;按照是否具有专业技能分,可以分为由专业技能成员和无专业技能成员,在有专业技能的成员中又可以分为有高水平专业技能的成员和一般技能的成员;按照人员是否为自合作组织成立之初便进入,可以分为初始成员的非初始成员。一般认为,下列合作成员结构可能会对农村股份合作产生比较显著的影响:第一,有专业技能的成员在成员总体中的占比,以及有高专业技能的成员在有专业技能成员中的占比,因为农村股份合作组织中专业化程度的高低,会直接影响组织的专业化程度和农村生产、管理水平的提高;第二,户籍在外村的成员和户籍在本村的成员的比例,以及他们各自在总体中的占比,因为随着城市化进程的加快和户籍制度的改革,对于股份合作的户籍限制需要逐步的放宽,这样才有利于规模的扩大;第三,初始成员和非初始成员在农村股份合作发展过程的占比,因为这个反映了成员的流动情况,会直接影响股份合作为适应环境变化而变化的能力,维持组织的发展和稳定。

二是合作社管理结构。股份合作的管理结构是指股份合作的各管理机构之间和管理机构内部的权力和资源配置。也就是说,管理结构关注的是两个层面的关系,一个是宏观层面的,是指股份合作的各个管理机构之间的关系,一个是微观层面的,是指各个管理机构内部的权力和资源关系。一般来讲,农村股份合作的管理机构由以下三个部分构成:理事会、股东(代表)大会、监事会。其中理事会是合作社常设的常务决策机构和管理机构,由股东大会选举产生,并对社员大会负责,股东(代表)大会是合作社的最高权力机构,监事会是合作社常设的监督机构,由社员大会选举产生,对合作社社员大会负责。一般认为,下列管理结构可能会对农村股份合作产生比较显著地影响:第一,理事会、股东(代表)大会、监事会之间的权力和资源配置,从理论上讲,社员大会、理事会、监事会的权力应该遵循三权分立的原则,从而起到相互制衡的效果,但是在实际的运作过程中,情况远比设想的复杂得多,社员大会、理事会、监事会的权力常常处于不平衡的状态,这是不利于农村股份合作社的发展的。第二,理事会内部之间的权力和资源配置,由于理事会是合作社常设的常务决策机构和管理机构,负责合作社的日常运行,相当于国家立法机关、行政机关、司法机关中的行政机关,其构成会直接体现到整个合作社的日常管理和服务水平,决定着合作社的性质。例如,苏州大联村的土地股份合作社的组织结构就设立了社员代表大会、理事会、监事会这样一个"三会"组织机构。"三会"按照章程的规定各自行使权利,履行义务和职责。

调查案例——苏州大联村

为了更清楚地了解合作社的运行模式,下面以苏州大联村为例显示合作社从最初的筹建到成立之后的整个运行过程(见图2.5)。从上述对合作社的股权设置和收益分配的简述以及合作社运行过程图可知,大联村是单一以农户的土地承包经营权组建了土地股份合作社,入股的土地则租赁给农机专业合作社来取得收益,再按照按股分红的原则将合作社可分配收益分配给农户,以此增加农户的收入。大联村土地股份合作社的运行模式属于"内股外租型"。

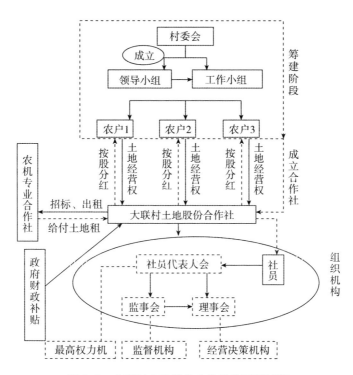

图2.5　大联村土地股份合作社的运行过程

资料来源:大联村委会。

三是合作社股权结构。股份合作社股权结构是指在设置农村股份合作社总股本中,不同性质的股份所占的比例、数量及其相互关系。股权结构是股份合作社治理结构的基础,股份合作社的治理结构则是股权结构的具体运行形式。不同的股权结构决定了不同的股份合作社的组织结构和治理结构,最终决定了其组织行为和总体绩效。一般来讲,股权结构有两层含义,一是指股权集中度,即各类股东持股占比;二是股权构成,即各类股东持股数量。

在农村股份合作社的实践过程中,所采用的股权划分方式是多种多样的。有的合作社设置集体股,有的合作社没有设置集体股。部分农村股份合作社仍然保留不同份额的集体股,"保留集体股的股份合作社存在一个产权不清晰,权力义务不明确的集体股东。通常情况下,集体股没有投票权,只有收益权。"①在农村股份合作社中,个人所拥有的股份的多少以及种类也是多样化的,一般包括以下五种:基本成员股、农龄股、劳动贡献股、原始贡献股、干部贡献股。其不同的股权分配方式则体现着对集体资产分割中的多重逻辑:"农龄股"设置的背后是集体主义"劳动创造"的逻辑;"原始贡献股"设置的背后是资本主义的"资本制造"的逻辑;"干部贡献股"的设置是对村干部作为企业管理者的贡献的鼓励和尊重的逻辑。最普遍的"人头股"的设置则是认可传统村落共同体的"成员权"的逻辑。准确把握集体资产分割背后的多重逻辑,从而正确处理好不同思想形态冲突与村民具体利益之间的关系,是有效保证集体资产分割顺利的关键。②

在分析农村股份合作社的股份结构中,主要关注以下两个方面的问题。第一,是否设置集体股,如果设置集体股,其在总体股权中占有的比例是多少,因为关于集体股权的存废存在着较大争议。"一方面,集体股实质为一种公共资源,人们将利用约束条件下他们所能采取的成本最低的方法来获取因管制下置于公共领域的资源。集体股权利主体的缺失,极有可能导致合作社高层管理人员对集体股收益的滥用侵蚀。"③另一方面,集体股的存在也有很多好处,例如,可以避免集体资源的流失,集体股的营利可以为农村公共产品和公共服务的提供带来资金。

---

①　邓明峰,郭琼瑶.关于农村股份合作社的股权配置及流转的法律问题探究——以佛山地区为例[J].法制与经济,2014(4).

②　刘玉照,文金龙.集体资产分割中的多重逻辑——中国农村股份合作制改造与"村改居"实践[J].西北师范大学学报,2013(11).

③　[美]Y.巴泽尔.产权的经济分析[M].上海:上海三联书店,1997.

第二,个人股权的构成和差异程度,因为个人股权的构成体现的是不同集体财产分割下农民所获得的利益,农村股份合作社需要实现股份制和合作社的优点,兼顾公平和效率。

(二)村社自治对农村股份合作结构的要求

一般来看,村社自治对农村股份合作结构的要求主要包括以下三个方面。

一是人员结构的合理性。在村社自治的背景下,每一个社员是农村股份合作社的股东,都有权利参与到合作社管理和经营中来,在主要依靠社员自治的农村股份合作社中,社员的结构会直接影响合作社的生产力水平提高,会对组织规模的扩大的转型产生作用,会关系到村民自治意识的形成和发展。在村社自治下,合理的社员结构应该是这样的:首先,社员要有一定的专业性,农村股份合作社的经营和管理需要一定的专业技能和管理知识,这是关系到社员对股份合作社的治理能力的问题,在结构上要体现出有专业技能和管理知识的社员应该在社员总体中占有一定的比例,有高专业技能和管理知识的社员在有专业技能和管理知识的社员中占到一定的比例;其次,社员要有一定的流动性,农村股份合作社社员人数需要一定的弹性,这是关系到社员能适应情境的需要而变化从而保证合作社的存在和发展的问题,在结构上要体现出来自外村的社员、新进的社员应该占到一定的比例,社员的人数应该随着时间的推移而发生变化,社员能够通过凭借多种股权而拥有社员身份;最后,社员要有较高的自治意识,农村股份合作社需要的是一群对它真正感兴趣的群体,这是关系到社员对股份合作社治理意愿的问题,在结构上要体现出社员整体要不仅关心组织的利润分配结果也要关心组织的运作过程,社员对成为理事会或者股东(代表)大会的成员表现出较高兴趣,社员能够知道农村股份合作社是什么、为什么存在、它与合作社之间的区别是什么等。

二是管理结构的平衡性。在村社自治的背景下,农村股份合作社是作为独立的经济体的,其管理的结构应该实现经济组织自治的需要而服务。管理结构会影响农村股份合作社运行的规范性,会对人们关于合作社性质的认识产生作用。在村社自治下,合理的管理结构应该是这样的:首先,各管理机构之间权力配置要均衡,能够形成良好的分权制衡关系,这样在机构设置上要有股东(代表)大会、理事会和监事会,它们分别掌握着立法权、行政权和监督权,理事会和监事会要由股东(代表)大会选举产生并对它负责;其次,在各机构内部权力配置也要合理,尤其要体现政社分开的思想,不能让农村股份合作社的管理机构被村委会、村党委、村里有影响力的经济组织的负责人垄断,应该让普通的社员也能够加入合作社管理机构中并形成一定的比例。

三是股权结构的科学性。在村社自治的背景下,农村股份合作社的股权的配置既要考虑到历史因素对股权设置的影响,也要合作社未来发展对股权设置的需要。股权结构会直接影响到村民关于是否被公平对待的感受,会对合作社未来规模的扩大和变迁产生作用。在村社自治下,合理的股权结构应该是这样的:首先,应该逐渐减少集体股在整个股份中的占比,因为集体股实际上是一个产权不够明晰的股权,其权利主体是缺失的,意味着人们可能采取一些手段对集体股权的收益侵蚀滥用却难以受到有效的约束;其次,应该确定股东个人的股权构成,允许个人拥有多种形式的股权,因为,一方面,每一种股权的背后是集体资产分割的不同逻辑,体现了不同主体的利益需求;①另一方面,在城镇化的过程中,农村股份合作社必然面临着规模的调整和转型,股权的不同构成意味着集体资产的不同构成,众所周知“不把鸡蛋放在一个篮子里”来降低风险的方法,股权的构成越丰富,越能够抵御城镇化进程给农村股份合作社带来的风险。

二、村社自治视角下农村股份合作的体制

(一)农村股份合作的体制

1.内涵和外延

所谓“体制”,“从管理学角度来说,指的是国家机关、企事业单位的机构设置和管理权限划分及其相应关系的制度。有关组织形式的制度,限于上下之间有层级关系的国家机关、企事业单位,如学校体制、领导体制、政治体制等。体制是国家基本制度的重要体现形式。它为基本制度服务。基本制度具有相对稳定性和单一性,而体制则具有多样性和灵活性。而从历史唯物主义角度来说,体制对联系社会有机体三大系统——生产力、生产关系和上层建筑之间的结合点,是三者之间发生相互联系、发生作用的桥梁和纽带。”②

农村社区股份合作社的体制,指的是农村社区股份合作社的机构设置和管理权限分配,以及二者相应关系界定的制度。农村股份合作制正是农村股份合作社的最基本制度,而农村股份合作社的体制又是农村股份合作制的具体体现形式,并为基本制度服务。在保证农村股份合作制这种制度基本不变的情况之下,可以通过各种灵活多样的体制来实现这种制度设计。我们可以从以下几个层面来理

---

① 邓明峰,郭琼瑶.关于农村股份合作社的股权配置及流转的法律问题探究——以佛山地区为例[J].法制与经济,2014(4).

② 体制机制制度的概念和关系,百度文库,http://wenku.baidu.com。

解农村股份合作社的体制:第一,农村股份合作社的体制是为农村股份合作制度服务的,体制的好坏会直接影响制度目标实现;第二,农村股份合作制是单一和稳定的,但是农村股份合作社的体制是多样和灵活的;第三,农村股份合作社的体制的不同代表着不同的机构设置和管理权限划分。

2. 农村股份合作社体制的内容

农村股份合作制的体制是多种多样的,一般来讲,主要包括投票决策体制、行政管理体制、内外监督体制、社员进退体制、股权流通体制、利润分配体制六个方面的内容。

一是投票决策体制。农村股份合作社的投票决策体制是指与农村合作社决策相关的投票机构的设置和管理权限分配以及二者相应关系界定的制度规定。具体来讲,农村股份合作社的投票决策体制主要包括以下四个方面的内容:第一,投票的主体,涉及一般重大的事项应该交由哪个机构来决策,在决策的话语权上是否每个人都是相同的,是否某个人拥有"一票否决"的特权等,在投票主体的问题上,需要重点关注主体是否有代表性;第二,投票的过程,涉及在投票前是否发布完整的详细的通知,在投票的过程中是否能够接受外界的监督,在投票之后的结果是否立即公布等,在投票过程的问题上,需要重点关注的是过程是否公开透明;第三,投票的规则,涉及是采用匿名投票还是记名投票,采用"一人一票"还是"一股一票"规则,采用一致同意还是多数票规则,在投票规则的问题上,需要重点关注的是该采用"一人一票"还是"一股一票";第四,投票的结果,涉及投票人是否是站在为合作社谋福利的立场上投票,是否是考虑到长期发展的需要,是否是盲目地跟随个别领导人等,在投票结果的问题上,需要重点关注的是投票的结果是否客观。

二是行政管理体制。农村股份合作社的行政管理体制是指党政组织在股份合作社中的机构设置和管理权限以及相应关系的制度规定。具体来讲,农村股份合作社的行政管理体制主要包括两个方面的内容:第一,合作社的领导和村委会的领导是不是一套班子,是不是在一个地点办公,乡镇政府或者村委会是否能够直接对股份合作社施加压力,在这个问题上,需要重点关注的就是要减少行政化倾向,实现政社分开;第二,合作社在如何经营方面是否完全自主,乡镇政府或者村委会如果能够干预其经营,一般采用的是什么方式,在这个问题上,需要重点关注的就是合作社要减少对党委政府的依赖,实现充分的自由经营。

三是内外监督体制。农村股份合作社的内外监督体制是指对合作社的活动进行监督制约的相关机构设置和监督权限划分以及有关的制度规定。具体来讲,农村股份合作社的监督体制主要包括两个方面:第一,内部监督体制,涉及股东(代表)大会、理事会、监事会之间监督关系和监督权限划分,在内部监督体制的问题上,需要关注的是股东(代表)大会是否履行了它的监督权力,监事会是否存在并对理事会起到了切实的监督制约作用,理事会成员自身对理事会内部的运作是否有监督的动机;第二,外部监督体制,涉及合作社的财务是否公开透明,对于普通的社员来说是否有监督合作社运营的广泛渠道,是否有意识有动机对合作社的运营管理进行监督,在外部监督的问题上,需要关注的是合作社信息的公开透明性、监督渠道的多样畅通性、监督动机的强弱。

四是社员进退体制。农村股份合作社的社员进退体制是指有关合作社进退事务的管理机构的设置和管理权限划分以及与社员进退有关的制度规定。具体来讲,农村股份合作社的进退体制主要包括以下两个方面:第一,社员的加入体制,涉及社员的加入需要满足哪些条件,需要经过哪些程序,社员加入合作社需要付出成本大小,在社员加入体制上,需要关注的问题是社员的加入需要满足的户籍、资本、性别、年龄等条件限制;第二,社员的退出体制,涉及社员的退出条件是否严格,社员退出的程序是否复杂,社员退出合作社对社员本身造成的损失的大小等,在社员退出体制上,需要关注的问题是是否允许社员退出以及退出社员需要付出的代价大小。

五是股权流通体制。农村股份合作社的股权流通体制是指有关合作社股权交易流通的管理机构的设置和管理权限划分以及与股权买卖流通相关的制度规定。具体来讲,农村股份合作社的股权流通体制主要包括以下三个方面的内容:第一,股权的新增体制,股权的新增有三种可能性,一种就是在不改变整个股权种类的情况下,吸收了新的股金形成了股权,另一种是在不改变整个股金的情况下,新增了股权种类,形成了新一类的股权,最后一种就是既改变了股权的种类也扩大了股金的数量,股权的新增体制涉及新增股权要经过哪些机构的审批,按照什么流程办理,要有哪些法律或者政策依据,等等;第二,股权的转让体制,涉及是否允许股权交易,股权转让需要经过哪些流程,交易市场是否成熟,等等;第三,股权的继承体制,涉及继承者身份如何确认,哪些股权是可以继承的,继承需要经过怎样的程序,等等。关于农村股份合作社的股权流通体制,需要关注的问题就是股权的流通是否灵活,能否适应环境的变化和合作社自身转型的需要。

六是利润分配体制。农村股份合作社的利润分配体制是指有关合作社利润划分的管理机构的设置和管理权限划分以及利润分配相关的制度规定。具体来讲,农村股份合作社的利润分配体制主要包括以下四个方面的内容:第一,利润的分配是否与合作社当年的绩效挂钩,或者不管当年合作社是否营利每个社员都有一个保底分红;第二,是否应该留有一定的公积金,公积金的数额怎么样,在设有公积金的情况下公积金的多少和用途是否应该公开,等等;第三,分配给每个成员的利润是主要以他持有的股份的多少为标准还是以他的劳动贡献为标准;第四,农村股份合作社作为一种独立的新型农民合作经济组织,它是否应该为本村的公共事业作出贡献,是否应该将其部分营利用于村里的公共建设。

(二)村社自治对农村股份合作体制的要求

村社自治对农村股份合作体制的要求主要体现在以下六个方面。

一是投票决策体制的民主性。在村社自治的视角下,农村股份合作社的经营管理应该基本是依靠社员自身的,投票体制的好坏会直接影响到决策的结果,从而对社员的福利产生作用。在村社自治下,农村股份合作社应该形成民主的投票体制,具体来讲,民主的投票体制应该是这样的:首先,关于重大事项的管辖权应该是明确的,也就是说投票主体要明确,尤其是股东(代表)大会和理事会之间的管辖权划分,严格来说特别重大的事项的决策应该要交由股东(代表)大会决定,而一般日常的经营管理决策应该交由理事会决定;其次,投票的程序应该是公开透明的,也就是说在投票前要面向社员发布完整的、详细的投票通知信息,在投票过程中要允许一些人参与监督,投票的结果要及时公开;其次,投票的规则上,应该正确处理好"一人一票"和"一股一票"之间的关系,"一人一票"体现的是合作制所倡导的公平原则,"一股一票"体现的是股份制所倡导的效率原则;最后,投票的结果上,应该保持客观公正,尽量避免单纯从个人利益出发而忽视组织利益,避免只看到短期利益而忽视长远发展,避免仅仅因为某些领导人的权威而接受他的观点。

二是行政管理体制的科学性。在村社自治的视角下,农村股份合作社的运营管理应该基本只受到合作社自身的影响,充分地实现政社分离的目标。行政管理体制的科学与否会直接影响到党政机关是否对合作社进行干预以及干预的程度和方式,如果对合作社干预过多、方式不恰当,就会使合作社的行政化色彩严重。在村社自治下,农村股份合作社应该形成科学的行政管理体制,具体来讲,科学的行政管理体制应该是这样的:首先,股份合作社应该和村委会分开办公,合作社有自己的章程、领导班子、办公场所,而不是完全采用村委会的领导班子和机构设置;其次,乡镇政府应该给予农村股份合作社充分的经营自由权,可以提出一些指导意见、制定一些相应的政策规范,而不应该直接通过强制的行政命令或者财政手段等干预合作社的运营。

三是外监督体制的严密性。在村社自治的视角下,农村股份合作社基本依靠的是社员的自我管理、自我运营和自我监督,自我监督是合作社自治的一个重要组成部分。监督体制的严密与否会直接影响合作社运行的规范程度和绩效。在村社自治下,农村股份合作社应该形成严密的内外监督体制,这里的"内部"指的是合作社各个管理机构内部。具体来讲,严密的内外监督体制应该是这样的:首先,内部监督体制比较严密,也就是说股东(代表)大会要认真履行其监督权力,理事会成员要对其自身的行为进行反思和监督,应该建立专门履行监督权的监事会并对其权力范围做出详细说明;其次,外部监督体制比较严密,也就是说普通社员要有较高的监督积极性,他们能够获得丰富的信息,要有比较畅通和多样化的监督渠道,他们的意见能够被接收、采纳并得到相应的回复。

四是社员进退体制的开放性。在村社自治的视角下,农村股份合作社对其社员的管理享有充分的自由,但是社员的进退体制的开放程度和社员享有的进退自由有关。合作社存在和发展是合作社运营的最直接目标,社员的进退会对合作社的人员结构、股金结构产生直接的影响,从而对合作社的规模和发展产生作用。在村社自治下,农村股份合作社应该形成较为开放的社员进退体制,具体来讲,开放的社员进退体制应该是这样的:首先,社员的加入体制应该比较开放,也就是说社员的加入不能够严格受到户籍、农龄、身份地位等因素的限制,社员的加入程序不能够太过复杂,加入合作社对社员来说不会形成太多的成本而无法承担;其次,社员的退出体制应该比较开放,也就是说社员的退出比较自由,退社不是作为一种惩罚手段存在,退出的程序比较简单易操作,退社不会给社员带来直接巨大的损失。

五是股权流动体制的灵活性。在村社自治的视角下,农村股份合作社对其经营管理享有比较充分的自由,合作社经营的好坏直接取决于合作社自身的体制。股权流动体制的灵活程度会影响到股权的新增、转让和继承的自由,进而对合作社的融资和转型产生直接作用。在村社自治下,农村股份合作社应该形成比较灵活的股权流动体制,具体来讲,灵活的股权流动体制应该是这样的:首先,股权的新增比较灵活,也就是说能够适应环境的变化和合作社自身发展的需求设置新的股权种类,能够为国家多样化的融资渠道而吸纳新的资本增加股权;其次,股权的转让比较灵活,也就是说拥有比较成熟的股权交易市场,双方能够根据自己的意愿进行买卖;最后,股权的继承比较灵活,也就是说被继承人可以选择继承人,继承人也可以选择是否继承。

六是利润分配体制的合理性。在村社自治的视角下,农村股份合作社对其经营所得享有高度的自由处置权,收益分配体制的好坏会直接影响社员的公平感,对合作社至于村经济的发展的认识产生作用。在村社自治下,农村股份合作社应该形成合理的利润分配体制,具体来讲,合理的利润分配体制应该是这样的:首先,应该在考虑合作社运行绩效的情况下进行利润分配;其次,合理确定公积金的比例,公积金的设置是必要的,但是数额不宜过大;然后,尽量遵循按股分红的原则,即按照占有股份的多少分配多少红利,在按股分红的基础上也要适当照顾到社员的劳动贡献,对劳动贡献大的社员多分配一些利润;最后,应该拿出股份合作社的部分收益用于该村的基础设施、公共服务等建设。

调查案例——江苏苏州市

截至 2014 年底,苏州市农村集体资产总额达到 1490 亿元,平均每村实现稳定性收入 718 万元;全市股份合作经济组织累计达到 4412 家,其中社区股份合作社 1288 家,占村(涉农社区)总数的比例为 98.5%。同期,全市完成股权固化改革的社区股份合作社为 452 家,占社区股份合作社总数的 35% 左右。通过股权固化改革,集体经济组织成员持有股权的物权性得以确立,合法权益和稳定的收入来源得以保障。2014 年,苏州高新区 72 家社区股份合作社和 3 家以镇(街道)为单位的合作联社(公司)共计分红 1.56 亿元,人均分红 681 元,户均分红 2456 元。为了充分考虑村或涉农社区的集体与个人利益,该市确立了“四三三”股份分红比例,即用于集体经济组织成员的分红、村或涉农社区的公共服务和基本开支以及股份合作社的积累再生产的比例分别为 40%、30% 和 30%(见图 2.6)。实践证明,这种分配方式大大调动了股民的积极性。

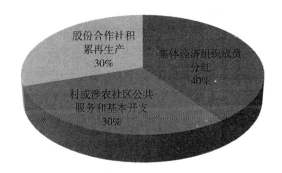

图 2.6　苏州市社区股份合作社“四三三”股红分配比例

资料来源:“苏州市大力推进农村社区股份合作社股权固化改革”,江苏省人民政府网。

第三章

村社自治视角下农村股份合作社的制度基础

第一节 农村村社的自治制度与民主诉求

村民自治建设在我国的社会主义基层民主政治建设中起至关重要的作用,组织村民自治是我国政治民主在基层的重要实践。自20世纪70年代末开始,家庭联产承包责任制在中国广大农村地区蓬勃开展起来,随之而来,人民公社体制与生产大队体制逐步取消,乡镇政府模式出现。为了能够确保乡镇社会基层组织各项功能的顺利发挥,村民基层自治的管理组织即村民委员会出现并迅速发展起来。村民自治的核心就是指在党和各级政府的领导与支持之下,广大农村群众积极按照党为农村地区发展所制定的各项方针政策,以及相关法律法规的规定,在广大的农村地区实行村民的自我管理、自我服务、自我教育。亦即村民当家作主,自己管自己。村民自治在实践中发展并接受实践的检验,从最初的试行到目前的普遍开展,说明了村民自治是行之有效的农村治理模式。村民自治制度经过实践的检验与发展,并在实践中不断完善,在对农村管理的过程中取得了很大的成绩。"村民自治首先提供了社会秩序,而后又提供了公共服务,然后还抑制了乡村组织的不良行为。"①然而,随着国家对农村改革政策的不断调整,过去建立起来的村民基层自治制度显然已经无法适应农村发展中的新变化也无法满足新的发展需求,因此必须要建立新的配套的制度来促进社会主义新农村的建设与发展。按照前国家主席胡锦涛同志要求的"健全基层党组织领导的充满活力的基层群众自治机制,扩大基层群众自治范围,完善民主管理制度,把城乡社区建设成为管理有

---

① 贺雪峰. 村民自治的功能及其合理性[J]. 社会主义研究,1999(6).

序、服务完善、文明祥和的社会生活共同体"①的总体要求,选择与基层实际相符合的改革创新之路。

一、村社民主自治的制度逻辑

制度是一种人们有目的建构的存在物,制度作用的发挥是建立在共同遵守的基础上,是一种对人类所开展的活动的限制与保护。建制的存在,都包涵了一定的价值判断,从而起到影响并规范建制内人们的行为。道格拉斯·C·诺思在其著作《制度、制度变迁和经济绩效》中对制度概念提出过这样的理论:"制度是一个社会的博弈规则,或者更规范一点说,它们是一些人为设计的、型塑人们互动关系的约束"②,是一种"社会中游戏的规则"③。在诺思看来制度(institutions)由三个部分组成:正式的规则、非正式的约束(包括日常行为规范、世俗惯例以及个人自我行事准则即个人原则等)及其实施机制的有效性(effectiveness)。④ 对诺思来说,制度既在一定程度上限制并影响了人类的互动,同时也对社会的演进起着推动作用。

(一)村民自治制度的含义及特点

村民自治是在我国农村经济体制改革中形成和发展起来的,是由中国农民在农村管理实践中创造和政府的支持并主动推动的基层群众自治制度,形成了现阶段中国农村社会管理的基本体制。它不但是一种新型的农村基层社会管理体制和根本运行机制,也同时充分体现出农村在民主政治建设以及管理体制改革中所取得的各项重要成果。正是因为其高效地解决了在人民公社瓦解后出现的诸如组织真空、制度短缺等问题,适应了国家对农村基层社会治理的迫切需要,因此其作为一项国家的正式制度安排被确立了下来。

---

① 胡锦涛. 高举中国特色社会主义伟大旗帜为夺取全面建设小康社会新胜利而奋斗——在中国共产党第十七次全国代表大会上的报告(2007 年 10 月 15 日). 北京:人民出版社,2007:30.

② [美]道格拉斯·C·诺思. 制度、制度变迁与经济绩效(中译本)[M]. 上海:格致出版社等,1994:3.

③ 诺思说到,"制度约束包括两个方面:有时它禁止人们从事某种活动;有时则界定在什么样的条件下某些人可以被允许从事某种活动。因此,依照此定义,制度乃是一种人类在其中发生相互交往的框架。这和团体竞技体育的游戏规则十分相似。"参见[美]道格拉斯·C·诺思. 制度、制度变迁与经济绩效(中译本)[M]. 上海:格致出版社,1994:4-5.

④ 参见[美]道格拉斯·C·诺思. 制度、制度变迁与经济绩效(中译本)[M]. 上海:格致出版社等,1994:5,12.

关于村民自治的含义界定。全国人民代表大会常务委员会法制工作委员会以及国务院法制办公室这样解释村民自治:村民自治"是指在农村基层的群众按照法律规定设立村委会,自己管理自己的基层事务,它是我国解决基层直接民主的一项基本政策,也是一项基层民主制度。"①"我国的村民自治,是广大农村地区的农民在基层社会生活中,依法行使自治权,对自己的事实行自我管理的一种基层群众自治制度。"②徐勇教授认为:"中国农村村民自治是农村基层人民群众自治,即村民通过村民自治组织依法办理与村民利益相关的村内事务,实现村民自我管理、自我教育、自我服务。"③张景峰认为:"村民自治有两种含义,一种是制度层面,另一种是行为层面。从制度层面来说,村民自治是通过宪法、法律所确认的农村村庄社区村民依法办理自己事情的法律制度;从行为层面来说,村民自治是法定刊法定范围内的村民民主行使村民自治权的活动。"④综合以上定义可知,村民自治涵盖了自由、民主和权利等理念。村民自治就是指村民在党和各级政府的领导与支持下,按照党在农村建设中的方针政策和国家相关法律法规的规定,民主选举产生村民委员会并参与村务管理,对涉及全体村民利益的事项进行民主决策,对本村公益事务进行民主管理,对集体资产的运作与村务活动进行民主监督活动,以求最终能够实现村民的自我管理、自我服务以及自我教育。"村民自治制度作为农村基层一种新型组织形态,是农村政治、经济、文化发展的内在需求与国家支持、引导等合力作用的结果,具有群众性、自治性和直接民主性。"⑤

1. 以生产资料公有制为基础

政治制度作为上层建筑离不开经济基础的决定性作用。生产资料集体所有制在村民自治的产生、发展,以及从自治权力运行过程中来看,都离不开这一经济基础的作用,尽管农村社会经济处于不断的变化发展之中,特别是近几年发生着翻天覆地的变化,但始终都与村集体存在一定的联系。

经过市场经济体制改革后,在中国农村社会经济发展中存在多种经济成分并存,但在大多数农村地区,大部分的生产资料归还归集体所有,集体经济与农村其

---

① 国务院法制办公室政法司编. 村民委员会组织法讲话[M]. 北京:中国法制出版社, 1999;34.

② 民政部基层政权建设司. 农村基层政权建设与村民自治理论教程[M]. 北京:教育科学出版社,1998;104.

③ 徐勇. 中国农村村民自治[M]. 武汉:华中师范大学出版社,1997;79.

④ 张景峰. 对村民自治概念的法学分析[J]. 社会主义研究,2003(4);114.

⑤ 陶叡,陶学荣,付含宇. 乡村治理中的制度变迁分析——以村民自治制度为视角[J]. 中国行政管理,2010(5).

他经济成分相比始终处于主体地位。集体经济成为村民自治组织的决策活动,村民参与管理的重要经济支撑和财政来源,使得农村集体经济仍然是村民自治的经济基础。农村自治组织除了需要管理村庄社会事务外,还需管理本村集体经济事务,并且还要协助政府办理关于农村政务的责任,所以管理的任务重、范围广。从生产(发展集体经济)到生活(村户卫生、邻里及家庭纠纷等),从集体经济到社区公共服务,再加上诸如乡镇政府政令的落实、计划生育工作的开展、村社建筑违章情况汇报协助处理、税收征兵等下放到村的一系列乡镇政务,都需要村民自治组织发挥作用,所以乡村繁杂的村务活动使得村委会同时具有一定经济和行政功能。鉴于村民自治组织在农村社会中发挥的实际功能和作用,且与村民之间联系的紧密性,决定了在农村中开展村民自治的必然性以及自治的管理内容与事物的复杂性,但只有借助于广泛的村民群众积极参与,形成自我管理,才能有效实现农村基层社会的良性发展。但是,所有自治活动的开展都离不开集体经济的支撑作用,因为在经济理性的支配下,私人没有提供公共资源的动力,而只有集体经济才能确保村民自治活动的顺利开展。

2. 以党的领导和民主集中制为原则

中国农村的村民自治是一种在坚持集中统一领导基础上的民主大众的自治形式,是在坚持党的领导基础上实行的民主集中制;在这种实质为"民自治"的自治方式中,村民群众是自治活动的主体。这种自治方式让村民群众参与到基层社会生活的管理,既满足了人民群众愈发强烈的政治参与意识,同时又体现出了国家对社会管理的分权。在实行村民自治的过程中需要注意的是,要坚持民主集中制原则。在中国农村中存在着两个特别的组织:一个是村党支部,是农村里中国共产党的基层组织,它在村级组织中起到领导核心的作用,其成员并非村民选举产生,而是由党的组织系统决定;另一个是村民委员会,是农村中承载着自治功能的群众组织。村民自治组织的日常行为活动,一方面必须接受党的领导,另一方面要接受政府的指导,这样在建设新农村的过程中才不会偏离航线。村民群众开展的自治活动,离不开党的领导和政府的组织与支持。因此,在实行村民群众自治的同时,更应该强调基层党组织在农村社会管理中的核心作用,强调党对农村建设与发展的领导,政府对村民自治工作的指导。党支部的领导作用,有利于村民自治功能的发挥。村民自治离不开党的领导,但同时也离不开广大村民的参与,没有参与的自治活动只是一台没有观众的独角戏,而要把自治这台"戏"唱好,好的演员与观众必不可少。在自治的过程中,村民的参与互动,就是民主的过程,共同为自治活动能够更好的开展建言献策,再在民主的基础上集中,使农村社会健康持续发展。

中国的村民自治虽然由来已久，但由于受封建专制历史的影响，导致民主传统相对缺乏，农村公民民主意识相对低下等诸多原因，使得自治活动在实践中存在许多问题。因此在新时期的村民自治建设中特别需要加强党的领导和政府推动，使农村基层群众自治逐步进入正轨。

（二）村民自治制度变迁分析

诺思在其《制度、制度变迁和经济绩效》一书中指出，"制度变迁（institutional change）决定了人类历史中的社会演化方式，因而是理解历史变迁的关键。"[1]因而只有清楚中国农村村民自治制度的发展变迁才能更好地理解中国农村经济的发展演化，才能抓住中国农村社会变迁的关键。

制度并不是天然的产物，是人类为了社会能够更好地运转而人为设计的，制度既构成了广泛的社会结构，又以媒介的形式存在于日常决策与行为当中。制度有正式与非正式之分。正式的制度是指"国家、政府或处于主导地位的统治阶层为了达到一定的目的，有意识地设计出一系列的政治、经济、社会、文化等方面的法律法规约束"；非正式规则是"人们在长期实践中无意识形成的，具有持久的生命力，并构成世代相传的文化的一部分，包括价值信念、伦理规范、道德观念、风俗习惯及意识形态等因素。"[2]与正式制度不同的是，非正式制度不是有意识设计而成的，也没有成文的文本可供参阅，但根植于人们的头脑中。不同区域间的非正式制度也存在差别，构成了不同的日常行为习惯。正式制度的存在具有合法性，并且在时间上具有稳定性。然而，制度也不是一成不变的，制度变迁也随着社会经济发展状况的变化而发生，因而才有了诺思所说的"理解历史变迁的关键是制度的变迁"。[3]

1. 村民自治的诞生

在20世纪80年代初，人民公社体制的解体与家庭联产承包责任制在农村的展开，农民一下失去了组织上的约束，为了弥补当时农村社会管理组织的缺失，村民委员会逐渐作为一种新的管理组织形式得以创设。农村村民委员会在创立之

---

① ［美］道格拉斯·C·诺思. 制度、制度变迁与经济绩效（中译本）［M］. 上海：格致出版社等，1994（7）.
② 周玉波，黄平意. 基于博弈论视角的品牌伦理制度化研究［J］. 湖南大学学报（社会科学版），2011（1）.
③ ［美］道格拉斯·C·诺思. 制度、制度变迁与经济绩效（中译本）［M］. 上海：格致出版社等，1994（7）.

初功能单一,仅在维护农村社会治安和组织村民集体劳动上起着协助地方政府的作用,后来随着村民委员会的不断发展逐渐走向成熟,同时地方政府也为了缩小管理范围,减轻自身对农村事务管理的负担,村民委员会的功能就一步步扩展到对农村基层社会的政治、经济以及文化生活等不同领域中的诸多事务进行自我管理。村民委员会作为群众性基层自治组织的性质也逐步确立下来。

2.村民自治的确立

对于村民自治在农村社会的确立,众多专家学者对这一时期的划分时间约为1982 年《宪法》颁布到1987 年《村民委员会组织法(试行)》颁布,这时候村民自治的生命力及其在农村社会管理实践中的优越性进一步凸显,并在国家支持下得到了大力发展。在1982 年底,村委会的法律地位在宪法中得到了确认,明确其性质为我国农村基层社会群众性自治组织,这充分指明了今后农村实行村民自治的基本发展方向。1983 年6 月,彭真在六届全国人大第一次会议上的讲话,充分肯定了村委会在办理农村公共事务和公益事业,调解民间纠纷,协助维护社会治安等方面的作用。① 1983 年10 月,中共中央、国务院下发的《关于实行政社分开建立乡政府的通知》中,要求在改革“政社合一”的农村管理体制的同时,建立乡政府,并在村民居住较为集中的地区设立村委会。② 截至1985 年年底,新建立的村委会全部取代了原先的生产大队,这样村委会就在全国范围内得到普及,村民自治时代正式开启。《中华人民共和国村民委员会组织法》这部1998 年后修订的法案特别包含了乡镇政府不得干预村民自治范围内事项的规定。这表明,国家对农村基层社会发展的重视程度,体现出中国农村社会的发展是整个国家发展的重要组成部分,只有农村这个大后方得到了稳定与发展,整个国家才能阔步向前。

3.村民自治在实践中的发展

村民自治在实践中对农村管理模式的适应于发展阶段,学界比较统一的看法是20 世纪80 年代末到90 年代末,即1987 年11 月下旬召开的第六届全国人大常会第二十三次会议通过了《中华人民共和国村民委员会组织法(试行)》(以下简称《村组法(试行)》)到1998 年《村民委员会组织法》颁布前,历时10 年。《村组法(试行)》自1988 年6 月1 日起试行,从而使村民自治作为基层群众自治制度和直接的民主制度具有了法律上的合法地位。但在随后的发展中却是一个曲折前进的过程。在全国范围内的发展主要呈现出一种不平衡性,表现为以下两点。第

---

① 彭真文选[M]. 北京:人民出版社,1999:430 – 431.

② 李正华. 三个重要文件与新时期中国乡村政治的变革[J]. 党的文献,2006(4).

一,《村民委员会组织法(试行)》在全国的执行进程不一致。浙江、福建等省在1988年就推行了相对应的具体实施细则,而四川、陕西等地则在1990年左右才制定完成,相比之下,江苏、西藏等地执行则更加滞后,是直到2004年才制定推行的。第二,《村民委员会组织法(试行)》的制定实施中,在某些地区出现政策反复,相对应的行政管理体制反而得以强化。村委会最初是首先产生于广西地区,并得到快速地发展。然而从1987年下半年开始,一些村民委员会却被人为撤销了,取而代之的是村公所的设立。作为政府的派出机构,村公所直接行使了管理村民各项活动的行政职责。村委会则被设在了原生产队一级中,这样事实上就极大地限制了村委会的自治功能,使村民基层自治的发展经历了重大挫折。直到2001年,在全国范围内,村公所才被全部的撤消。

4. 村民自治规范成熟

这一阶段是从1998年《村民委员会组织法》颁布实施到现在。在这一阶段,我国村民自治制度迈入了法制化的新阶段。1997年党的十五大指出,以村民自治为主要内容的基层民主是社会主义民主最广泛的实践,并要求进一步完善农村村务公开制度和基层民主选举制度。1998年,中共中央办公厅和国务院办公厅联合发布了《关于在农村普遍实行村务公开和民主管理制度的通知》,"对如何完善农村村民民主选举制度、民主决策制度、民主管理制度和民主监督制度提出了更高的要求。"①1998年6月,胡锦涛在全国农村基层组织建设会议上发表重要讲话,明确指出:"进一步扩大农村基层民主,实行民主选举、民主监督、民主决策和民主管理,保障农民群众民主权利的行使,这是我国加强农村基层组织建设,社会主义民主的最广泛实践,是落实依法治国方略的重要基础工作,同时也有利于调动广大农民群众积极性,确保党和政府的群众路线有效措施。"②1998年11月审议通过的《村委会组织法》中更加强调"民主自治理念,不仅对村民自治前期成果加以确认,而且对村民自治的程序问题作了比较具体的规定。"③这部法律从立法的角度积极地推进了村民基层自治的法制化建设的发展。

2002年11月,党的十六大"要求健全基层自治组织和民主管理监督制度,完

---

① 中共中央办公厅、国务院办公厅关于在农村普遍实行村务公开和民主管理制度的通知[N]. 人民日报,1998 – 06 – 11.

② 中国共产党新闻,《全国农村基层组织建设经验交流暨表彰会议(1998年6月27—29日)》,http://dangshi. people. com. cn/GB/151935/176588/176597/10556578. html.

③ 中华人民共和国村民委员会组织法(1998年11月4日第九届全国人民代表大会常务委员会第五次会议通过)[N]. 人民日报,1998 – 11 – 05.

善公开办事制度,确保人民群众能够依法直接行使民主权利,参与基层公共事务和公益事业管理。"①2004 年 6 月,在中共中央办公厅与国务院办公厅联合下发的《关于健全和完善村务公开和民主管理制度的意见》中,明确要求:"要进一步健全村务公开制度,规范民主决策制度,完善民主管理制度,强化民主监督制度,以保障村民群众的知情权、决策权、参与权和监督权。"②2008 年,党的十七届三中全会通过了《中共中央关于推进农村改革发展若干重大问题的决定》,指出"完善村民自治制度是 2020 年农村改革发展的一项基本任务,并强调要健全村党组织领导下的充满活力的村民自治机制,深入开展"四民实践":民主选举、民主决策、民主管理和民主监督,推进村民自治的制度化、规范化、程序化。"③

然而随着时间的推移,时代的变迁,针对在村民自治实践中不断出现的新问题,《村委会组织法》的解决能力日显不足。2010 年 10 月,《村委会组织法》修订案审议通过。修订后的《村委会组织法》的组织程序更加规范,制度细则更加精细完善。这部法律的颁布与实施,也同时标志着村民基层自治的法制建设正式进入成熟阶段。

(三)村民自治的功能及其合理性

村民自治经过实践的检验,在发展过程中对农村管理所取得的成效来看,已经证明了其自身存在的合理性,但任何组织都是时代需要的产物,并要随着社会环境的变化而变化,村民自治组织也不例外,也应该随着农村治理环境的变化做出相应的调整,以适应农村社会、经济、文化的发展需要。

1.经济建设功能

"村民自治的经济价值在于能够进一步解放和发展生产力,促进经济的快速发展"④。生产力的发展有其自身的规律,促进农村生产力的发展不仅有其自身规律在起作用,还和生产关系的变革有关,农村生产力的发展促进了农村经济的增长。生产力诸要素中处于最核心的活跃的因素是人,在村民自治的过程中,农民生产积极性的提高,自治热情的发挥是以村民主体地位的实现为保证的。村民

① 新华网,《全面建设小康社会,开创中国特色社会主义事业新局面——在中国共产党第十六次全国代表大会上的报告》,http://news.xinhuanet.com/newscenter/2002 - 11/17/content_632239.htm,2002 - 11 - 17。
② 《中共中央办公厅国务院办公厅关于健全和完善村务公开和民主管理制度的意见》,http://www.gov.cn/gongbao/content/2004/content_62862.htm,2004 - 6 - 22。
③ 新华社,《中共中央关于推进农村改革发展若干重大问题的决定》,http://www.gov.cn/test/2008 - 10/31/content_1136796.htm,2008 - 10 - 31。
④ 吴大英.村民自治:有中国特色的社会主义基层民主[J].江苏社会科学,1999(6).

民主参与意识的增强,要求在基层政治中拥有平等的民主权利、以平等的公民身份参与农村社会管理。在村社自治背景下,农民不断高涨的积极性,为农村解放和发展生产力提供源源不断的动力,从而能够有效促进农村社会经济的蓬勃发展。

2. 民主政治功能

村民自治的民主政治功能表现在对基层民主政治建设的巩固,意味着村民与国家政府之间的良性互动,一定程度上有利于加强公众对政府的监督与制约。自治活动中广大群众的普遍参与所带来的强大监督功能,使政府感受到民意的压力,因此在客观上政府必须严格自律,依法行事,最大程度地为群众的利益来负责。村民基层自治是一种直接民主有效的形式,一方面可以积极扩大我国政治民主化的基础,调动起广人农民群众参与政治的积极性,另一方面也是我国民主政治建设的发展的突破口。

"村民自治体现了社会主义民主的本质和特征,体现了社会主义民主的广泛性和真实性,反映了中国人权事业的实质性进步。"①农村村民自治,实际上是村民群众参与管理基层事务的具体体现,也是基层民主权利得到落实的表现。在我国,人民通过代表制民主(间接民主)和直接民主这两种形式行使民主权利,实现当家作主。直接民主与间接民主又随着使用的范围而有所区别,密尔认为:"显然能够充分满足社会所要求的唯一政府是全体人民参加的政府;任何参加,即使是参加最小的公共职务也是有益的;这种参加的范围大小应和社会一般进步程度所允许的范围一样;只有容许所有的人在国家主权中都有一份才是终究可以想望的。但是既然在面积和人口超过一个小市镇的社会里除公共事务的某些极次要的部分外所有的人亲自参加公共事务是不可能的,从而就可得出结论说,一个完善政府的理想类型一定是代议制政府了。"②所以,直接民主与间接民主的使用应随着政府基层所管辖的范围与人口数量而定,然而由于以村为单位的村民自治处在一个较小的地域范围内,信息传播快也不易失真,有利于直接民主的推行。

村民自治有利于培育现代公民社会。村民自治的直接民主有利于加强村民对民主认识的深化,达成民主共识,并不断增强民主实践的质量,这种学习与实践的双向互动过程有利于加强村民的民主意识,扩大村民自治的参与范围。在我国广大的农村地区进行村民自治建设,传播民主意识,是我国自下而上的民主政治

---

① 江海燕等. 中国农村村民自治制度的理论与实践反思[J]. 江西社会科学,2002(2).

② [英]约翰·密尔. 代议制政府[M]. 北京:商务印书馆,1982:55.

建设必不可少的一步。通过村民自治建设,使民主意识深入民心,一方面可以促进基层农民的民主意识觉醒,另一方面还可以为今后的民主建设总结经验,在全国范围内形成一种和谐民主的文化氛围,自下而上地促进全国政治民主与文明建设。

3.和谐稳定功能

随着农村经济的发展和农村社会的转型,人们越来越多地要求参与农村社会事务管理以便促进和维护自身利益。村民自治体现出村民在现代农村社会发展中的主人翁地位,同时也增强了村民参与公共事务责任感及公民对国家政治权威的参与认同。在民主意识普遍高涨的今天,通过有效的制度改革措施满足民主诉求,倾听民众的声音,一方面可以消除民众的不满情绪,另一方面可以减轻民众对政治生活的消极与冷漠,从而降低对社会稳定带来的威胁。大量研究表明,导致社会在转型期政治不稳定的主要原因,是制度建设的滞后性与公民参与意识的觉醒程度之间的矛盾。通过有效的制度建设可以满足社会公众日趋强烈的参与愿望和民主诉求,并最终巩固广大的农村地区政治社会的稳定。

村民自治使村民得以参与村庄政治经济生活,有利于形成具有广泛参与的,能具体反映村民诉求的正确决策,使各种社会矛盾和问题在参与中得到及时化解。村民对村事务管理的自主参与、监督并参与到村务决策中,部分村民的对立情绪与冷漠态度可以通过这种直接民主的形式在制度化的渠道中得到化解。村民自治通过直接选举便于吸纳农村阶层中的精英成员进入公共管理部门,他们一方面具有较强的组织与领导能力,另一方面又有着与村民自治要求相符合的公共精神。农村经济发展的多元和城乡二元市场界限越来越模糊,农民受教育水平的整体提高,这些由农村精英成员所构成的中坚层不但能够起到带动农村经济社会发展的先导力量作用,而且广大农村地区的稳定发展将是未来整体发展的基石。

(四)变迁过程中的制度供给困境

从实践历程来看,村民自治制度正在不断走向成熟和稳定。但是也必须承认,制度的运作和实施仍面临诸多问题和挑战,还有许多有待完善之处。

1.意识形态与利益分配结构的障碍

在农村村民自治制度的变革中,涉及的利益主体主要有国家、乡镇一级政府、农民,以及在一些工业比较发达的乡村地区还有企业家、股东等。农村村民自治的制度变迁过程实质上就是各个集团之间利益博弈的结果。制度变迁所产生的成本花费能否被社会所接受,不仅要看变革与文化传统和意识形态的适应程度,更要注意到权力与利益分配结构是否满足既得利益集团要求。在广大的农村地区,由于长期的被管制,导致了村民在思想上对政府管理的依赖,在自治活动中消极应付,参与度不高。另外,由于制度变迁带来了对资源、财富、权力的重新分配,显然,这会引起利益集团之间的相互争夺,进而对制度变迁带来消极的阻碍作用。

2. 基层政府与村民自治之间的矛盾

自上而下的权力分配运行与责任承当的自下而上相矛盾。权力的来源是人民自下而上的让渡,而不是自上而下的权力分配,民主改革的意义就是要扩大权力来源的合法基础。村民自治的制度化一方面要求由村民民主选举的村委会行使自治权力,另一方面由于地方政府对农村事务的控制,使得真正的自治权力在实践中难以实现。这种非合作博弈导致的结果必然是强者对弱者的控制,在现实中表现在乡镇政府对村民委员会的控制,而所谓的自治则是名存实亡。由于不同的地区存在差异性,对于村民自治国家只能在战略上给出方向,而不可能做到具体、详尽,做出一个万能的适应框架来指导不同地区的村民自治建设。这样,制度变迁的成本与规定都下放到具体的县或乡镇一级政府来负担,但乡镇基层政府一面必须承担下放成本的另一面却无法得到预期净收益。因此,为了平衡由于村民自治造成的基层政府对农村控制力的衰减,基层政府就在村委会的选举中暗箱操作,使选出的人能够充当乡镇政府在农村地区的代言人,实际上就等于乡镇基层政府取得了村民自治的间接控制权。村民自治改革在许多地方只是有名而无实,因为本该直接民主的村民委员会选举、决策和监督被乡镇政府全面介入,对选举过程和结果进行操控,从而村民自治的空间被不断压缩,已经失去了自治的意义。许多基层政府会选择在名义上推行了村民自治改革的同时又保持对于乡镇的操控力。因此,"村民自治中暴露出来的矛盾也大多集中在村民委员会的选举、人员以及具体管理运行上"。①

二、农村股份合作的制度逻辑

(一)我国现有农村合作社民主制度存在的问题

带动村社经济发展所采用的股份合作制是在缺乏现成的制度框架的前提下,由农民根据农村经济发展实际需要而创立的,但理论素养的缺乏使得股份合作制在农村付诸实践的同时,只有感性的冲劲,却缺乏理性的思考。而理论界的研究与政府部门规范的滞后,使得我国村社股份合作制企业发展还存在许多的亟待改

---

① 景跃进. 党、国家与社会:三者纬度的关系——从基层实践看中国政治的特点[J]. 华中师范大学学报(人文社会科学版),2005(2).

进的地方。目前,农村股份合作制企业在产权结构、企业制度、分配关系的管理等方面都各有各的做法,没有上升到制度层面,管理成本高但是效率低下。

1. 传统思想以及对政府的依赖

现在的村社股份合作制企业大多是在原有农村合作社基础上的改造而成。但由于合作社发展史上的“高级农业合作社示范章程”,影响了合作社的健康发展。农民在参加合作的合作经营过程中,被剥夺了生产资料所有权、生产经营自主权和收益分配权;另外,国家和政府对农村合作社的发展全面介入,使农村合作社的发展失去了自主性,变相成为官办的商业组织。“现有的农村合作社,是在传统合作社基础上融入一些新的生产资料与要素,经过改造而成的,使得股份合作社在实践的过程中仍然体现出传统的集体化思想和对政府的依赖性等特点。”①

2. 治理结构不健全,缺乏自我约束机制

股份制具有内部制度约束的优越性,合作制的民主管理也体现了内部制度约束的作用。但是,目前的股份合作制不管是在组织机构还是在制度规范等方面都暴露出许多缺陷和不足。具体表现在,一是一些股份合作制企业内部缺少股东大会和理事会等管理机构的设置,只有几个占股比例大的股东进行全面管理,在决策过程中表现出来的非民主性与“人治”现象严重。二是在大多数股份合作制企业没有建立起如监事会这样的监督组织,股东和职工的权益往往得不到保障。②三是有的企业在涉及资金、生产以及劳务安排时,只有股东之间的简单口头约定这种并不具备法律效力的合约,因此,任何内部矛盾和纠纷的发生就会造成企业动荡,进而影响到企业的生存和发展。四是一些存在地缘或连带姻亲关系的股份合作企业在内部系统的管理上更是缺乏必要的组织和正式的制度约束,家族式管理行为严重。五是少数股份合作制企业在生产、收益分配、股东权益等方面问题百出,违背了股份合作社的创立初衷,给股份合作制企业的进一步发展带来了障碍。

3. 所有权和经营权

伯利和米恩斯在1932年出版的《现代公司与私有财产》一书中,提出了“所有与控制的分离”。钱德勒认为,股权分散的加剧和管理的专业化,使得拥有专门管理知识并垄断了专门经营信息的经理实际上掌握了对企业的控制权,导致了“两

---

① 牛若峰. 也论合作制(上)[J]. 调研世界,2000(8):12 – 17.
② 谭芝灵. 回顾与反思:中国农村股份合作制经济发展历程[J]. 理论探讨,2009(2).

权分离"。① 在合作社建立的初期,业务活动较为单一,这时候不需要专业的管理知识与专业的管理人员就能很好的经营合作社,村民按照以往的经验就可以应付合作社的日常运营与管理。随着合作社的进一步发展,规模不断扩大,业务日趋复杂,以往的知识经验已经不能够指导合作社的健康运营。此时经营管理活动不得不越来越多地借助于专业管理人员,但合作社的专业管理人员大多数并不是来自村民,而是合作社外聘人员,这样就直接导致合作社的经营管理权被掌握在少数外聘管理人员手中,使合作社所有权和经营权分离,由于村民在管理知识上的缺乏,在合作社的一些重大问题上做决策的权威就大大下降,同时参与的有效性也降低,由此产生诸多关系,一方面是合作社在发展上的民主要求,另一方面合作社的管理权事实上掌握在具有管理知识背景的少数管理者手中。有的企业在运作中缺乏股份制两权分离的规范,合伙性质行为严重,对企业经营管理中,股东随意插手,甚至在意见无法一致时就要求退股。

4. 股份制与合作制相关问题

股份制与合作制是两种不同的生产制度:股份制是资本进行的联合,而合作制则是劳动为主的联合。股份制根据股东持股多少决定话语权与利益分配,更偏向于个人利益,而合作制更侧重整体利益。在股份制企业中,企业的所有者和实际劳动者可以是分离不相关的。股东作为企业生产资料的所有者,不需要参加企业的生产劳动。与之相反的是,在合作企业中,企业的成员拥有双重身份,既是企业生产资料所有者,又是企业劳动者。所以在两种企业中,企业成员的地位不同,在合作企业中,企业成员是生产资料所有者,所以当然处于主人翁地位;而在股份制企业中,企业的主人是持有股票的成员,而其中很多劳动者并不一定持有股票,只有持有股票的劳动者才称得上拥有主人地位,不持有股票的劳动者明显只是雇佣劳动者。另外在民主管理方面,在合作企业中,成员的民主权力较大,其不论个人的持股多少,民主权力都是一样的,往往采取一人一票制的民主原则;而在股份制企业里,其民主权力完全是根据成员所持有的股份多少而定。股份越多的成员发言权越大,大股东甚至可以通过控股等方式控制整个企业。在这种情况下,没有持股的雇佣劳动者的民主权力显然非常有限。

(二)构建农村股份合作社民主制度的必要性

"民主制度能够保证合作社对内实现劳动解放和共同经营,体现在由多数人

---

① [美]阿道夫·A·伯利,加德纳·C·米恩斯. 现代公司与私有财产[M]. 甘华鸣,罗锐韧,蔡如海,译. 北京:商务印书馆,2005.

执掌权力并实行选举制、任期制、分权制的民主原则;对外能实现独立经营和自主管理,体现在可预防政府等部门施加行政干预。"①而随着股份制的引入,使得原本较为稳定的合作社经济制度被打破,这在一方面搞活了农村经济,使合作社的资金来源不限于合作社内部成员,扩大了股份合作社的资金来源渠道,直接带动农村经济规模的扩大以及组织利润的增长;但是在另一方面,如何完善股份合作社的运营管理,保障非股民或持股比例很小的村民劳动者的合法权益,在劳动与资本的联合体中体现出村民的民主诉求,这是股份合作制在发展的过程中所必须面对的问题。

1. 完善现有民主制度的紧迫性

健全的民主决策程序是和农村股份合作社的生产经营活动紧密相联的。没有广泛的民主参与,决策权被少数人所掌握,使得合作社的经营只代表少数人的利益。而股份合作社建立的目的并不是一种单纯经济学中的股权关系,更应该是一种合作性质的共赢互利组织。但在现实社会中,有的股东和股东之间实际上是依靠亲缘、地缘连接的宗法式合股,确切地说其实也就是一种家庭内部企业的翻版形式,这形成了在企业面临重大决策的时候往往只是几个控股人员进行决定,广大的劳动者实际上没有发言的权利。由于产权制度的不规范,许多股份合作制企业的生产经营活动只由少数几个股东控制,这样就根本不能体现出合作制的要求,广大的村民劳动者实则沦为股份制企业的雇佣。所以,股份合作制的健康发展,关注的不仅仅是在股民的权益上,更应该关注进行合作的劳动者的权益,使他们在农村经济发展的过程中真正体现出主人翁的地位,建立健全的民主决策制度,确保社员的能够充分表达利益诉求,进而切实地保障社员的共同利益。

2. 提升农村生产力的必然要求

健全的民主管理制度有利于提高股份合作社的运营效率。对股份合作制参与者赋予一定的权力无疑能够提高生产的积极性,但有权力就必定会有相应的义务。权力与义务的对应,从而调动村民生产经营的积极性与责任感,同时也能提高村民的参与度。在股份合作社的日常运营管理过程中,如果个体的村民劳动者仅仅站在一个"劳动=领工资"的角度来看待自己在股份合作社中的地位,那么村民的劳动积极性就得不到提高。从麦格雷戈著名的"Y理论"中,我们知道,"只要情况适当,一般人不但会学会承担责任,且能学会争取责任。常见的规避责任,缺

---

①　朱晓鹏. 从经济民主到政治民主——论合作制的民主原则及意义[J]. 宁波党校学报,
　　2005(3):11 – 16.

乏志向,以及只重视保障等等的现象,是后天习得的结果,非先天的本性",①所以,在股份合作社中,要使个体劳动者具有强烈的参与感与归属感,只有人人把股份合作社的发展当作自己的事业,才能激发劳动与参与的积极性,激发农村经济活力,进而提高农村生产力水平。而这一系列目标的实现,离不开健全的民主参与管理制度,民主的管理制度可以提高劳动参与者的主人翁意识,明确经营者权利及责任的分工,并全面地提升合作社运营效率。

3. 促进股份合作社健康运营的前提条件

健全的民主监督制度能够确保农村股份合作社运营的规范化。著名哲学家孟德斯鸠说过:"一切有权力的人都爱滥用权力,这是万古不变的经验,防止权力滥用的办法,就是用权力约束权力,权力不受约束必然产生腐败。"②合作社要健康、稳定发展离不开民主监督制度的作用,而民主监督就是一种限制权力滥用的"权力"。合作社决策程序与决策权力规范的规范程度,与民主监督的力度呈正相关。健全的民主制度一方面能够保障股东与合作经营的劳动者的合法权益,另一方面也能限制个别大股东以股权来压制持股较少或无持股的个体劳动者,从而为股份合作社的和谐健康发展带来保障。

(三)建立合理的股份合作社民主决策制度

股份合作制一方面以资金、资源入股的形式吸收农村现有生产资料,有利于生产资料的优化整合,另一方面又能纳入合作制的优点以抵制单纯资本联合的唯利是图及对劳动者的压榨。

1. 民主决策制度基本要求

在股份合作社组织中的民主决策制度,不能使用股份制中单纯以控股数量的多少来决定决策权力的大小,这样不利于小额控股以及没有股权的劳动者的民主参与;同时也不能单纯地沿用合作社中的一人一票制,这样不利于激发大股东的积极性。所以在股份合作组织中如何兼顾一人一票与一股一票,使二者有机整合,兼顾效率与公平显得尤为重要。在农村股份合作社发展的过程中,一方面应逐步形成以成员公平参股运行机制,建立、健全公平、合理的利益分配制度,从而使合作社成为全体成员"利益共享、风险共担"的经济共同体;另一方面,应逐步建立、健全合作社的民主决策和权力监督机制,使德才兼备的社员能够通过民主选

---

① 参见[美]斯蒂尔曼. 公共行政学:下册[M]. 北京:中国社会科学出版社,1989:151 – 152;丁煌. 西方行政学说史[M]. 武汉:武汉大学出版社,2004:235.

② [法]孟德斯鸠. 论法的精神[M]. 上海:三联书店,2009:169.

举进入管理层。同时规范定期公布制度,对资金投放、盈余分配等重大事项按照既定程序定期公布。目的是在合作社内部形成民主、开放、公正、团结的组织文化和协调的社会氛围,不断提高社员和合作社经营管理人员的整体素质和良性关系,使和谐的合作社组织成为我们基层社会治理的重要支柱。此外,合作社还应该建立健全合理的退出机制,以促进组织更新,扩大生产规模和实现合作社的长远发展。

2.“一人一票”与“一股一票”

在民主决策问题上,股份制提倡一股一票,合作制规定一人一票,而农村股份合作社兼具股份制与合作制的双重属性。那么在股份合作制中的民主决策制度应如何取舍?通过分析,我们可以从不同的侧重点得出在现代股份合作制中关于民主决策应该处理一人一票和一股一票的问题。第一,以一人一票制度为主,特殊情况下允许例外,在民主的前提下最大限度地维护公平。在合作社的立法上,现代一些西方国家也是这样,规定在以一人一票制度为主的基础上,根据具体情况适当增加持股份额较大的社员的投票权;第二,企业职工就是股东,应该采用“一人一票”与“一股一票”两者相结合的决策方式,可根据被决策事物的性质来进行选择,如理事会、监事会等的选举应该发挥广泛的民主,采取一人一票制;但考虑到民主前提下的公平与效率,投资者投入资本的差别等因素,在生产经营事项中主要以一股一票的表决方式;第三,在农村股份合作社成立之初,就应当在对股东持股高低进行合理限制的基础上实行全员入股,在此基础上实行一股一票制。这样的一股一票制由于在入股时对全员的股份限制,各股民持股相对均衡,因而,在这样的一股一票制实际上就相当于一人一票制。①

综合以上分析可知,第一个观点,如果没有统一的执行标准,那么现实中实施就具有很大的难度,没有可操作化的规范制度,人为控制的空间就越大。在股份合作社制度框架尚不完善,缺乏明确的制度规范的情况下容易造成合作社管理紊乱;第二个观点,随着股份合作社规模扩大和经营活动的复杂化,采取现代经营管理规律的合作社越来越重视引进人才,聘用专业管理人员,但这些外聘人员不一定是合作社的股东并拥有合作社的股份;第三个观点,合作社建立的目的整合农村资源,把生产经营分散的农户组织起来,形成资源优势互补,如果只片面地限定股东持有股份高低限度,那么农村存在的闲散资金得不到有效利用,而另一些较

---

① 陈肖旭. 新型农村合作社民主制度发展相关问题思考[J]. 福建师大福清分校学报,2007(1).

贫困的农户也有可能被排斥在股份合作制企业的大门之外。一方面使农村的资源整合优势得不到发挥,使农村资金流转不畅;另一方面也不能体现股份合作制办理的初衷。

第二节　农村集体经济产权制度及其演变

一、农村集体产权的基本含义

(一)产权

1.产权的概念

"产权是经济所有制关系的法律表现形式。它包括财产的所有权、占有权、支配权、使用权、收益权和处置权。"①产权的直接表现形式是人对物的属性关系,"在市场经济条件下,产权的属性主要表现在三个方面:产权具有经济实体性、产权具有可分离性、产权流动具有独立性。"②

2.产权的基本特征

产权具有五个方面的基本特征:一是产权具有明确性。产权一方面体现的是资产的归属,另一方面则体现为产权主体对资产拥有支配、处置等明确的经济与法律关系。所以产权主体和资产归属必须要明确。二是产权具有独立性。只要产权关系确立,产权主体就对产权具有合法的经营处置权,而不受其他行为主体的随意干扰。三是产权具有可转让性。产权主体对产权具有经营、处置上的自由,同样也可以使产权进入市场领域进行流通转让。四是产权具有收益性。产权主体可以凭借对所拥有的资产产权进行交易、流动,从而实现资产的保值增值。五是产权具有法律性。产权关系是所有制形式在法律上的具体表现。产权主体变更,必须符合国家相关法律法规的规定,并在国家有关法律的监督和保护下进行。

3.产权的主要表现形式

产权能够通过一些外在的表现形式表明资产的归属,包括一是私人产权:指私人或私人企业所拥有的产权;二是法人产权:指具有法人资格的单位所拥有的

---

① 余佳.文化产品价值探究[J].商场现代化,2011(4).

② 同上.

产权;三是共同共有产权:比如合作制企业中,没有明确划分成员对集体资产的所占份额的情况下所共同拥有的产权;四是按份共有产权:在明确成员对共有资产所占不同份额的基础上所共同拥有的产权;五是国有产权:就是国家拥有或者控制的财产的产权。

（二）集体产权

张军给集体产权下的定义是,"一个产权如果是集体的,那么关于如何行使对资源的各种权利的决定就必须由一个集体做出,由集体的决策机构以民主程序对权利的行使做出规则和约束。……对于集体产权来说,凡是对集体表决的决策不能同意或自己的意见不能得到反映时,按照民主表决程序,他可以采取弃权手段,转让他的权利。一家股份公司的产权是典型的集体产权。"①钱忠好认为:"集体产权是指参与者尽管在行使他对资源的各种权利时必须由该集体按照一定的规则或程序做出决定,但这种资源是可以以某种形式分解或对象化在其成员身上,其参与者必要时可以以有偿转让权利的形式退出该集体。"②党国印等人把集体产权等同于集体所有制。他认为:"'集体产权'或'集体所有制'这样的概念在主流经济学那里几乎是看不到的,它出自马克思主义经典作家,在中国又伴随意识形态的强制力而深入人心。然而,这是一个没有得到严格定义的概念,在我国事实上是许多产权结构形式的统称。"③从以上定义中我们可以看出,各专家学者以不同的视角对集体产权的概念进行了分析。从中我们可以概括出,集体产权是指人们以集体占有的形式,对集体的资产共同拥有使用、收益和转让其财产的权利,但是在集体资产变更的过程中必须取得集体成员的同意。

（三）农村集体产权

"集体产权又称共有产权是指一个集体内部所有成员共同拥有的权力,每个人的权力都是平等和相同的,不经全体同意,单个人无法决定财产的使用和转让。"④农村集体经济产权是指农村集体经济组织对其拥有的集体资产的占有、支配、使用、收益的权利和保值增值的义务。其是"在一定的社区边界内,一定环境约束下,由集体成员联合组成的决策组织,按一定的制度规范,在对共有资产配置中形成的各项权利集合。"⑤农村集体资产的所有者是集体经济组织,也就是集体

---

① 张军. 现代产权经济学[M]. 上海三联出版社,1994:92－93.
② 钱忠好. 中国农村土地制度变迁和创新研究[M]. 北京:中国农业出版社,34.
③ 党国印. 论农村集体产权[J]. 中国农村观察,1998(4).
④ 李胜兰. 再论我国农地使用权制度改革[J]. 学术研究,2004(12).
⑤ 郭强. 中国农村集体产权的形成、演变与发展展望[J]. 现代经济探讨,2014(4).

经济组织的所有成员。

二、农村集体产权的制度演变

我国农村集体产权制度可以追溯到 20 世纪 50 年代初,当时进行的农业合作化运动实践,产生了集体经济组织的雏形。其目的是在有限的社会生产力的特殊背景下把零散的农民集中起来,统一进行生产和管理,实行公有制经济形式。其先后经历了合作社、人民公社、家庭联产承包制三个阶段。

(一)初始建立(1951—1958 年合作社运动)

1949 年以前,我国农村土地实行的是封建土地私有制,地主占有大部分土地,而土地使用则实行租佃制。封建土地私有制造成了土地集中在少数人的手中,生产效率低下,社会两极分化严重,导致了一系列社会矛盾。从 1951 年到 1958 年,中国开展了合作化运动,先后经历了互助组、初级社、高级社三个阶段:第一阶段,土地和其他生产资料仍归农民私有,土地产权关系并未改变,在自愿互利的原则下开展农业生产劳动互助。"互助组在这个阶段适应了农村生产力的发展"。[1]第二阶段,互助组联合起来建立初级农业生产合作社,农民将土地和其他生产资料入股到合作社中,形成共同共有的集体财产。合作社中实行集体生产、统一经营,并按股或按劳分配农民基本生活收益。这一阶段中,土地和其他生产资料所有权虽然仍然属于私人,但使用权却归于集体所有,从而为农村集体产权制度的下一步演变打下基础。第三阶段,进一步成立高级农业合作社,农民个人的土地和其他生产资料的所有权完全转移到高级合作社,生产资料私有被消灭,除此之外,高级农业合作社实行按劳分配,取消了原先的按资分配,这样农村土地集体所有制取代了农村土地私有制。1951—1958 年的农业合作社运动,在广大农村地区建立了土地集体所有制,与当时的农村生产力的发展水平相适应,极大地促进了农村经济的发展。

(二)曲折发展(1958—1978 年人民公社运动)

1958 年 8 月《关于在农村建立人民公社问题的决议》的作出,要求全国各地的高级农业合作社就地合并为人民公社,实行"政社合一"的基层政治体制。[2] 这标志着人民公社化运动正式开始。但由于受到意识形态干扰,人民公社运动前期

---

① 陆文强,李建军. 农村合作制的演变[M]. 北京:农村读物出版社,1988:59.

② 参见《8 月 29 日中共中央作出〈关于在农村建立人民公社问题的决议〉》,龚育之主编. 中国二十世纪通鉴(1941—1960),北京:线装书局,2002.

存在许多不合理的制度安排,严重阻碍农村农业发展。因此,到1962年,为了巩固农村土地的集体所有制,促进农业生产,中央对之前的制度安排进行了许多调整并确立了"三级所有,队为基础"的体制,即"以生产队为基础的公社、生产大队、生产队三级所有。"①1962年9月颁布的《农村人民公社工作条例修正草案》,更明确指出:"生产队作为人民公社的基本核算单位,独立核算、自负盈亏"。农村土地村社集体所有制由此正式确立下来。人民公社政治体制的确立与实行,一方面使土地所有权和经营权得到高度集中统一,生产队作为土地等资产的主要所有者,拥有更多的经营自主权,为农村集体经济的发展提供了必备的政策以及物质上的保障。但另一方面,由于农民与农村集体经济组织的关系模糊不清,两者间的权利、利益和责任难以明确界定;平均主义思想的不断滋生,无法调动生产积极性,农民参加集体劳动,普遍出工不出力;各种农业生产资料的有效利用率不高等原因存在,极大地限制了农村土地经营效益,农业生产也因此长期处于缓慢发展的状态,温饱问题长期不能解决。

(三)调整变革(1978年后的家庭承包制改革)

从1978年12月党中央召开的十一届三中全会开始,我国在农村进行土地制度改革,在家庭联产承包责任制的基础上实行了统分相结合的双层经营体制,这是一个非常重要的制度性变革。1982年出台的《全国农村工作会议纪要》正式确认家庭联产承包责任制,确认农户以家庭为单位承包土地等生产资料和生产任务。② 这种产权形式,是在坚持土地集体所有制不变的前提下,即土地的所有权和处分权仍归于集体,承包土地的农户对于土地获得了与产权相关的另外两种权利,即使用权与收益权,这实质上就实现土地所有权和使用权的分离,农户自主经营、自负盈亏,在完成合同上规定的生产指标、上缴任务和集体提留后,占有全部的剩余收益,这样就能调动农民劳动生产的极大积极性,改变过去"平均主义"带来的负面影响,使农业生产摆脱过去集体劳动、统一经营的低效模式,实现农村巨大的经济增长,从根本上解决长期困扰农民的温饱问题。

农村土地制度的变革是一个不断发展创新的过程,虽然经历了曲折,但从根本上说是符合国家产权制度变革方向的。从我国农村土地制度的变革的过程可以发现:土地产权制度的制定必须以市场经济为导向,从农民的根本利益出发,实

---

① 罗重谱. 我国农村土地产权制度变迁与创新研究[J]. 地方财政研究,2009(3).

② 转引自中国网,《全国农村工作会议纪要》,http://www. china. com. cn/aboutchina/data/zgncggkf30n/2008 – 04/09/content_14684460. htm,? 2008 – 04 – 09。

现农民对土地产权的逐渐拥有，这样才能激发土地资源的生产潜力，调动农民劳动生产的积极性，最终实现整个社会的效益的最大化。

三、我国农村集体产权制度的弊病

（一）农村土地所有权主体模糊不清

我国《宪法》第10条规定"农村和城市郊区的土地除由国家规定属于国家所有的以外，属于集体所有；宅基地和自留地也属于集体所有。"此外，《土地管理法》第8条还规定"村农民集体所有的土地已经分别属于两个以上农民集体经济组织所有的，可以属于各该农业集体经济组织的农民集体所有。"由此可见，《宪法》和《土地管理法》都明确规定了农村土地归农民集体所有，但是对何为"农民集体"并没有明确的界定。在现实中农业集体经济组织、村民委员会和基层党组织往往都是一体的，这就造成了我国农民土地产权制度模糊、边界不清，农村土地所有权虚置。由此导致的严重后果是"国家只是在名义和法律上承认土地的集体所有，而在事实上'集体所有制'则表现为无实际内容的集体空壳。"①农民的集体所有权往往难以实现，而村委会、乡政府，甚至一些集体经济组织却成了事实上的农村土地的所有者也是最大的受益者。普通组织成员渐渐丧失主体意识，对于集体资产的运营、管理与使用往往采取"事不关己，高高挂起"的消极态度，监督的积极性低，这样不仅难以享受到真正的集体权益，而且容易造成农村集体资产的严重流失。

（二）土地流转制度不健全

《农村土地承包法》对土地承包经营权流转问题进行了规定："农民在承包期内可以依法、自愿、有偿流转土地的承包权，完善流转办法，逐步发展适度规模经济。"并且"承包经营权可以依法采取转包、出租、互换、转让、入股等方式流转"但是在现实情况中，仅仅这些规定是不足的，目前我国农村并未形成合理有效的土地流转机制。各种问题不断出现，亟待引起重视。

首先，土地流转行为不规范。目前很多地方流转过程中缺乏具体的操作和政策规范，部分农民甚至采取口头协议进行土地流转，"对双方的权利义务及违约责任没有明确的规定，一旦出现纠纷无法追究责任且大多数流转地没有登记并进行公证，也缺少土地承包经营权流转价格评估机构，而且对于农村流转地价的评定

---

① 王有强，董红. 完善我国农村土地产权制度的几点思考[J]. 特区经济, 2008(12).

缺乏科学合理的标准,导致农地转让的随意性和无序性"。① 其次,土地流转中农民利益缺乏保障。农民在土地流转中的主体地位往往被忽视,并且由于村民委员会和上级政府之间的行政隶属关系,容易出现"一刀切"的强制性流转现象,使得广大农民在土地流转过程中对自己拥有使用权的土地却无法保护,严重损害了农民的利益。最后,流转租期不确定规模效应受影响。土地承包有30年期限,虽然目前看来承包期到期后可以向后顺延,但仍存在政策的不确定性,这就给投入与生产带来很多风险。此外,对土地的依赖心理导致农民不愿长期流转也影响着土地规模效应的发挥,很难实现规模经济。

以上分析可见,我国现行的农村集体土地制度虽然在调动农民生产积极性方面起到了巨大的作用,但其本身存在许多缺陷,如不加以改革创新,会极大地制约农村经济发展。因此针对现行制度的弊端,亟待引起重视。农村集体经济产权制度变革是大势所趋。

四、农村集体经济产权的变革趋势

(一)农村市场经济体系培育与发展的客观需要

十六届三中全会通过的《中共中央关于完善社会主义市场经济体制若干问题的决定》提出:"要积极探索公有制的多种有效实现形式,适应经济市场化不断发展的趋势,进一步增强公有制经济的活力,以明晰产权为重点,发展多种形式的集体经济。"然而在家庭联产承包制实施后,许多问题日益显现出来:管理混乱、大面积亏损、资产流失等。发达地区少数农村为了迎合市场的需要,率先对集体经济组织进行股份制改革,这是对农村集体经济发展的有益探索。他们的成功经验表明,农村市场经济的健康发展必须满足以下三个条件:①建立具有排他性和流动性产权的,高效并且独立的市场主体;②积极促进农民的市场化和鼓励建立农民自发组织;③重视集体经济组织在带动经济发展方面的作用。

(二)完善家庭承包经营体制对集体产权制度创新的需要

"稳定和逐步完善农村基本经营制度,应抓住真正确立和实现农民作为集体经济财产主体地位这一根本问题"。② 为了真正解决这一根本问题,要求强化土地承包经营权以及享有集体资产收益权的呼声越来越高,这实质就是农民追求财

---

① 刘启营. 新形势下健全农村土地流转市场的路径分析[J]. 农业经济,2009(4).
② 农业部课题组,贺军伟. 推进农村集体经济组织产权制度改革[J]. 中国发展观察,2006(12).

产主体地位的具体表现,也是农村集体经济组织的制度创新的新的探索。推进农村集体经济组织制度创新要积极推动产权变革。具体说来,就是要在集体经济组织产权制度的根本性改革的基础上,进一步解决实行家庭承包经营以来我国农村日益复杂的集体经济财产关系问题,否则因为缺少根基和保障任何组织形式的创新都会流于形式,很难形成实质性的突破。

（三）农村集体经济保值增值与公共服务的需要

传统农村集体经济是以集体为单位的,其利用与增值是建立在集体的基础上展开的,同时因为集体经济组织的边界往往与行政辖区相重合,从而导致集体与农村社区的某些职能上基本是融为一体,容易使基层政权机构侵蚀农民的个体权利,实际上拥有集体财产的产权,导致农民拥有的产权流于形式,即产权虚置。另外传统集体经济市场化程度低,增值的主要通过实物的增加,然而增值能力差。改革后主要是通过市场来实现集体资产的增值。其必须采取市场化的运行方式,资产组织形式也应该符合企业形式,以适应市场规律的发展。股份制改革就是为了赋予集体经济组织企业化的形式,重新评估农村既有资产及其增值能力,成员可以充分了解集体资产增值水平,自有股份的市场价值;同时,股份制在明确各种股东的权利利益的基础上,有效整合和充分各种资源,促进城乡资源的优化配置,在实现保值增值的基础上充分高效地使用公共资源,服务于农村整体发展的需要。

（四）农村社区人事管理模式变化发展的需要

计划体制下农村社区之间行政边界明确,社区成员的活动相对集中和封闭,主要以各乡、村、队的边界为限度。随着农村市场化的需求和发展,村庄需要通过市场的机制引入外部资源,共同促进和分享价值增值的收益,一方面由于农村劳动力的转移和流动,使外出的农民无法实际拥有和控制村庄经济利益。这就要求村庄人事管理必须采取动态的方式。股份制恰恰很好地解决了这个问题,市场化模式更加尊重个人利益和选择,它使社区成员可以根据自己的情况和需要选择对股权的拥有或放弃。另一方面村庄资产的股份化、制度化,管理的民主化、规范化可以把分散的社员组织起来统筹规划并进行农村产业调整,使集体资产的运营和分配公开、公正和合理,同时从制度源头上防范农村社区管理者的贪污腐败,从而为整个农村社会的和谐发展创造人文条件。

通过以上分析可见,传统的集体经济模式中这些现实问题的存在,限制了集体经济的可持续性发展,限制了农村生产力水平的提高。迫切需要从农村集体经济组织产权制度转移根本问题上进行改革,根除既有社区集体经济产权模糊、主体缺失、决策独断、管理不善、监督不力和分配随意等种种制度性缺陷。现实要求我们探索集体经济发展的新形式、新道路,也就是符合现代市场经济规律的农村股份合作制。

五、农村股份经济合作的选择逻辑

(一)合作制与股份制

马克思主义认为,合作制就是生产者联合劳动的制度。股份制就是指通过入股的方式把社会上分散的、不同人所拥有的资金或生产要素集中起来,合理合法经营、风险自担、按股分得红利的一种经济组织形式。股份制与合作制有 10 个方面的区别如表 3.1 所示。

表 3.1 股份制与合作制的区别

序号	项目	股份制	合作制
1	主体	资本的集合或联合	劳动者的联合,不仅是资金的联合,更重要的是劳动的联合
2	目的	直接目的是扩大投资,追求资本的增值	劳动者通过互助合作,利用联合起来的力量解决生产发展的问题
3	劳动者的主人翁地位	股票持有者是企业的主人,劳动者所持股份比例很低,谈不上主人翁地位	劳动者是生产资料的所有者,处于主人翁地位
4	所有者和劳动者关系	所有者和劳动者可以是分离的,股东不一定参加企业的劳动	所有者和劳动者是同一的,企业成员既是生产资料所有者,又是劳动者
5	企业中民主性程度	所持股份与权力大小成正比,劳动者的民主权力有限	职工民主性权力很大,民主原则是一人一票制
6	对雇佣劳动的态度	可以雇工,允许雇佣劳动	不存在雇佣劳动,如工作需要雇工的话,到一定期限就要转为社员
7	分配原则	按资本入股多少来分配盈利	以按劳分配为主,按股分红为辅
8	股份变动方式	股票只能转让、买卖,不能退股	自愿原则,加入、退出自由,离开时可以带走自己的股份、股金
9	内部领导管理体制	权力机构是股东代表大会及由其选出的董事会	权力机构是职工代表大会
10	所有制关系	取决于投股者的所有制性质,可能是全民所有制、集体所有制、私有制,更多的是混合所有制	劳动群众集体所有制

资料来源:吴法俊. 简论股份制与合作制的十大区别. 中国集体经济,1989,8.

（二）社区股份合作制

股份合作制是一种介于股份制和合作制之间的经济组织形式,是一种以劳动者的劳动和资本的联合为基础的新型经济组织形式。股份合作制把股份制的主要做法和合作经济的基本原则有机结合,活化了集体经济结构,为公有制经济的发展开辟了新的渠道和多种发展形式。股份合作制企业是在村民合作劳动的基础上,吸收一些股份制的资金吸纳及按股分红的方法,将劳动合作和资本合作有机整合起来,实现按劳与按资分配相结合的原则,所有职工股东以其所持有的股份对企业承担有限责任,村民在企业中共享权益、共担风险,自负盈亏,进行独立核算。股份合作制企业不仅是我国合作经济的新发展,同时也是集体经济在社会主义市场经济中的一种新的组织发展形式。从20世纪80年代股份合作制产生至今,已经遍布全国各地,但形式上却各有差异,有股份合作制企业、行业或专业的股份合作组织、社区股份合作社等。股份合作制通过明晰产权,股份化农村集体资产,一方面解决了集体资产产权主体模糊的问题,同时,在另一方面股份合作制也有利于保障农民的收入,维护了农村社区的和谐稳定,推动国家基层政权的建设。

表3.2　股份合作制、合作制、股份制的区别

内容	合作制	股份制	社区股份合作制
要素结合	劳动结合	资本联合	劳动结合和资本联合
决策制度	一人一票	一股一票	一人一票和一股一票相结合
股权管理	股权不能转让	股资是稳定的,股权可以转让	仅限于内部转让,而且转让必须经过董事会同意
利益分配	按劳分配	按股分红	按劳分配与按股分红相结合
成员资格限定	仅限于合作社内部	无限制,向社会开放	限于合作社内部,并逐渐向社会开放

资料来源:笔者制作。

（三）当前社区股份合作制的有益实践

当前,在集体经济产权模糊的现实下,社区股份合作的实践有利于农村集体经济组织改制。社区股份合作融合了合作制和股份制两种体制的特点,合作制能够实现更有优化的组织管理和运作。不仅如此,建立股份合作制的经济组织比转换为股份公司在具体操作过程中更易于实现,个人及地区组织的接受度要更高,这样有利于降低改制成本,实现稳定过渡。

第一,社区股份合作制企业资本优势明显。运用股份制企业的优点,将闲散的农村资金整合起来,形成资本优势。在农村发展股份合作制,使企业投资主体多元化,资金来源渠道广泛,不仅有资金入股,也有土地、产房、畜力等实物以及村民劳动力、管理技术等入股方式。

第二,社区股份合作制使产权和管理权有机统一。股份合作制企业具有明晰的产权,自负盈亏,进行独立核算,这样就解决了政社不分、政府干预过多等问题。职工由单纯的雇佣劳动者变为企业股东、企业管理者,所有职工股东以其所持有的股份对企业承担有限责任,在企业中共享权益、共担风险,这样不仅有利于调动员工的生产积极性,同时又能提高职工的参与意识、主人翁意识与增强员工的情感归属,使员工时刻关心企业的生产运转。

第三,社区股份合作制使按劳分配与按股分配有机结合。村社股份合作制企业的员工不仅是劳动者还是股东,因此必须采取按劳分配与按股分配相结合的劳动分配方式。"对股份合作企业的税后留利分配,大部分用于扩大再生产,作为新资产记入股东名下,视同股金。属于企业共有的公共积累,具有不可分割的特性,可用于企业公共福利,是企业集体所有制的基础。"①

第四,社区股份合作制使民主管理和个人负责相结合。在股份合作制企业中,劳动者与股民对企业的生产发展都有民主参与的权利,企业不再是政府"附属物",敢于抵制一切不合法的行政干预行为,并且广大劳动者与股民出于对自我权益的关心,会积极主动参与管理、互相监督,不允许任何人损公肥私、损人利己,使企业管理具有民主性。同时,企业的厂长(经理)对企业的生产经营活动进行统一管理并对企业负主要管理责任。

第五,社区股份合作制既有灵活性,也有适应性。股份制的优势在于机制灵活,合作制的优势则是适应性强,而股份合作制集合两者的优势于一身。一方面股份合作制企业能及时对市场信号作出反应,产品生产符合市场需求。改制后,摆脱了政府的行政束缚取得了企业经营的自主权,在新产品生产,招工用人等方面更加灵活。另一方面,股份合作制对地域及生产力发展水平没有过高要求,因此不仅适应于经济发达地区,而且适应于经济欠发达地区,适应于乡镇企业,也同样适应于中小企业。

---

① 张天威. 股份合作兼有股份制与合作制的优势与功能[J]. 理论与现代化,1998(3).

第三节　农村治理的二律背反与悖论化解

二律背反是 18 世纪由德国古典哲学家康德最先提出来的,指双方各自依据普遍认可的原则建立起的、公认正确的两个命题之间相互冲突与矛盾的现象。二律背反的现象普遍存在于各个领域当中。在经济领域中,二律背反的现象就更加普遍。经济学中对于效益背反的研究更加具有现实意义,在经济学角度上的二律背反又被称为效益背反,指的是一个管理系统内部的若干要素之间存在着的相互损益的矛盾,即其中一个要素的优化和利益实现的同时,必然会导致另外一个或者另外几个要素的利益损失。这是一种此盈彼亏的现象。事物的发展都具有规律性,我们只有在充分认识规律、遵循规律、依规律办事的基础上,才会事半功倍。一般而言,事物的规律主要分为两种。一种是事物的趋势性;另一种则是事物的周期循环性。不管哪一种规律,其发展过程中都具有矛盾性。在村社自治视角下农村股份合作经济中的二律背反主要体现为公平与效率的矛盾与冲突,只有正确把握公平和效率之间的规律性,我们才能更好地处理好二者的关系。

一、公平与效率的二律背反

(一)公平的内涵

什么是公平? 恩格斯曾经指出:"资本主义社会的所谓公平,实质上是在金钱平等和交换平等掩盖下的不平等。平等应当不仅是表面的,不仅在国家领域中实行,它还应当是实际的,还应当在社会的、经济的领域中实行。"①真正的公平是与社会生产力发展紧密联系起来的,在社会主义的中国,要实现社会、经济领域的真正的公平就应当在生产力极大发展的基础上,消灭私有制,最终实现充分体现平等的按需分配,由于受到生产力发展的限制,我国在短期内很难实现真正的社会公平。

要正确理解公平的含义,就必须区分公平与正义、公正和平等之间的区别与联系。

正义是社会最重要的价值,体现的是道德上的"应然"。亚里士多德曾经指

---

① 马克思恩格斯选集:第 3 卷[M]. 北京:人民出版社,1995:448.

出:"政治上的善就是正义,正义以公共利益为依归。"①例如,政府为了促进社会公平发展,加大对山区的扶贫力度,这是"应当"要做的事情,所以可以定义为是正义的事情。但是相对于正义来说,公平的含义则更加宽泛,具有中性的色彩,主要是指在现行体制的运行规则下对所有人一视同仁。而对于运行规则是否是合理的,会引发什么样的社会效应,则不是公平所关注的范畴。由此可见,符合公平的不一定是正义的。

所谓公正即社会的公平和正义,是国家和社会的一种根本的价值理念。在伦理道德领域,公平和公正基本上是同一层次上的概念。但是在法律领域,两者存在着一些细微的差别。如在裁判领域,公平是针对当事人利益得失而言的,而公正则是针对解决问题的过程而言的,即在裁判过程中采取客观中立的态度,不偏不倚。然而在现实生活中,公平与公正往往很难分开,这两个概念常常被人们通用。

平等指的是社会成员之间的同质化,即在权利和利益分配时彼此之间完全相同,毫无差别。萨托利指出:"平等表达了相同性概念……两个或更多的人或客体,只要在某些或者所有方面处于同样的、相同的或相似的状态,那就可以说他们是平等的。"②在现实生活中,平等经常是以"平均"的形式表现出来的。平等是公平的一种特殊实现形式,但是在绝大多数情况下,平等与公平是相互背离的。在计划经济时期我国所推行的"大锅饭"的分配方式就是一个代行的例子,这种看似绝对平等的分配方式,最终却造成了干与不干一个样,干多干少一个样的不公平现象的产生,严重影响劳动者积极性。当公平与平等出现矛盾时,后者应该服从于前者。

综上所述,所谓的公平指的是所有的规范社会成员利益关系的原则、制度等都应该合乎社会发展的需要。需要指出的是,公平的最终目标在于兼顾所有社会成员的利益,而这一目标的实现最终要依赖于人的发展。只有在发展视角下的公平才是有意义的,才是正当与合理的。如果不考虑人类的发展,公平将会流于形式。在村社自治视角下的农村股份合作社中的公平指的是发展生产力的基础之上,做到对所有社员一视同仁,照顾到每一个社员的利益,最终实现个人的发展。

(二)效率的内涵

效率一直都是与公平并称的社会价值,效率与公平之间也存在着紧密的关

---

① [古希腊]亚里士多德. 政治学[M]. 北京:商务印书馆,1981:148.
② [美]乔·萨托利. 民主新论[M]. 冯克利,阎克文,译. 上海:东方出版社,1993:340.

系。公平的实现有赖于效率的实现,效率是实现公平的前提条件和物质基础。但究竟什么是效率,不同的领域有着不同的答案。在经济领域中,效率更多地被看作是一种资源配置的效率,考察的是投入和产出之间的关系。最早对效率加以解释的是意大利经济学家帕累托,他指出完全竞争的市场是实现资源配置的最优的条件,然而事实证明,在现实生活中,这种完全竞争市场是不可能出现的。萨缪尔森认为:"实实在在地说,毫无疑问,绝对的有效率的竞争机制从未出现过,将来也不会出现。"①因此,在现实生活中,这种最优状态根本不可能出现。美国经济学家布坎南曾指出:"经济学家们对他们在有关资源配置效率的定义上所造成的混乱是负有责任的。"②布坎南认为在市场过程中的"效率"必须反映市场参与者的个人评价。在不同领域中对效率有不同的解读:在经济领域,效率衡量的是社会资源有效配置的程度,追求以最少的投入获得最大的产出;在社会领域,效率衡量的是个人福利的满足与实现程度,追求的是在既定社会资源的情况实现社会成员的福利最大化。

除此之外,20 世纪 60 年代美国经济学家阿瑟·奥肯有关与效率的论述也十分具有代表性。他认为:"效率意味着从一个给定的投入中获得最大的产出。""所谓效率,即多多益善。但这个'多'须在人们的购买范围内。"③这表明,在社会生活中,效率其实还包含着一定的价值标准,并不是任何产出都是有效率,可以满足人们正当的物质文化需要的。我国学者对效率的概念也存在许多争议。但是由于这些界定没有跳出"投入"和"产出"的狭小的圈子,没有对效率进行本质上的辨证抽象,因此直到现代社会,经济学家很难解决现实生活中由于效率变化造成诸多的社会和经济问题,尤其无法解决公平与效率之间的矛盾冲突问题。

道德哲学领域对于效率的理解则更加高屋建瓴,认为效率是作为实践主体的人在改造世界的过程中表现出来的能力的高低。道德哲学领域的定义使我们跳出经济学狭小的圈子,深入效率的本质对其进行认识。效率不仅仅是投入产出之间的比例,更是整体能力发展水平的重要指标,是衡量社会发展的主要尺度。如果罔顾人类整体能力的发展,片面追求投入与产出之间的比例就会造成最终的低效率甚至是无效率。

---

① [美]萨缪尔森,诺德豪斯. 经济学:上[M]. 北京经济学院出版社,1996:547.

② [美]布坎南. 自由、市场和国家[M]. 上海:上海三联书店,1989:73.

③ [美]阿瑟·奥肯. 平等与效率——重大的抉择[M]. 王奔洲,译. 北京:华夏出版社,1987:2.

（三）我国公平与效率的发展

作为人类赖以存在的基础，公平与效率一直以来都是人类不断追求的两大价值。即使是在社会主义市场经济的条件下，也不可避免地出现市场过于重视效率的实现而忽视公平的现象。因此，如何正确处理公平和效率之间的关系，始终是困扰人类的永恒话题，自然也就成了理论界所要解决的难题。

诺贝尔经济学奖得主萨缪尔森就曾指出："我们所学的关于看不见的手的最早成果之一是，它是有效率的，但是它对公正或平等却是盲目的。"[1]"有效率的市场制度可能产生极大的不平等"[2]。美国经济学家威茨曼也承认：在收入分配方面，"市场经济的记录并不那么好，有时还是非常丢脸的"[3]。

市场经济之所以天生无法实现社会财富收入分配的公平和正义，原因在于以下三个方面。第一，由于各市场主体竞争能力与禀赋的差异，即使是让他们公平竞争，也不可能实现社会公平。第二，市场经济中的竞争者的起点是不公平的，那些拥有更多财富的人为了维护自己在竞争中的优势地位，会竭力建立起更加有利于自身利益实现的市场竞争规则，从而造成其他竞争者在竞争过程中的劣势地位。会试图建立起更加有利于自身的市场规则，从而将潜在的竞争者排斥于"赛场"之外。第三，由于各市场竞争主体能力与禀赋的差异，即使让他们站在同一起跑线上，也不可能同时获得市场需要的能力。同时，市场经济中的"马太效应"会进一步扩大竞争者之间的差距，形成更大的不公。

市场经济在有效配置资源，提高社会生产力的同时，也会造成社会收入分配的两极分化。效率是当今世界各国实行市场经济的最终目的，而公平则是与人类追求平等的价值目标相悖的。正是由于市场经济中公平与效率的二律背反，才造成了包括我国在内的世界各国相继出现收入分配鸿沟越来越大，贫富差距日益加剧等诸多问题。

在这里我们首先要分析的是建国以来的我国农村土地制度中效率与公平的关系的发展。

1.公平优先的分配原则

中华人民共和国成立初期，我国的经济发展十分滞后，人民生活困苦，在这种状态先人们极度渴望有饭同吃、有衣同穿的公平社会。因此，毛泽东提出的消灭

---

① 保罗·A.萨缪尔森，威廉·D.诺德豪斯. 经济学：下. 北京：中国发展出版社,1992.

② 同上.

③ 马丁·L·威茨曼. 分享经济[M]. 上海：上海译文出版社,1991.

封建主义和官僚资本主义,消除生产资料所有制上的不平等,实行社会成员政治经济地位平等的思想,实行"公平优先"的分配原则,是顺应时代发展潮流的。但是这一政策在实际运行过程中却演变成了平均主义。

改革开放之前,我国农村集体经济分别经历了农业生产互助组、初级农业生产合作社和高级农业生产合作社三个阶段。

一开始,农民们为了解决农业生产中所遇到的资金、技术、基础设施匮乏的问题,开始自愿团结起来,开展农业生产互助组。1951年,中共中央召开了第一次全国互助合作会议,会议通过了《中共中央关于农业生产互助合作的决议(草案)》,从此,互助组形式的农业生产合作社在全国范围内推广开来。

1953年中共中央召开第三次农业互助合作会议,此次会议的召开促进了农村集体经济形式的转变,由农业生产互助组的形式转向农业生产合作社的形式。自此,许多初级农业生产合作社开始建立起来。初级社是农业合作经济的一种形式,具有半社会主义性质,实现了农业个体经济向大规模生产的转变。初级社的进一步发展形式就是高级农业生产合作社。

与初级社相比,高级农业生产合作社实现了生产资料的公有和社员生活用品的按劳分配。社员个人所拥有的土地无条件地转变为集体财产;社员私有的耕畜等则按一定的价格由合作社购买,或者转变成集体财产。只有少数的生活资料仍然属于社员私有。高级社组织社员有计划地参加社内劳动。高级社的总收入在扣除税金等相关费用以后,剩余的部分则根据按劳分配的原则,公平分配给每一个参与劳动的社员。

这种以公平为目标的分配原则,在中华人民共和国成立初期对于促进我国生产力的发展作出了很大的贡献。但是随着社会的进一步发展,这种平均主义的原则极大地影响了农业经济的健康发展,极大地挫伤了劳动者的生产积极性,严重影响了生产力的发展。

这种平均主义倾向在实行"人民公社"以后变得更加严重,由于受到"左"的思想的影响,再加上连续三年经济下滑,人民公社发展到后来演变成不管劳动多少,人人都吃"大锅饭"的状况,平均主义倾向严重。

在计划经济体制下,"大锅饭"的模式表面上看收入差距很小,似乎是最为公平的分配方式,但事实证明这是严重的不公平,这是贡献少者对贡献多者的一种剥削。因此,不能将公平与平均划等号。

2. 效率优先的分配原则

鉴于平均主义分配原则所带来的一系列负面效应,党的十一届三中全会提出要"克服平均主义"的思想,指出初次分配,应该对个人收入的分配方式进行大规模的改革。首先,应该以农村为突破口,推行家庭联产承包责任制,贯彻效率第一的分配原则,从根本上打破传统的平均主义的分配方式。1984 年十二届三中全会通过《中共中央关于经济体制改革的决定》,首次提出了鼓励一部分人、一部分地区通过诚实劳动和合法经营先富起来,然后带动更多的人走向共同富裕。① 在市场经济的作用下,那些效率高,具有更高的效率的商品生产经营者收入日益增加,财富日益积累。社会成员之间的收入差距逐渐拉开,人们的生产积极性也被充分调动了起来。

但是,随着社会的发展,这种效率优先的分配原则的弊端也日益暴露出来。收入差距进一步拉大,贫富分化严重,出现富人更富,穷人更穷的现象,社会大部分的财富都掌握在少数人的手中,严重影响到了社会的稳定与发展。同时政府在履行职能的过程中也存在着过分重视经济效率而忽视社会公平的现象,实施了一系列的政绩工程。例如,政府过分注重效率的提高,导致资源配置的不合理。政府与人民之间以及人民群众内部的矛盾日益激化,给社会发展带来负面影响。

3. 兼顾效率和公平的分配原则

正是由于效率优先的分配原则导致了居民收入差距不断拉大,社会不公平的现象越来越多,造成了弱势群体对于社会的严重不满,所有这些都对社会的稳定健康发展产生了不良的影响。为了克服片面强调效率或者公平所带来的弊端,党中央开始将效率和公平提升到同等重要的地位。党的十六大报告明确提出"坚持效率优先、兼顾公平""初次分配注重效率、再次分配注重公平"的理念。② 2006 年十六届六中全会通过的《中共中央关于构建社会主义和谐社会若干重大问题的决定》再次强调:"更加注重社会公平"。③ 社会公平的地位得到了进一步的提高。

在市场调节收入分配的过程中,开始尝试通过政府的调控来保证社会公平的实现。一般来说政府促进社会公平的方式主要由以下三种。第一,通过立法部门制定相应的法律法规以此来促进各个市场竞争主体之间的有序公平的竞争,规范竞争行为。第二,通过司法部门对违法犯罪行为进行制裁,从而维护市场竞争秩序,实现经济活动的公平。第三,通过建立覆盖全体社会成员的社会福利体系,实

---

① 参见《中共中央关于经济体制改革的决定》。

② 参见《中国共产党第十六次全国代表大会报告》。

③ 参见《中共中央关于构建社会主义和谐社会若干重大问题的决定》(2006 年 10 月 11 日中国共产党第十六届中央委员会第六次全体会议通过)。

现对于居民收入的再分配，缩小由于市场机制导致的收入差距。同时政府在维护社会公平的过程中也要明确界定自身的职责范围，严格限制经济干预的程度与方式，正确处理政府与市场的关系，做到公平与效率的并重。

在这种情况，农村开始推行股份合作制改革，即将股份制与合作制结合起来，将集体资产进行量化，并转化为股权分配给个人，村民作为股东有对集体财产的利益分配权和民主管理权，可以监督组织的运作。作为一种新型的经济组织形式，农村社区股份合作社克服了传统的公平至上、效率至上的理念的弊端，在提供效率的同时，也在组织内部创造出了公平，这种公平不仅仅是经济公平，而是全方位的公平，实现了公平与效率的并重。

二、公平与效率的悖论化解

（一）产权结构

将农村集体资产量化，实现人人持股股份合作制模式是我国不断探索农村产权制度改革的产物。改革开放以来，我国一直实行集体资产归集体所有的产权制度，但是随着我国城市化进程的加速，集体资产也变得越来越庞大，对集体资产的管理成为了一个备受关注的问题。在集体资产管理过程中出现的权责不清、责任不明、管理不力的弊端日益凸显。由于集体资产产权不清，导致其经营效益低下，一些地区存在严重的集体资产流失的情况。为了克服这种产权不清的情况，农村股份合作制应运而生。在农村股份合作社当中，每一位村民作为股东，都是集体资产的所有者，可以享受集体资产带来的利润，从而解决了长期以来集体资产难以界定的问题。

在农村集体资产中，土地一直是处于核心地位的，因此土地也是处于农村股份合作制改革中的重要地位，能否有效解决土地问题是改革成功与否的关键因素。但是，目前实行股份合作制改革的地区对土地的这股量化都采取谨慎的态度，绝大多数地区只是对除了土地以外的集体资产进行折股量化，仅有很少的一部分地方做到了对于集体土地资源进行折股量化。原因主要有两个方面：一方面，随着城市化进程的加快以及行政区划的调整，市场化条件日益成熟，农村土地以外的其他集体资产产权主体缺位的现象日益严重，农民的合法权益保护问题亟待解决；另一方面，一些地区还不具备将土地这种特殊的集体资产折股量化并且进行市场推行的条件。

在城市化的进程中，政府、合作社管理者以及普通社员都有着不同的利益诉求。政府作为看得见的手，希望通过有效的制度安排，不断壮大集体经济组织的规模,同时确保所有村民对于集体经济的发展成果的共享,因此政府更加追求的是公平的社会状态。作为股份合作社的管理者,他们负有确保组织良性运行的责任,但是作为一个理性的经济人,他们也有追逐个人利益的倾向,因此在制度设计方面,除了促进集体经济组织发展以外,他们还希望可以照顾到自己的利益。作为普通社员的村民来讲,由于在组织缺少世纪的话语权,他们渴望可以参与到组织的管理过程中,在组织发展的过程中共享发展的成果。社区型股份合作制改革的目的在于通过完善的制度安排,妥善处理集体资产,从而实现包括政府、合作社管理者和普通社员的利益诉求。农村股份合作制改革就是在兼顾政府、集体资产管理者和所有者三方利益诉求的基础上,将土地等集体资产折股量化,合理设定基本股份额,平均量化到每一位组织成员。这种产权结构的变革既充分调动了组织管理者的积极性,促使其以合理合法的手段追求组织效益的最大化。同时也保护了每一位组织成员的利益,实现了公平与效率的统一,为农村经济组织的发展留下了空间。

（二）治理结构

股份合作制组织实行现代公司治理架构,设立股东大会、理事会、监事会以及经理层。其目的在于从内部治理体系上为组织发展提供持久的动力。为了形成组织内部良好的权力制约关系,股份合作制组织按照《公司法》的规定,合理划分了股东、理事会以及经理人员的权利、责任和利益界限。首先,股东作为集体资产的所有者,掌握着组织的最终控制权,可以决定理事会构成,可以推选某位成员进入理事会,还可以对某位董事的行为提出不信任动议,从而取消其董事资格。但是股东只是作为委托人,不方便直接干预理事会的管理。理事会作为股东的代理人有一定的行为自主权,但是理事会要对股东大会负责。其次,作为组织的法人代表,理事会对组织全权负责,可以委托经理人员负责具体项目的管理,同时监督与激励经理人员的行为,经理人员要对理事会负责。最后,经理人员是由理事会聘任的,他们可以在理事会的授权范围之内开展工作,而不受到其他干预。经理人员的行为不能超出理事会的授权范围,同时经理人员管理的成果由理事会进行监督与评判。一旦经理人员的行为超出授权范围或者是管理成果不明显,就很有能被免职。监事会的成员由股东代表选出,行使监督权,对股东大会负责,但不能够凌驾于理事会之上。

同时,在社区股份合作制企业中,理事会由股东代表大会选举产生,董事长由理事会产生,经理人员由理事会聘任产生。这在很大程度上改变了传统的农村集体经济组织的干部任命制。从前,农村集体经济组织的管理人员都是由上级领导任命的,没有充分考虑到人选的经营管理才能。在领导任命过程中还容易形成人选与领导者"合谋"的现象,共同侵占集体资产。在农村社区股份合作制改革中,社员作为工资的股东,为了保证自身的利益的最大化,需要选择具有经营管理能力的经理人员,一旦经理人员出现管理不善的现象,马上就会被撤换,从而形成了一种"能者上、庸者下"的机制。这种经理人员产生机制以及内部监督机制,对经营管理人员的管理行为产生了更大的压力与动力。为了保证自身不被撤换,经理人员必须时刻考虑组织的利益,尽心尽力地为组织服务,减少"道德风险",实现组织与社员利益的最大化。

因此我们可以说,股份合作制组织的"三会一室"的内部治理结构,在保证社员平等地位的前提下,实现了组织管理者可以充分行使职权,以及社员对组织管理者的有效监督,有效地防止了组织管理者对集体资产的侵占,保证了组织的效益,充分体现了现代公司治理的理念。

(三)分配结构

在分配结构上,股份合作制组织实施工资制,股东的工资主要由四个部分构成:基础工资、岗位工资、绩效工资以及分红工资。基础工资一般是以当地最低工资标准为下限,根据员工的个人素质和能力进行调整。岗位工资则是由不同的岗位特征决定的,不同劳动强度、劳动条件、劳动责任的岗位对应着不同的工资标准。绩效工资则是由岗位职责的完成情况来决定的,绩效越好,岗位职责完成得越好绩效工资也就越高。分红工资是作为集体资产所有者获得的对于集体资产经营利润的分配,是一种财产性的收入,分红工资往往与组织的经济效益紧密相关。

股份合作制组织的这种分配形式既保证了组织内的公平,同时也极大地调动了组织成员的工作积极性,对于实现社区成员充分就业以及提高组织内部成员的收入水平具有重要的作用。股份合作制模式的分配结构既满足了集体经济组织成员共享组织发展成果的迫切需要,同时也体现了社会主义按劳分配的原则。经过股份合作制模式改革的地区的农村居民可以真正享有助于自己的那部分集体资产,成为股份合作制组织的股东。在城市化的过程中,这部分农民可以带着资产进入城市,可以解决在农转居的过程中出现的就业与保障问题,促进农村城市化进程的加快与社会稳定。

以富阳市坑西村股份经济的合作模式为例,在股份经济还没普及之前,坑西村的经济模式并没有统一,主要是以家庭联产承包责任制为主,但同时也存在着单干的经济模式。家庭联产承包责任制对该村的经济发展有很大的促进作用,也为过渡到股份经济做好了铺垫。自 2004 年,坑西村开始实行股份化经济并于 2005 年出台了《农村经济合作社股份制改革实施意见(试行)》政策,提出在全村范围开展农村经济合作社股份制改革。在股份化制度的执行下,本村近 10 年来各方面的经济都有了进步,经济的进步也促进了文化和政治的繁荣。工业化和城市化也得到了进步,农村人口结构发生了深刻的变化。股份经济的出现主要体现在农田、茶叶等一些固定资产和一些个体企业方面。股份经济模式有利于专门化生产和专业化经营,也有正确的管理制度,所以从 2004 年到 2013 年的十年间,坑西村的经济得到了快速的发展,股份经济体制也在发展中逐步完善。

在股份制系统化的模式下,该村已经形成了两种主要的股份模式,即企业股份化和农田土地山林股份化。企业股份化是指个体商户把自己的的企业一起合并起来,自己的资产占总企业股份的百分比就是分红的百分比,即集体产权股份制模式。分配好每位股民的权利与责任,做到公正公平。专家提出来企业股份化的两种主要形式:集体单位集资的股份经济、个人集资的股份经济。农田土地山林股份化是股民把自己的农田土地入股即土地流转入股,因地制宜,发挥其本身的优势,实行农业的专门化生产和规模化经营,带来更大的利润。这种模式的分红方式也是按照入股的百分比。

调研案例——富阳坑西村

自实行股份经济以来,坑西村的经济得到了飞速的发展,各行业的发展都有了明显的进步。坑西村股份经济的主要成效可以分为以下四个方面:第一,产权清晰化。在股份经济实行之前,很多农民只是只有名义上的土地所有权,土地的实际使用权并不掌握在他们手里。而入股后农民不仅得到了实实在在的土地所有权,还有了分红。除了部分是村委所有,其他的土地都是农民所有。第二,农民收入增加(如图 3.1 所示),促进了农村的经济发展。股份经济的专门化生产和专业化经营使得在相同土地的情况下数量和质量较比自己经营的模式下有了很大的提高。从问卷调查的结果中可以得知,农民的个人收入有了质的变化,农民收入的增加也促进了本村的经济发展。第三,民主管理机制加强。随着经济的发展,文化基础也得到了改善,人们的文化水平也得到了提高,村委会和农民组织委员会也懂得了不少法律知识,加强了民主管理机制,使该村的政治政策更加公正、公平、开明。第四,集体经济得到长足发展。通过实行股份经济,加强了经济合作社与企业之间的关系,明晰了产权所有和农村集体资产的总量,保障了广大农民的合法权益,同时也调动了企业经营者和个体经商户的积极性,为企业的长期、稳定发展奠定良好的基础。经济的发展也保障了社会的稳定。目前该村的保险机制也已经相当的完善,高达92%的农民群众都有参加保险。

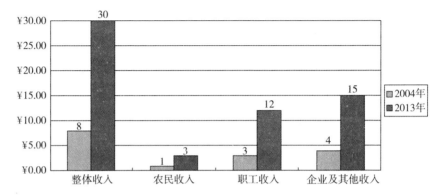

图3.1　坑西村农民收入变化调查

单位:万元。

资料来源:笔者自制。

第四章

村社自治视角下农村股份合作社的运作原则

第一节　农村经济股份合作社的开放性

组织的开放性是社会开放性的重要组成部分,随着社会开放程度日益提高,封闭的组织结构已经很难适应社会发展的需求,因此如何实现组织的开放性成为了学术界普遍关注的问题。目前,我国的很多组织尤其是农村经济组织仍然沿用传统的官僚制组织的运作模式,实行封闭式的管理。这种封闭性极大地抑制了组织的发展,在以后的漫长的时间里,人们一直在探索打破组织封闭性的方法。随着社会的发展以及人们认识程度的提高,一种关于实现组织开放性的探索正在进行,即股份合作组织改革。股份合作组织是一个相对开放的组织,正是由于股份合作组织的开放性,决定了它能够适应高度复杂和不确定的社会环境。

一、农村股份合作社的开放性表现

（一）股份合作社开放性的含义

组织的开放性是相对封闭性而言的。封闭性的组织实行的是一种与外部环境隔离的运作模式,不懂得随着环境的变化而进行调整。这种封闭性的组织管理相对来说会比较简单,但对组织的发展来说却是非常不利的。而开放性的组织则可以通过与外界环境之间的相互作用实现自身更好的生存与发展,可以不断适应环境的变化。

股份合作制组织的开放性指的是组织在运作过程中与外部环境之间进行的物质、能量以及信息的交换。在这种交换过程中,组织实现了自身的发展。股份合作制组织是股份制与合作制组织的有机结合,形成的一种劳动与联合的组织形式,既克服了合作制组织排斥外来资金流入的弊端,同时也克服了股份制组织过分强调利润,而将劳动者至于被动位置的不足,是对传统合作制和股份制组织的改造,实现了组织的开放。

在20世纪的组织理论中,有很多探讨组织与外部环境之间的关系的理论,其中以权变理论最具代表性。权变理论把组织看作是一个开放的系统,认为组织时时刻刻都处在各种外部环境的影响之中,组织没有办法选择自己的环境,因此只能尝试去适应环境。但是,权变理论并非针对于组织全体成员提出的,而是针对于组织的领导层,以期他们在对组织进行管理的时候可以持一种开放的心态,做出有利于组织发展的决定。这种开放性并不是真正的开放性,而只是一种半开放式的组织管理。股份合作制组织实行的开放式的管理和这种半开放性组织的管理存在很大的不同,它是以组织成员行为的自主性而实现的组织与环境之间的互动。相对于官僚制来说,股份合作制组织具有较高的自主性,实行自主经营、自负盈亏、民主管理。正是组织成员的自主性,才促使他们积极谋求自身的发展,在这种开放性的大环境下,他们必须也不得不实现组织的开放。

(二)股份合作开放性的表现

股份合作的开放性主要表现在以下三个方面:

一是股东资格的开放性。所为股东资格,也称之为股东地位,是组织出资者在组织内身份地位的一种象征。具有股东资格就可以享受权利,但同时也必须履行股东义务。在股份合作制组织中的股东资格开放性指企业股东不能仅仅局限于天然的社区成员,排斥外来人员入股,而是不论性别、种族、宗教、地域等的差异,所有符合条件的人都可以通过特定的程序办理股份认购,成为企业的股东,参与到企业的管理决策过程中。开放股东资格是组织吸收社会资金注入的重要方式,也是组织发展的重要推动力。为了充分实现股东资格的开放,培育企业外部资本投入的途径,组织应该从以下两个方面着手。一方面,要塑造良好的组织形象。良好的组织形象是决定组织能否吸引外部资本的重要因素,拥有更好的形象的组织,将会获得更多的合作的机会,外部人员更加愿意进入组织成为组织一员,从而增加组织社会资本存量。股份合作组织应该积极塑造一种合法手续、诚信生产、依法维权的良好的组织形象,吸引外部股东进入。另一方面,即增强组织能力,所谓组织能力指组织在实施战略活动中的所有的能力,能力越强的组织就有可能拥有更多的社会资本。对于股份合作制组织来说组织能力的最终目的在于发展村级集体经济,增强基层经济组织的服务功能,促进农业增效、农民增收。股份合作可以将分散的农民以及生产资料集中起来,让农民以集体的方式参与市场活动,使农民成为真正的市场主体。

二是股权交易的开放性。产权应包括动产、不动产、工业产权(专利,发明,商标等知识产权),具有占有、使用、收益和处置等一系列权利。而股权指因为出资到某企业成为该企业的股东而拥有的收益权和管理权,股权的资本性决定了股权的可交易性,即股东与他人协商,在双方达成一致的情况下,股东可以按照股权的经济价值将股权转让给他人,他人由此成为新的股东。股权的资本性与可转让性是市场经济发展的必然结果。首先,股权交易使得股权成为可以买卖的商品,可以通过市场机制实现定价,从而实现股权的自由流转。其次,股权交易使股东的利益与组织的利益有机结合起来。组织的少数服从多数的原则,可能会造成部分股东利益的损失,在这种情况股东可以通过股权交易,在不抽走资本的情况下,最大限度地保护自身利益,实现个人利益的最大化。最后,股权交易的开放性可以强化股东对组织的股权约束,即股东可以通过"用脚投票"的方式对组织产生约束,使得组织的运行与股东增值资本的愿望的方向相一致。

三是管理人员的开放性。在传统的农村经济组织中,为了保护组织的经营控制权,村民往往会在本社区内部选出组织管理者,而不是向现代企业那样从外部招聘职业经理人。这些组织的高级管理者基本上都是本地的自然居民,虽然在这些人不乏具有极高威望的当地能人,但是在激烈竞争和日益复杂的市场环境中,农村经济组织生活中的管理人员仅仅局限于本地区的人员不仅不合适而且也越来越难以适应现代经济发展的要求。管理人员开放性是组织开放性的一个重要方面,也是组织发展的重要的影响因素。组织的发展取决于决策的正确性,决策的正确与否直接关系到组织的生死存亡。从外部引进的管理人才一般都具有较高的管理素质,能够帮助组织做出正确的决策,促进组织的可持续发展。对于股份合作制组织来说,管理人员的开放性则意味着组织要抛弃那种只有自己人才好使的理念,吸引外部优秀的管理人员参与组织的管理。

二、农村股份合作社的开放性逻辑

(一)我国农村股份合作社的开放性现状

目前,我国农村股份合作制组织并未很好地实现开放,无论在股东资格、股权交易,还是在管理人员方面,仍然都具有相对封闭的特征。

首先,在股东资格方面,绝大多数的农村股份合作制组织并没有吸纳外部股东的机制,其股东仍然仅限于本社区的原有社员。以农村土地股份合作经济组织为例,针对不同的组织形式,股东资格遵循不同的标准(见表4.1)。在实践上,股东资格首先来自村民或社员资格,而村或社区以外的成员很难进入。这些由村民转变而来的股东,普遍存在风险意识以及自我发展意识薄弱的问题,将集体资产视为自己的私有财产,存在严重的排外心理,不愿意外部人员进入,由此造成股东资格封闭性的恶性循环。

表 4.1　农村土地股份合作经济组织股东资格界定标准

组织形式	界定标准
自营农地股份合作社	依据《中华人民共和国农民专业合作社法》对合作社成员的相关规定
他营农地股份合作社	是否享有土地承包经营权
社区股份合作社	是否是原集体经济组织成员
农地股份合作公司	是否享有土地承包经营权、是否投入资金和技术
社区股份合作公司	是否是原集体经济组织(社区)成员、是否投入资金和技术

资料来源:张毅等.农村土地股份合作经济组织股东资格界定问题研究·昆明理工大学学报(社会科学版),2015,3.

其次,在股权交易方面,还存在许多因素制约着股权流转机制形成。一方面,相关政策规定的制约。很多地方的农村股份合作社都明文规定股权不得转让和继承,政策制约的目的在于防止股东利益的流失。另一方面,股权价值的失衡。存在大量非经营性资产难以量化,从而使得股权的价值没有得到真正的体现。股权的封闭或不可转让会带来了一系列问题。首先,很难通过股权交易来促进资本充足,同时很难通过产权重组来实现资源优化配置。其次,强化了平均主义,影响管理层的积极性。同时,强化了"一人一票"的表决机制,影响决策收益的最大化。再次,限制了股份合作制组织的融资、扩股,影响组织的开放式发展。最后,强化了封闭管理模式,容易导致组织的短期行为。

调研案例——苏州大联村、温州江口村

苏州市吴江区大联村按照合作社的章程规定,入社农户的股权在入股协议期内可以继承,但不能转让、抵押,也不得退股。此外,合作社的股权管理在第二轮土地承包确权政策范围内实行静态管理,即"生不增、死不减"。由此可见,合作社的股权流动性较差,股权封闭性较强。这虽然可以避免频繁地调整股权,从而减少工作人员的工作量,但也会带来一些问题。如果合作社在入股协议期内运营较好,入社农户每年分红都能够达到一定的数额,那么像这种静态的股权管理势必会造成一些农户与农户之间、农户与合作社之

间的矛盾产生。

温州市龙港镇江口村实行集体资产折股量化到个人的分配方式,固化管理的同时引发村民矛盾,如一些农户家庭人员较多,分的股份多,农嫁女减股份。同时江口村此次股份经济合作制改革规定,农民拿到的股权不得抵押、退出,只能继承、享受股份分红。这一做法虽然避免了让集体经济组织以外的人来分享本组织的集体资产经营所得,但也不利于资源优化配置。股权流转的不规范,不仅影响股东参与积极性和集体经济收益最大化,而且过分分红也使集体经济滞后发展。

为此,一些地方政府陆续出台了相关政策文件,加强农村股份合作社的股权交易管理,引导股权流转。例如,浙江省海盐县于 2015 年 5 月出台了《海盐县农村集体资产股权交易管理办法(试行)》,明确规定了股权转让包括继承、赠与、转让三种流转方式,并对股权转让的形式、条件和程序进行了详细规定(见表 4.2)。这些规定的陆续出台,使股权交易有规可循,为将来股权交易的发展奠定了基础。

表 4.2　海盐县农村集体资产股权转让相关规定

项目	相关规定
转让形式	1. 拍卖 2. 招标 3. 公开协商 4. 国家法律、法规规定的其他方式
转让条件	出让方条件: 1. 持有合法的农村集体资产股权; 2. 有自愿将农村集体资产股权交易意愿; 3. 所持有的农村集体资产股权权属明晰; 4. 符合所属农村集体经济组织章程规定。 受让方条件: 1. 须是本县域范围内各农村集体经济组织成员; 2. 承认并遵守股权所属农村集体经济组织章程; 3. 有自愿受让农村集体资产股权意愿; 4. 受让后在同一股份经济合作社内所有的股权份额在 5% 以内。
转让程序	1. 出让方向所属股份经济合作社提出书面申请; 2. 股份经济合作社根据章程等规定做出是否同意转让的决定; 3. 出让方向镇分中心提交出让申请书及相关材料; 4. 镇分中心将相关资料送镇(街道)集体资产管理部门进行审查; 5. 镇分中心在县农村产权交易平台发布农村集体资产股权交易公告; 6. 有受让意向者在挂牌期间递交受让申请及相关文件; 7. 股份经济合作社对意向受让方进行资格审查,并提交镇分中心进行审核; 8. 确定受让方后,转让双方签订相关合同,办理公证手续和成交价款结算; 9. 转让双方办理股权变更手续,并报镇(街道)集体资产管理部门和镇分中心备案。

注:采取拍卖方式出让的,按照《中华人民共和国拍卖法》及有关规定组织实施;采取招

标方式出让的,按照国家有关规定组织实施。

资料来源:根据海盐县人民政府办公室发布的《海盐县农村集体资产股权交易管理办法(试行)》(2015年5月21日)整理。

最后,在管理人员方面,农村股份合作社的管理人员大多数都是由村干部担任,在安排新增职工时,优先安排本社区内部的成员的子弟。这种组织管理人员产生方式,并非是以候选人的能力作为依据的,而更多是以传统的人情关系来考量。通过这种方式产生的组织管理人员,很容易做出错误的决定,由于缺乏科学的组织管理知识,威胁组织的生存与进一步发展。

总的来说,目前我国农村股份合作制组织开放性仍然较差。一方面,缺乏向社会成员公开募集资金的机制,同时规定持股人只限于本社区内的成员。另一方面,出于对于自身利益的保护,组织成员往往会选择从组织内部推举出管理人员,排斥外部优秀管理人员的进入。股权的封闭,不利于组织从外部吸引资金,影响到组织的扩大;管理人员的内部产生机制造成组织人才匮乏的现状,严重阻碍了股份合作制组织的生存和发展。

(二)原因分析

从产权经济学的角度来说,"产权是所有制的核心和主要内容"①。对于市场经济来说,产权的意义则是在于为市场建立起了具有排他性和流动产权的、有效率的市场主体。这样的市场主体是市场经济的基础,市场经济是在这样的市场主体的基础上建立起来的。因此,农村社区股份合作社应建立在明晰产权的基础之上的。然而直到现在,农村股份合作制组织仍然没有克服产权不清的弊端,并且这一弊端成为农村集体经济改革所面临的最大问题之一。

调研案例——余姚南庙村

浙江省余姚市梨洲街道南庙村在长期发展过程经济和环境相对比较落后,在20世纪90年代之后才发展起来,但是很多还是以传统的农业经济为主,还没有真正跟上新农村的建设。村办企业也刚刚兴起,规模不大,经济发展难以壮大。集体企业在资产方面要保持企业的"集体性",在机制上阻碍了社会资本流入。关于集体经济改革过程中面临的问题,通过对南庙村调查发现,62.07%的人认为该村集体经济改革过程中集体产权不清晰的问题(见表

---

① 参见《中共中央关于完善社会主义市场经济体制若干问题的决定》。

4.3）。

表4.3　南庙村集体经济改革过程中面临的问题调查

选项	小计	比例(%)
A. 产权不清晰	54	62.07
B. 集体经济改制模式缺乏针对性	47	54.02
C. 改制后股份制企业发展定位不合理	28	32.18
D. 集体资产折股量化方式单一	21	24.13

注:本次问卷调查主要通过对南庙村常住居民和居委会的干部进行随机调查,问卷一共发放了100份,收回87份,调查的问题为:你认为目前南庙村集体经济改革过程中面临哪些问题(多选)。

资料来源:笔者自制。

具体来说,农村股份合作社产权不清晰的问题主要表现在以下三个方面:

第一,集体股仍然没有退出历史舞台,集体股由全体社员共有,收益有全体社员共享的股份,一般是由村委会成员进行管理的。在现实的管理过程中,经常会出现村委会成员为了一己私利而损害社员利益的情形。据调查,目前在我国实行股份合作制组织的地方中仍然有很大一部分设置集体股,而且比例还很高。集体股的设置使得既得利益团体打着"实现集体经济最大化"的口号,堂而皇之地进行行政干预。尤其是组织分配方案、经营理念等重大的决策都是由村干部说了算。干部的利润分配机制不公开,各种提留比例很大,同时行政开支不够透明,这实际上就相当于庞大的隐性集体股分红。

第二,个人股产权缺失。集体股的庞大,相对应的就是个人股份产权的缺失。在组织内部个人只拥有参与分红的权利,不能自由支配个人股权,不能买卖、转让、抵押产权。所有权的缺失,再加上产权不能够流转,导致了社区成员不愿意离开组织。因为一旦离开,就意味着个人权利的丧失。形成社区封闭现象,严重的影响了社区劳动力向外部流动以及合理的社会分工的发展。

第三,股东个人行使产权困难。在股份合作制组织中,股东形式个人产权的重要方式就是参加股东大会,参与组织重大决策过程。为了确保股东产权的实现,绝大多数的股份合作制组织都引入现代企业的治理模式,成立了股东大会。但是,在实际的运作过程中,股东大会的作用并没有得到很好地发挥,形同虚设。很多地区仍然存在着领导者一个人说了算的情况,很少召开股东大会,听取股东意见。及时事召开股东大会，也基本上只是一个形式，股东大会已经演变成了一种领导报告的形式，普通股东并不能很好地实现自己的权利，无法参与组织的重大决策。可以预见的是，作为普通股东的村民即使是参加股东代表大会都无法表达自己的想法，长此以往必然会影响到村民出席股东大会的积极性。普通股东的权利的得不到体现，使得他们感觉自己手中的股权只是一种"虚权"。

此外，造成股份合作开放性缺失的另一个重要原因在于浓厚的社区福利主义。农村社区股份合作社通过将股权量化来落实产权，并且根据产权进行分红。由于受到传统的平均主义的思维定式的影响，只要是社区内的"天然"成员，都会分配到一定数量的量化的股权，股权分配实质上是考虑社区福利的人人所有。同时在股权分配过程中还存在一种"肥水不流外人田"的思想，股权分配只局限于本社区居民，排斥外来人员入股，形成股权的封闭性。为了适应动态性的要求，农村股份合作社会定期举行股份调整，但是这种调整是十分滞后的，同时也是十分劳民伤财的。要实现股份合作组织的开放，必须要克服创痛的社区福利主义的弊端。

三、农村股份合作社的开放性途径

结合农村股份合作发展的现状与问题，以及农村社区的实现情况，我们认为应从以下三个途径提升农村股份合作的开放性。

（一）设置募集股

农村股份合作制一个突出的特点就是股劳统一，但是股权凝固不利于资本流动，与市场配置资源的基础性作用相矛盾，也不符合现代农村社区流动人口和外来常驻人口参与股份合作治理的现实，必须对其进行改革，从而适应开放的村社民主自治的需要。改革过程中应该逐渐取消合作股，改成募集股，尤其是对新增人口一律采用募集股的方式，不再以"天赋股权"的方式分配股权，而是通过有偿的方式获得股东资格，打破地区福利主义。募集股的适当设置和有效参与，可以有效吸收外部资金，谋求合作社的开放式发展，提高合作社的竞争力和创新力。在开放和自治的社区中，当社员抗风险能力、自我管理能力和追求高收益的意愿较强时，可以现有基础上向外募集股份，从而引入外部的生产要素和竞争机制，吸收更多外来人口加入社区自治，符合现代农村社区发展的现实需要。其使股份合作社真正和市场和大社会结合，在市场机制中发展和完善，提高自身的生命力和创造力。增强股东的风险意识，减少抑或消除股份合作社的福利性。最为如此也有利于管理者利用市场的手段建设"村—社"自治的管理模式，促进行政管理者正确厘清政府和与市场的边界,准确认识公共权利和私人权利的边界。从目前来看,很多地方的农村股份合作社没有建立募集股设置相关规定,即使建立,其比例也相对较低。例如,深圳市宝安区对于股份合作经济组织设置募集股的比例规定是不得超过股份合作经济组织股份的20%,其中个人认购募集股不得超过股份合作经济组织总股份的2%(见表4.4)。

表4.4　深圳市宝安区农村股份合作经济组织募集股设置规定

项目	相关规定
设置程序	经股东代表大会通过
设置限额	不得超过股份合作经济组织股份的20%,其中个人认购募集股不得超过股份合作经济组织总股份的2%

资料来源:《深圳市宝安区农村股份合作制暂行规定》(2001年6月28日)

(二)允许股权流转

股份合作组织要想成为产权明晰,权责明确的市场主体,必须建立起"流转畅通、保护严格"的现代产权制度,要实现"流转顺畅"这一目标,就必须建立起股权流转机制。股权流转,是产权所有者实现收益的重要方式。从另一个角度来看,可流转的股权有助于提高所有者对股权增值的期望,从而提高对集体经济组织监督与激励的积极性。同时,股权流转还是所有者重要的表态方式,社区成员可以自由选择认购自己认为最有发展空间的股权,通过这种"用脚投票"的方式影响流转的价格,从而在民主自治的基础上真实反映出集体经济组织的经营绩效。从经济效益的角度来说,股权流转可以有效地促进生产要素的优化配置。

进行股权流动性的探索,首先要鼓励股权在组织内部流通,在股份合作制组织内部,允许社员在办理相关手续之后实现股权的继承;经过股东大会讨论通过之后,实现股权的转让、买卖、赠送和抵押。同时必须要制定规范的股权流转办法:重点是要健全股权有偿转让程序、股权委托代理程序、股权继承程序、股权赠予程序等,尤其是要明确股权的转让条件,转让范围,转让后的权益与义务,对股东委托股份经济合作社转让股权的,应张榜公告,实行公开竞购,同时研究制定必须经股东代表大会讨论决定的股权管理办法,规范股权管理。

(三)构建公司治理框架

公司治理指的是公司组织内部以及公司组织与外部环境之间联系与发展的一系列的权力制度安排。在组织内部,这种制度安排主要表现为基于所有权和经营权分离的基础上的委托代理关系。所谓委托代理关系指的是在市场交易过程中由于信息的不对称,处于劣势地位的委托方和处于优势地位的代理方之间相互博弈形成的合同法律关系。① 不从事经营的生产要素所有者把自己的生产要素委托给经营能力和风险态度上具有优势的专业人员经营,前者为委托人,而后者则成为代理人。委托代理关系的目的在于通过设计一种机制或契约,为代理人提供一种刺激或动力,使他们向着有利于委托人的方向奋斗。

强调村社自治权力和能力并不意味着封闭和保守,因而需要摒弃我国传统的股份合作制组织实行聘请"自己人"来进行组织治理的思想,合作社适应现代市场发展需要是提高自治能力的表现。当委托人用"自己人"治理合作社所带来的净收益与聘请代理人所带来的净收益相同的时候,合作社就有必要推行代理人的治理方式,随着股份合作社组织规模的扩大,委托人的能力越来越不能满足组织健康发展的需求,实施代理人治理的需求就会更加迫切。股份合作制组织的委托代理关系体现在两个方面,即股东和理事会的委托代理关系,以及理事会和经理人员的委托代理关系。在股份合作制组织中从外部聘请代理人员对于打破原有组织的封闭性、提高自治水平具有十分重要的作用,也有利于解决管理者和经营者之间的矛盾,表现在治理上有助于弱化"一人一票"和"一股一票"之间关于公平性的矛盾。

第二节　农村经济股份合作社的公平性

一、农村股份合作社的公平性含义

(一)农村股份合作社公平性的基本含义

公平性是在特定社会价值观下关于公平的观念和标准,用来对人和人之间利益关系进行调整。公平具有实质意义与形式意义两种相辅相成的内涵,公平实质上是各组织成员做出来的主观价值判断,内容是关于各类事务的运转与处理是否合理。公平问题比较复杂的原因有很多,其中之一在于不同的个人或群体面对同一件事,或许会做出不同甚至完全相反的价值判断,然而组织里每个成员都具备

---

① 傅晨. 农村社区型股份合作制的治理结构——一个交易费用经济学的透视[J]. 农业经济问题,1999(6).

一种大多数人比较倾向认可的"主流公平观"。公平性相关内容包括关于团体组织中各类事务的运转与处理,如何对其成员共有资源进行分配,体现在建立的有关制度中和制定实施的各项政策中。

股份合作的公平性,是指在设计股份合作完成后,其运行过程与结果符合农村股份合作社中"主流公平观"的程度,即股份合作能够符合合作社成员关于公平处理公共事务和公平分配共有资源的期望。股份合作社对共有资源的分配以保持合作社基本性质为前提,保证农民的主体地位,以增加农民收入为目标,引入股份制的合理成分,对农村集体经济组织的经营性集体资产折资,农民通过劳务收入、资金、技术、设施和农村"三权"等生产要素量化入股,并在此基础上建立起集体资产股份合作经营新型经济组织。这个新兴组织产权明晰、分配公平、管理民主、治理结构完善的,具有出资多元化、要素股份化、经营产业化、运作市场化等主要特征,并建立起配套产权机制①。一般来说,不同村社的股份合作社在方式、功能、对象等各方面往往都是不同的,同时调动和分配其共有资源的方式也存在一定的差异性,因此不能一概而论。然而,从股份合作社制度所呈现出的复杂表象中仍能找到其公平性的关键,即合作社成员地位、应有权利和应承担的责任等维度来探讨股份合作公平性的问题。

(二)农村股份合作社公平性的价值目标

股份合作社是在传统合作社基础上发展起来的。它吸收了股份制中的合理因素,是结合合作制而形成的一种现代企业制度。从理论上讲,每个合作社成员在其所在合作社中所享有的权利应该是根据其折资后所享有的股份权而进行公平分配的。事实上,几乎没有股份合作能做到使成员享有完全公平的待遇。但是,这并不意味着股份合作社不公平。农村合作社作为具有经济性和社会性的组织,是村民自发形成、由村民们共有并实行民主管理,具有满足其成员共同的社会需求与经济需求的价值特征。农村股份合作公平性主要包括以下三个层次的价值目标:

股份合作公平的首要价值目标是落实每个成员所处的地位,也就是财产和投资的主体地位。通过把一切属于原农村集体经济组织的经营性资产包括实物和货币,依法按价值明晰量化给属于此组织的成员个人,从而明确落实农民作为集体所有资产主体的身份,并使其可通过股权这一形式,"从价值形态上对集体资产

---

① 黄延信,余葵,王刚,陈瑜. 股份合作社:农村经营体制创新的有效载体——重庆市发展农村新型股份合作社调查[J]. 中国农民合作社,2013(7).

拥有认定和流转的份额"①，"彻底改变'人人所有，人人无份'的集体资产所有权虚置状态，从制度和法律层面保障农民在财产和投资两大方面的主体地位。"②

第二个价值目标是保障每个成员的基本权利。要达到这个价值目标就必须做到产权较明晰，每个合作社成员都应该获取其应得所有权、控制权和剩余索取权③。合作社不能因为成员迁徙而剥夺其所拥有的应得权益，不能因为村社合并而简单对集体资产进行合并或平调。股份合作公平制度在满足这类最基本需求上应承担强制性的责任，股份合作公平若不能满足这类基本需求则会被认为是不公平的。然而，满足这一需求股份合作社只是承担关于公平性原则的最基本责任，只是达到"公平底线"而已，并非承担了全部责任或到达了全面公平。

第三个价值目标是推动农民收入的增加、维护农村社会治安稳定。同传统农村集体经济组织进行对比，农村股份合作社有着诸多制度绩效：根据农村合作社的不同特点，鼓励农民大胆创新，推进农村民主制度建设；按照市场经济规律优化资源配置，发挥了合作社的经济组织功能，同时也提升了农村双层经营体制中的社会化服务功能，促进了农村基本经营制度建设；将分散性农民组织起来能够加大抗御市场风险的能力，推动农民收入的增加和集体资产保值增值④。经济合作社引导农民走合作联合之路，带动了更多的村民开展乡村精神和物质文明建设，以民办、民营、民受益为原则来共谋发展，建设家园，实现共同富裕⑤。

二、农村股份合作社的公平性关联

（一）平等性的含义

关于平等的含义，历来都充满争议。在传统学术中，公平被普遍总结为"机会平等"和"结果平等"两类。"机会平等"即"出身、民族、肤色、信仰、性别或任何其他无关的特性都不决定对一个人开放的机会，只有他的才能决定他所得到的机会"，此观点被当今社会所普遍认可的。但在实际情况中，将机会平等视作完全平

---

①　盖国强．新阶段农村土地制度改革目标是建立现代土地制度[J]．山东农业大学学报（社会科学版），2004（2）．

②　田代贵，陈悦．农村新型股份合作社改革的总体框架：一个直辖市例证[J]．改革，2012（7）．

③　刘勇．农民专业合作社法律属性的经济学分析[J]．华南农业大学学报（社会科学版），2011（1）．

④　孔有利，刘华周．农村社区股份经济合作社产权分析——以江苏省村级集体经济组织股份合作化为例[J]．中国农学通报，2010（23）．

⑤　姜勤．推进农村"三大合作"促进农民增收[J]．新农村，2012（10）．

等并不现实且此认知存在相当大的错误性。所以"机会平等"包括两层含义:第一个是共享机会,即整体上各社会成员应拥有的基本发展机会应基本但并不完全相同。第二个是差别机会,也就是各社会成员拥有的发展机会应存在不同程度差别而不是完全等同。"结果平等"即对所有分配实行收入均等。学术界部分专家认为结果平等应把社会上所有财富、荣誉、地位、权利等在社会成员之间进行完全均等的分配,各社会成员的利益分配应当完全等同。①

股权平等是经济学上的专业术语,指的是股东基于自己的出资(出资额或者股份)为基础而享有平等待遇的原则。合作社运转过程中,若成员出资性质和出资数额一样,理应被平等对待。股权在内容上的差异性与成员股权平等并不相互矛盾,各成员按自己所上交出资额或所持有根据资产折算出来的股份数额,享有相应权利并承担相应责任,各成员所享有权利大小、承担责任的轻重同他出资或所持股份数额相关。出资多、所持股份数额大,其享有权力也就相对较大,承担责任也相对较重;出资少、所持股份数额小,其享有权利也就相对较小,承担责任也相对较轻。

(二)公平性与平等性的关系

公平性与平等性均划分到价值观范畴内,却又分别为不同价值观:从其各自侧重点来看,平等侧重于"同",而公平更侧重于"异"。公平的基础是认同差异性的存在,因而能得出所谓公平就是一种合理性差异这样一个结论,而平等则采用同一尺度进行衡量,两者就形成强烈的反差。除此之外,二者在内容上可以相互矛盾,比如说结果平等可以被视作是不公。

具体来说,公平与平等的区别主要体现在以下四个方面:一是在概念上,公平属于一种规范性概念,是指人们关于利益分配的主观性感受与评价,是从价值观上基于自身利益与需求为标准来评判一定社会关系与事实;平等则是一个描述性的概念,是指人们基于既定的社会事实和社会关系来进行客观性描述,主要包括人们在权利与利益的分配上、在拥有的社会地位上等方面所达到的程度上的相同状态。二是在内容上,"公平和平等都包括经济方面、政治方面和社会方面三大块的内容,故二者在内容上有着紧密联系,也有着相互交叉之处,如柏格森所言:'公正总是引起平等、均衡、补偿的观念'"。② 三是在标准上,衡量公平的具体标准是

① 王瑞恒,李如霞. 简论中国语境下的机会平等与结果平等[J]. 辽宁师范大学学报(社会科学版),2010(1).

② 赵磊. 公平与平等、效率问题新论[J]. 当代经济科学,1990(1).

相对的,具有很强的时代性和阶级性的条件性特征,而以"均一""等同"为标准的平等则是无条件的,是绝对的公平,不受时代、阶级等现实和历史条件的限制。平等通常被视为最彻底的公平,也为公平的理想境界,但是,现实中平等与公平总是有差距。对于这种客观存在的平等问题、公平问题,不同时代和阶级都会有不同的判断。四是在研究上,由于平等的程度可以量化,所以我们可以从事实证性研究;但由于公平问题是一种主观感受,所以对于公平问题只能从事规范性研究。公平具有相对性、条件性和主观性,所以对公平的理解随着外在客观条件的变化我们的主观评价也会有着相应变化。

公平涉及层面更广泛,包括社会规范、规则、主要制度等多个层面,而平等则只是这众多领域当中的某一样属性。公平和平等既相互区别又相互联系,但公平又以平等为基础,平等推动公平。没有绝对的公平,公平是动态的平等,这就是说依据自己的价值偏好和利益需求每个人都可以有着自己的公平观。同样,每一个组织或社团也可以有着自己的公平观,其通过制定政策来表达其公平性原则。然而,二者有着根本区别。个体坚持的公平不应该强加他人,而组织或社团制定的有关公平的政策则具有强制性和普遍性,对于其主张的公平性原则是通过强行让成员遵守现行利益分配方式来实现。因此,"'组织政策能否体现平等的理想''政策是否具有公平性''政策是否能够保证实现公平'这一系列问题同各位组织成员的根本利益息息相关"。①

三、农村股份合作社的公平性表现

(一)融资的公平性

为了提高农村股份合作社内部资本积累能力,应鼓励在传统合作社基础上进行开发②,现代股份制在配置生产要素与提升生产效率上相对传统合作社体现出优越性,应汲取各方面的有利因素。现代农业发展迅速,股份合作社模式不仅适应了其快速发展,同时对于影响合作社顺利发展的内在缺陷进行了有效创新与改革,它大大地加强了合作社的经济实力和生产力,也有效地改善了合作社的经营和管理③。

---

①　赵磊. 公平与平等、效率问题新论[J]. 当代经济科学,1990(1).

②　陈肖旭. 新型农村合作社民主制度发展相关问题思考[J]. 福建师大福清分校学报,2007(1).

③　逄玉静,任大鹏. 欧美农业合作社的演进及其对我国农业合作社发展的启示[J]. 经济问题,2005(12).

融资就是融通资金,广义上来说是筹集和运用资金,狭义上来说是筹集资金的动态性行为与完整性过程①,也就是由供给者向需求者提供资金具有双向性和互动性特征的这样一个过程。在农村股份合作社中,融资具有风险性、扶助性、营利性这样一些特征,其重要作用是扩大农村股份合作社规模,更好地满足合作社成员及市场需求。

农村股份合作社融资总的来说有下列方式。

一是股金。首先,合作社先进行一系列调查分析,来对最优经济规模和合作资金需求进行评估,以保障合作社的顺利运转具有最大强度的可行性,然后以经营规模为依据评估合作社投资规模,再以此估算出总股本和可接纳的合作社成员人数,合作社成员按照股金筹集机制交纳股金作为身份股,来确定他们的产品交易的权限。交易份额制的运行使合作社成员按照他们的交货量来购买相应的股金,体现了交易上的公平性。当合作社进行分配利润时,是以其成员农产品交易量为根据。成交量和成员出资额紧紧联系在一起,因而成交完成后,按照其成员股份来分配这次交易的盈余。这个机制把利润分配和投资资本结合在一起,同时实现了按劳分配和按资本分配。所以,从某种程度上来说,实现合作社利益分配机制应该基于生产交易所产生利润,并同按股份相结合。

二是政府提供的财政扶持资金。中央和地方各级财政部门为了支持促进农村股份合作社快速发展,都拨给了财政扶持资金。政府开支每年都已预留经费给合作社,用来作为培训合作社成员在从事加工业务方面补贴,或者给予合作社相关的扣税优惠。为新建设起的农民专业合作社顺利发展壮大提供专项扶持,同时提供优惠给那些规模效益好、带动现代农业建设,并且促进农民增收能力强的重点农民专业合作经济组织。

三是贷款。主要从农村信用社和农业银行进行贷款,这对于引导农村股份合作社真正走市场化和商品化具有重要推动作用。但在实践中,股东贷款的程序较为复杂,并且部分金融机构不认可农村股份合作社的股权质押。例如,舟山市农林与渔农村委员会规定:"在股东向金融机构申请质押贷款,必须经股权证所载明的全部股东签名确认(单个股东依法允许质押除外),并经董事会同意。"②

(二)收益的公平性

一般而言,合作社内各成员应按照其所持资源获得相对应的收益。

---

① 王永健,任雪凤. 对中小企业融资问题的探析[J]. 经济研究导刊,2014(7).

② 舟山市农林与渔农村委员会. 舟山市渔农村股份经济合作社股权管理办法. 2015 - 04 -
28.

　　首先,将资源按照社会资本、资金、土地、劳动力等分类,然后以资源禀赋为依据将合作社成员划分为四大类型:第一,资金与土地持有量较大者,如合作社理事长;第二,资金、土地与劳动力持有量较大者,如生产和销售双重身份的大户;第三,单纯资金持有量较大者,如大部分合作社农民(少数成员是大金额入股的纯粹出资者);第四,土地与劳动力或只是这一单类资源持有量较大者,主要由种植大户、不参与生产的山林承包大户与长工构成①。

　　其次,合作社针对以上类型划分出来下列六种合作方式,并建立相应利益分配机制来保证其收益公平性:一是社会资本持有量较大成员通过化解融资和销售方面困难,扩大资金收益并提升社会形象这几种方式来参与合作;二是资金类持有量较大者则采取资金入股并按股分红的合作方式;三是土地持有量较大者采用林地托管收益按比分成的合作方式;四是土地与劳动力持有量均较大者采用根据实际需要提供生产,利益按比分成、代销或优价买断的合作方式;主要提供劳动力的成员,以按劳计酬的合作方式进行;共有集体财产按照合作社成员人数进行平均分配②。

调研案例——富阳坑西村

　　通过对浙江省富阳市高桥镇坑西村调查发现,坑西村在股份合作制的运作过程中就存在着分红不公平的问题,只要是资产份额及其收益分配的平均主义仍然普遍存在。由于缺乏对政策的引导,该村股份合作经济的资产及其收益分配大都以户籍的为主。不管一户人家的人数是三代同堂还是只有父母与一个子女,在分红的时候都是按照每户人家平均多少来分。这导致了入股股民的不公平。例如,一户人家4个人每人都有土地入股,一户人家只有3位成员土地入股,按理说4人家庭要比3人家庭得到的分红多,但在实际情况中,分红的时候按户籍来分,4人家庭与3人家庭得到的分红一样多。虽然这样的不公平是显而易见的,也有股民表示不满,但还是没有实现按人头分配利益的政策。并且在现在的农村中大多为父母与孩子的3人家庭,大户人家存在的数量是极少的,因此大部分的人都支持按户籍分红。全村共有380户家庭,入股的家庭在350户左右,而同意按户籍分配的家庭高达73%左右,

① 刘自敏.股份合作社控制权分配研究——基于双(多)边专用性投资的视角.新疆:中国农业经济学会,2013.
② 孔祥智,何安华.资源禀赋差异与合作利益分配——辽宁省农民专业合作社案例分析[J].中国合作经济评论,2011(4).

支持按人头分配的只有20%左右,剩下的7%则表示无所谓的态度。

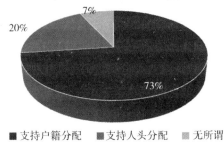

图4.1　富阳市坑西村支持按照不同资源分配占比

资料来源:坑西村委会。

(三)机制的公平性

首先,股份合作社同股份制存在较多不同之处。后者以股权为基础,股东所持股份额度与股东决策权直接挂钩。但股份合作社将劳动和资本同等重视,集资从内容上来看具备多样化特征,包括资金、劳动、技术等各方面的合作。多数股份合作社对外来(非农)投资者的决策权力采取一定限制措施,以保证本村参股农民利益。

其次,股份合作社同普通合作社存在较多不同之处。后者将资金和技术作为重点合作基础,组织具有松散性特征。股份合作社是不同成员将实物(如三权等)折算为资金后或直接以资金参股加入合作社运行管理,组织具有紧密性特征。股份合作社在生产经营目标、管理结构、股权流动、分配制度各方面都同传统意义上的普通合作社相互区别。

最后,股份合作社同股份合作企业存在较多不同之处。将股份合作方式进行分类,有劳资合一与劳资联合两种类型。但是如果以运营现实情况为出发点,因为工业投资转移更为容易,流动性也较强,因此劳资联合占据着更大比例;但农业投资具有专用性和长期性这样一些特征,使得农村股份合作社中劳资合一占据着更大比例,所以更强调"利益共享",因此使得股份合作社同股份制企业在决策方式、股份流动、盈利模式上相互区别①。

---

① 刘自敏.新型股份合作社逐渐兴起[J].中国集体经济,2013(20).

四、农村股份合作社的公平性途径

我国传统合作社由成员自愿联合而形成，进行民主管理，具有互助性经济联合这样一些特征，其集资具有封闭性，已经难以适应农村发展需要和满足外部经济市场需求，恰恰是这种封闭性导致了许多不公平现象。因此，我们应该将合作社往"出资多元化、要素股份化、发展规模化、生产标准化、经营产业化、管理规范化、运作市场化"①的方向发展以提高其可选择性。所以要逐渐进行政策和制度上的改革，逐步建立起完善的可选择性政策机制。现代农村股份合作社是吸收股份制要素配置和效率优势的经济组织。其最大的特点是在确保农民占主体地位的条件下，使股份来源和融入方式逐步多样化，从而增加了股份合作社的工作弹性和可选择性。农村股份合作社可以吸收来自不同层面的投资者入股，包括龙头企业、农技部门、供销社、运销企业、生产大户等，这些组织或个人根据自身优势资源成为成员，从一定意义上来说这些不同类别的资源具有专用性投资性价值，如龙头企业以人力资源、资金和设备等进入合作社；农技部门以专利、技术等进入合作社；供销社以资金或品牌等资源进入合作社。①

（一）建立基层弱势群体补偿的政策机制

合作社是在社会性资源分配和市场交易中由弱势群体所形成的特殊社会群体②，虽然以经济组织形式发展具有成本效率上的优势，然而同资本控制型企业相比，资本与人数都从规模上存在相当大的限制性，而且万一数目超过其承受限度，合作社就会解体或者异化。

建立农民合作社，大部分依赖政府的支持，通过国家给予政策援助，将很多地方的年终考核和政绩相结合，致使合作社出现了"先发展，后规范"这样一种局面，因此，合作社数量剧增但很难符合规范性③。为实现加速发展合作社的目标，许多地方政府引入龙头企业与精英等机制，产生了一批大型合作社，导致少数人占用合作社利益的局面；同时，主张以联盟这一形式来加强个别合作社自身能力。这些现实情况，可以结合上述模型和命题结论得出以下政策建议：首先，现实表明合作社走"先发展，后规范"这样一条道路，规模大小与同类资本企业存在较大差

①　刘自敏,杨丹. 基于成员异质性的农民股份合作社收益分配研究—双边专用性投资的视角[J]. 南京农业大学学报,2014(1).

②　沈阳华. 关于弱势群体的问题研究[J]. 价值工程,2014(9).

③　张伟兵. 走向小农户联合的农民专业合作社:可能与可为——立足粮食生产的一个新思考[J]. 中州学刊,2014(4).

距,难以突破规范合作社规模①。根据管理学"木桶理论"与系统功能理论,这类合作社是短板,要引导其做出良好规范,就能健康发展,合作社也能发挥效率优势。所以合作社规范化问题要得到重视,可以学习模范合作社,在自愿基础上,在一定时间限制内,保留与否要取舍得当,违规或低于规范最基本要求的行为,不给予财政支持。其次,因为合作社机制吸收了资本公司少量运行原理,因此引进异化合作社为案例分析是否必要,这样建立起来的合作社由于它拥有较强的资本实力而变得比较容易,发展的速度和效率均较好,但由于其资本公司本身的扩张性,发展到一定阶段,就如同多数资本公司,大多数成员出现利益被少数人占领,还可能会形成市场垄断。内部那些同规范性相差较大的合作社同样具有扩张性,如果不加强行政干预,也难以形成垄断并很难拥有参与同异化合作社竞争的实力。所以,针对那些处于异化早期阶段的合作社应提供财政支持,应该把符合广大合作社成员的利益作为衡量他们发展是否健康的标尺,可以建立相应制度来限制妨碍合作社健康发展和不符合标准规格的合作社。

最后,以联盟的形式能够打破单一的合作社自身固有的缺陷,所以政府应该加强指导。联盟原则可以划分成两种类型,一是基于规范合作社,以规范性为原则,由单个合作社按照联盟的形式合并为一个规范型合作社;二是基于资本,由单个合作社按照联盟这种形式合并为一个资本控制型合作社。第一种与单个合作联盟的内部机制是没有本质区别,它是有限的规模扩大。第二种把单个合作社的公平性同扩张资本相结合,由于小农经济自身存在高度分散性缺陷,这种做在资金规模上解决了交易成本高昂这一难题,那么后者应该是更好的来取代合作社异化的方式,被称作非均质性联盟。这两种以联盟的形式政府可鼓励,非均质性联盟的形式将成为未来发展的主要途径。

因此,应大力加强弱势群体补偿工作,积累经验,建纲立制,推进"弱势补偿"政策的规范化与法制化。

(二)建立决策活动中各方利益平衡和监督机制

为了保证实现股份合作的公平性,保证最大多数合作社成员的利益要求,并在实践中及时全面地反映在相关政策活动中,就必须不断推进合作社管理的民主化、规范化、法制化,尤其是决策活动、决策程序的民主化、制度化。只有管理民主和规范才能保证合作社大部分成员的需求与利益得以及时在政策实践中表达。合作社决策的通过民主参与,集体选择,从而可以最大限度地平衡、整合各种不同

---

① 杨少文,熊启泉,陈伟. 农民专业合作社规模的经济学分析[J]. 华东经济管理,2013(9).

利益要求,有效的形成一种各方利益平衡机制,以实现合作社最大多数人的合作公平。另外,这样的利益平衡机制也是建立和谐社会重要组成部分,构成农村社区和合作社的"安全阈",能够形成一种不公平的制度制约,最大限度防止不公平的政策活动的产生。

在解决决策、程序公平之后,能否实现最后的公平还需在执行上做到实施高效、监管有力。腐败和特权是导致合作社不公平的主要因素。合作社政策活动必须在改革和完善执行中的权力清单和责任清单制度的基础上加强合作社法制监督机制建设,坚决实施依法治社;由于传统的农村社会的法制建设相对薄弱,农村社会裙带关系网复杂,建立健全体制内外监督机制,来防止合作社经营管理者的侵权夺利腐败堕化,确保障其运作过程中和结果的公平性。

第三节　农村股份经济合作社的公有性

一、农村股份合作社的公有性含义

（一）公有性与公有制

公有制是生产资料归劳动者共同所有的所有制形式,生产力决定生产关系,特定的生产力决定特定的生产关系,而所有制关系是生产关系的组成部分,也就是说社会主义生产力决定了公有制关系,即公有制是与一定的社会主义生产力发展水平相适应的所有制形式。马克思主义对社会主义制度的基本设想前提便是实行公有制,劳动者掌握着整个社会的生产资料,并且实行按劳分配,从而能够保证社会的公平,消灭剥削,这也是社会主义制度与资本主义制度之间的根本区别。历史上曾经出现过两种公有制形式,一种是原始的公有制形式,这种形式是建立在生产力水平极其低下的社会环境中,只是在形式上具有公有制的特点,但是随着新的生产工具的出现,便让位于私有制,另外一种公有制是建立在社会主义现代化大生产的基础上的公有制。"实行公有制的目标主要在于:促进生产力发展;劳动者占有生产资料,保证劳动者当家作主的权利;消除剥削,实现社会公平分配。"①

---

① 贾后明. 论公有制目标与实现形式的矛盾与统一——兼论股份制的公有性[J]. 江汉论坛,2007(12).

在当前我国社会主义制度的大前提下,在讨论公有性与公有制时,人们一般将公有性与公有制二者等同讨论。

(二)农村股份合作社的公有性评判

农村股份合作社因为其特殊的形成环境和原因,其作为市场经济的主体的同时,还需要承担着社区公共服务的职能,保障村社成员的收入与公平。但不论其现实职能及实现形式的复杂性,农村股份合作社作为一个经济实体,在对其公有性进行讨论时依然符合以下三个角度①。

第一,从产权拥有的角度来看,一般是将拥有企业产权的人数的多少作为衡量公有性的指标,但是这一标准随着现代股份制公司的发展已经不太适应现代社会公有性的实际评判情况。"作为股份制的私有制企业进行了资本集中和劳动力集中,适应了社会化大生产的需要,但其私有制的性质并不在于是多人所有而改变,而是在于所有者是否是劳动者、是否凭借其为资本的所有者去占有别人劳动创造的价值而改变。"②因此,在产权主体的考虑公有性时不能简单地将产权主体人数的多寡作为评判标准,而是更加关注产权主体的集体性,更加着重于产权主体是零散个体的整合,而不是用传统眼光只关注产权主体的独立性。将这种评判标准适用到农村股份合作社的实际中来,我们可以发现股份合作社所具有的两面性。一方面作为村集体资产,其产权主体表现为村社成员个体的集合和整体,此时,农村股份合作社的公有性毋庸置疑。另一方面,农村股份合作社尤其是村社成员个人投资、发展的股份合作社,其产权主体更多地表现为投资者个人或者小集团所有,对于在其中劳动的村社成员的产权所属并不明晰,这时的农村股份合作社的公有性就要相对淡薄甚至完全是私人企业。对于这种情况,需要在综合考虑农村集体资产在农村股份合作社资产中的占比以及农村股份合作社的具体配股方式进行有针对性的公有性的评判。

第二,从企业资本课题来看,公有制企业的资本由于其自身的集体性和特殊性质,一般认为其是不可分割的,应被视为一个统一体;而私有制企业的资本可以分割,但是现代股份公司中股东的资本投入也是无法分割的,一旦投入资本,只会产生资本所有权的转移,但资本总量并不会产生改变。从产权客体的整体性角度来说,农村股份合作制无论是从作为集体资产的公有制企业来说,还是作为现代股份公司来说,其资本都具有不可分割性。农村股份合作社所拥有的整体资本并

---

① 王中保. 企业公有性、效率与经济发展[J]. 当代经济研究,2008(6).
② 王中保. 企业的公有性探究[J]. 海派经济学,2005(11).

不会具体量化到村社成员个人,同样也不会退返给股份成员。但不同于现代股份企业,农村股份成员的进出并不能够实现自主化和自由化,就其在依附村集体资源和村社成员的劳动基础上来说,就股份合作社产权主体的整体性和统一性上讲,毫无疑问其拥有公有性。

第三,从产权主体对客体的关系来看,"公有制企业的每个产权主体对作为产权客体的企业资本拥有'平等的、无差异的'权力,任何个人原则上无法声称他对这一公有资产的某一部分拥有特殊权力,也不能将其用于个人特殊目的"。① 因此股份合作制企业中的经济差异来源于成员投入劳动的多少的不同。而与此相反,在私有企业中的个体对产权客体拥有与其自身投入资本相对应的权力与收入。当前农村股份合作社面临的"一人一票"与"一股一票"的困境便是来源于此。作为村集体资产或者说村集体资产的衍生物,其所具有的公有性要求其每个产权主体对产权客体享有无差别的权力。而同时作为股份合作社的资本股份来说,又要求按照村社成员的资本投入多少的比例进行权力行使,以示公平。对于"一人一票"与"一股一票"的具体困境与解决方式会在后文进行解释。

二、农村股份合作社的公有性影响

（一）股份合作公有性下股份合作社效率的评判

通过上文不同角度的分析,股份合作社的公有性显而易见。结合当前我国农村村社建设中股份合作社的实际状况,可知对于农村股份合作社效率的评判可以从以下三个方面入手：

第一是劳动者收入。农村股份合作社作为具有公有性的村集体组织,其主要的存在意义便是通过各种经营方式和手段提高村社成员的收入,改善村社成员的生活水平,追求社会主义共同富裕的目标。在当前农村股份合作社的收入分配之中主要存在按劳分配和按资分配两种分配方式,其中以按劳分配为主,按资分配为辅。由于自身的公有性,农村股份合作社在分配方式中应当且必须以按劳分配方式为主,应当根据村社成员在股份合作社中的劳动贡献程度进行利润的分配。同时按资分配是出于农村股份合作社经营方式的需要,按照村社成员在股份合作社中的出资比例进行分配。在当前农村股份合作社中,村社成员的出资主要表现为将自身所承包的土地折算为相应的股权作为资本投入到农村股份合作社之中,具有一定程度的稳定性和固定性。同时,在对于村社成员的进入和退出,以及股

---

① 王中保. 企业的公有性探究[J]. 海派经济学,2005(11).

权的进入和退出方面,农村股份合作社仍然表现出一定的封闭性和固态化。

第二是农村股份合作社自身的发展。提高农村村社成员收入,实现共同富裕是农村股份合作社存在的目的和价值,而要实现这个目的就必须保证农村股份合作社自身的发展与壮大。农村股份合作社自身的发展状况、经营规模和资源配置效率也是评判农村股份合作社效率的重要方面,其中尤其以资源的配置效率最为重要。资源的配置主要包括两个方面,一个是自身经营资源的分配,这主要是由农村股份合作社的常任领导层来进行决断,在涉及全体股份合作社成员的重大事项上则由全体成员进行公决。另一个方面是利润资源的分配,这与劳动者收入有一定的关系,但并不相同。由于农村股份合作社自身的公共性,在资源分配时需要考虑到村集体资产与村社成员个人利益的纠葛。股份合作社在自身盈利中提供村集体资产的增值是由其自身的性质和根本属性决定的,但保证村社成员应有的利益所得也是其根本目的和效率评判标准。若是村集体资产分配过少,则村级公共服务和公共产品无法做到及时、足够的提供,会影响公共服务水平的提高。但若是村社成员所得利益分配过少,则会导致按劳分配原则权威的下降甚至崩溃,从而丧失村社成员的信任,最终导致农村股份合作社的衰退甚至失败。

第三是村社公共服务的提供。确切地说,村社的社会基本公共服务应该有村委会这一村民自治机构进行提供,这也与当初我国进行乡村自治建设相吻合。社会主义市场经济下,政府由于其自身的能力以及其他原因,其提公共服务的范围存在一定的边界,而在我国农村,政府处于实际情况的考虑,村委会也在一定程度上承担着农村基础公共服务的提供。农村股份合作社作为具有公有性的乡村经济实体,其本身也应当具有承担乡村基本公共服务的责任和义务,但这并不意味着就必须由农村股份合作社亲自提供。对于农村股份合作社在提供公共服务上的效率评判主要集中在所提供公共服务是否具有效率,是否具有效用性和适应性,就具体的方法来说可以有多种。农村股份合作社可以由自身直接提供公共服务,这适合于自身发展较好、村社成员公民意识较强的地区。而对于自身发展一般且村社成员公民意识淡薄的地区来说,可以通过设立公共服务基金的形式支持村委会承担公共服务的职能,自身成为监督者。

(二)股份合作公有性下股份合作社效率提升途径

当前我国农村股份合作社的具体运行过程中仍然存在许多问题,如产权不明晰、政企合一、激励机制不完善等问题,严重的影响了农村股份合作社的运行,降低了其效率。通过对当前存在问题的分析,对于当前农村股份合作社效率的提升途径进行了一番探讨,主要在两个方面:

一方面是从农村股份合作社自身内部寻找问题,并提出解决措施。当前阻碍股份合作社效率提高的内部问题主要是产权不明晰、管理体制落后、激励机制不完善、信息不对称等问题。产权不明晰更多的是表现在对股份合作社的拥有权上,更具体的说就是表现在上文所述"一人一票"与"一股一票"的问题之上,而这也映衬出了村社成员个人与村集体之间的矛盾冲突。管理体制落后主要表现为政社合一,村党支部、村委会甚至是地方政府都会干预农村股份合作社的具体管理运营。许多地方村委会将股份合作社简单地理解为村委会的财产,由此认为既然是村委会的资产,自然要由村委会来进行管理运作。相应的村党支部认为自身负责总领基层社会建设,自然也要领导;地方政府认为股份合作社作为地方财政收入主要方面,自然要更多地进行关照。结果三个方面都进行管理指导,而真正的股份合作社的民选董事却无权运作,最终导致股份合作社的失败。激励机制不完善主要表现在按劳分配的程度上,由于精确测量社员在劳动过程中的劳动强度和劳动时间是不太可能的,因此会出现"多出力而拿少钱""搭便车"的现象,这在我国计划经济时期是显而易见的。信息不对称问题主要是由于虽然村社成员对股份合作社都拥有产权,但在具体的运营中仍然是由一部分人进行负责的,这样就会产生新制度经济学所说的"信息不对称"现象,在缺乏完善的监督机制的请款下就会产生"寻租"行为,损害集体和社员利益。

另一方面是从农村股份合作社外部环境来说。当前我国的社会主义市场建设虽然已经取得了很大的成就,但相对于西方完善的市场经济来说仍然存在着较大的差距,主要表现为相关法律法规的匮乏和比较充分的自由竞争环境,农村股份合作社的发展需要完善的法律制度的规范。当前我国对于农村股份合作制的相关法律法规还不完善,具体的产权制度规定,农村土地归属,股份合作社的性质等的顶层制度设计不到位,也导致了股份合作制内部的各种问题的产生。再者,充分的自由竞争环境是市场经济主体得以发挥自身优势和潜力的前提条件。当前我国市场许多行业中仍然存在垄断经济的状况,一方面是国家政策的原因,另一方面是经济自身发展的结果。不管怎样,对于政府来说,其应当为市场经济主体提供一个良好的、自由的竞争环境,这样才能保证市场经济主体效率的提升。如此,农村股份合作社才能够拥有良好的提升效率的外部环境。

三、农村股份合作社的公有性途径

(一)个人利益与集体资金的对立统一

个人利益与集体资金的对立统一表现在村社治理上"一股一票"与"一人一

票"的某种程度上的互相矛盾性上。这也是目前股份合作社股东与村民代表大会之间矛盾的主要原因,其根源为村社成员对公平性的不同认定原则。农村股份合作社的资金来源在发展之初主要是由村集体资产提供,但是随着股份合作社的发展,资金来源逐渐多样化,而这部分资金主要是来源村社成员的认股。同时由于村集体资金在使用中的规定限制,其占有股份比例便会逐渐被稀释。这样,"一人一票"与"一股一票"之间的矛盾便会更加凸出。加入股份合作社的村民为了自身经济利益的最大化肯定是希望股份合作社的经济收益能够有更大的分红给成员,不愿意将更多的股份合作社资源投入到公共服务的建设上。这时股份合作社成员对于公共服务的提供便会产生一种矛盾心理,一方面出于自身利益考虑,不愿意更多资金被无偿提供给村集体,尤其是对于不是股份合作社成员的人来说;另一方面,股份合作社成员又希望能够搭乘改善公共服务的"便车"。而对于不是股份合作社成员的村民来说,村集体将资源投入更多的公共服务是理所应当的,而且股份合作社也是村集体财产,这样就会产生矛盾分化。在关系总体决策的时刻便会产生意见分歧,导致决策的流产。如何改善村民对于公平性的不同的理解,实现个人利益与村集体利益的整合,实现在股份合作社收益分配中的帕累托最优,是股份合作社真正实现自身公有性的关键一步。

在综合考虑"一人一票""一股一票"之间矛盾和"集体股"的分红和投票矛盾基础上,其矛盾根源在于个人经济利益与集体利益的冲突,具体分析来说主要可以有两种方式。一种是将目前仍未加入股份合作社的村民纳入股份合作社之中,使其享受到股份合作社发展的好处的同时,也可以避免对既有成员的利益划分的损失。在全体皆股份合作社成员的基础上,"一人一票"与"一股一票"的解决上就会好办许多。在具体的收益划分时应该首先坚持集体经济组织的公有性的特点,首先适应"一人一票"的原则,通过召开股民大会,决定成员收益、集体收益、合作社收益的划分比例,在这个划分比例的基础上考虑"一股一票"的原则,将成员收益按照每个成员所拥有的不同股的数量进行进一步地划分,保证多劳多得。而集体收益划分村集体所有,进行公共服务和产品的提供,这一部分村集体资产的使用可以继续采用"一人一票"的原则,不过此时参与投票的村民身份应当是自治组织的成员。第二种方式是在无法将全体村民纳入股份合作社之后采取的折中措施,"设立公共服务基金,将'股'改为'基',将这一制度写入股份合作社改革的章程之中,并通过法律的途径加以明确,'股'改为'基'以后,每年以集体资产总量为基准按照一定的比例提取集体资产使用费"。① 当然对于公共服务基金的使用一是需要有相应的完善的法律法规的规定,另一方面也要设立相对应的监督机构进行监督,可以考虑重新设立机构,也可以将监督职权赋予监事会。

(二)股份合作效率与公平的对立统一

在我国目前城市化迅速推进的现在,不论是农村自治组织的功能定义,还是股份合作社的公共服务提供职能都是以前或者目前我国政府在公共服务提供中资金倾斜的一种反映,本该由政府提供的公共服务和公共产品交由自治组织和农村经济组织。对于我国农村长久发展来说,基本趋势是改变目前"村社合一"为"村社分开",实现各个主体功能的回归。要实现这种自身功能的回归就应该加大政府对农村建设中公共服务和公共产品的供给,使政府不再缺位,真正实现责任政府。同时,政府加大对农村公共服务的供给可以将村委会解放出来,使村委会不再兼具农村经济发展的重任,切实通过各种方式保障农村村民政治权利的实现,推进农村民主的发展,改善农村基层社会的秩序。对于农村股份合作社来说也能够回归自身的经济组织的角色,将注意力放在推动经济发展,实现村民富裕上。而农村村委和股份合作社二者的分离和功能上的重新确定就能够从根本上改变目前存在的"一人一票"与"一股一票"的困境,从而推进农村在经济、政治、社会等各方面的全面进步。

---

① 凌刚. 村民自治视角下苏南农村集体资产股份合作制改革研究——以吴江市盛泽镇西白洋村为例. 华东理工大学学位论文,2011.

第五章

村社自治视角下农村股份合作社的当前困境

第一节　村社自治视角下农村股份合作社的结构问题

一、社员结构

（一）社员的专业性

为了了解目前农村股份合作社中社员的专业性程度,我们主要是从两个方面进行考察。

1.村股份合作社中有专业技术的社员占全部社员的比例

（1）P值分析

我们考察了不同特征受访者对于这道题的回答,发现是否为股份合作社社员这个变量对受访者的回答会产生显著的影响。如表5.1所示,A6代表是否为社员,经卡方值检验,得出它们的P值为0.04861,明显低于0.05,表示这个变量与选答结果之间具有明显的相关性。因此,以下我们以是否为股份合作社社员进行分组对这个问题进行分析。

表5.1　A6—B1P值分析

Obs	kind	卡方	卡方自由度	卡方P值
229	A6_B1	9.556	4	0.04861

资料来源:笔者制作。

（2）选答比例分析。受访者总体选答比例如图5.1所示。

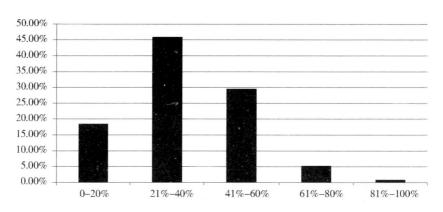

图 5.1　B1 选答比例

资料来源:笔者制作。

按照被调查者是否为股份合作社社员进行分类的选答频数和比例如下:

表5.2 中纵向的 4 和 5 分别代表受调查者不是股份合作社的社员和他是合作社的社员,横向的 5、4、3、2、1 分别代表选答的 0—20% 、21%—40%、41%—60% 、61%—80%、81%—100% 这五个选项。从表5.2 中我们可以看出无论是否为股份合作社的社员,都有将近一半的受访者认为合作社中专业技术社员的比重在 21—40% 之间,比重偏低。同时对于非股份合作社社员来说,有28.57%的人认为专业技术社员的比重低于 20% ,而对于股份合作社社员来说选择比重在 20% 以下的仅为14.36%,明显低于非股份合作社社员选答比例。由此可以看出,相对于非社员来说,股份合作社社员对于组织内部成员的构成持更加乐观的态度,对于组织内部专业技术社员的重要性认识不够明确。

表5.2　A6 * B1

频数 百分比	1	2	3	4	5	合计
4	1 1.30	3 3.90	16 20.78	35 45.45	22 28.57	77
5	1 0.53	11 5.85	62 32.98	87 46.28	27 14.36	188
合计	2	14	78	122	49	265

资料来源:笔者制作。

（3）平均分/标准差/差异系数分析。对于这一题的选项，我们分别给选择
0—20%、21%—40%、41%—60%、61%—80%、81%—100% 这 5 个选项赋分为
5、4、3、2、1 分。平均分为 3.76 分，可以看出受访者对于这一题的选择比较集中于
21%—60% 之间；按照是否为股份合作社社员进行划分，我们可以看出非股份
合作社社员的平均分要高于总体平均分，而股份合作社社员的选答平均分则低
于总体平均分，由此可以看出股份合作社社员所认为的专业技术社员的比重要
相对高于非股份合作社社员，这可能是社员作为组织中的既得利益者，对组织
的认同更高所致。

表 5.3　平均分/标准差/差异系数分析

分组		平均分(综合评定)	标准差	差异系数
总体		3.76	0.84	22.31
合作社社员?	否	3.96	0.88	22.22
	是	3.68	0.81	22.02

资料来源:笔者制作。

通过上述分析我们可以发现，总体上来说受访者倾向于认为在股份合作社中
专业技术社员的比重在 21%—40% 之间，比重较低，社员对组织的评价相比于非
社员来说会相对好一些。

2. 有专业技能社员中有较高专业技能的社员的比例

（1）P 值分析。我们考察了不同特征受访者对于这道题的回答，发现受访者
的户籍所在地这一变量会对调查结果产生显著的影响。如表 5.4 所示，A5 代表
户籍所在地是否为本村，经卡方值检验，得出它们的 P 值为 0.0001，明显低于 0.
05，表示这个变量与选答结果之间具有明显的相关性。因此，在接下来的分析中
我们以受访者的户籍所在地进行分组对这个问题进行分析。

表 5.4　A5—B2 P 值分析

Obs	kind	卡方	卡方自由度	卡方 P 值
173	A5_B2	35.7165	4	0.0001

资料来源:笔者制作。

(2)选答比例分析。受访者总体选答比例如图5.2所示。

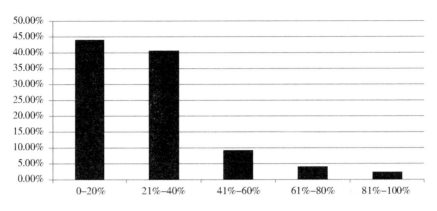

图 5.2　B2 选答比例

资料来源:笔者制作。

按照被调查者户籍所在地进行分类的选答频数和比例如下:其中纵向的 4 和 5 分别代表受调查者户籍不在本村以及户籍在本村,横向的 5、4、3、2、1 分别代表选答的 0—20% 、21%—40% 、41%—60% 、61%—80% 、81—100% 这五个选项。从表 5.5 中我们可以看出,对于具有较高专业技术的社员占专业技术社员的比重的看法,本村户籍的受访者中有 48.06% 的人认为是在 0%—20% 之间,41.75% 的人认为是在 21%—40% 之间;而非本村户籍的受访者中则有 30.51% 的人认为是在 0—20% 之间,37.29% 的人认为是在 21%—40% 之间。我们可以看出无论是否为本村户籍的受访者都普遍认为具有较高专业能的社员的比重不高。从按照是否为本村户籍分组结果中可以发现,相对于非本村户籍的人,具有本村户籍受访者认为的具有较高专业技能的社员比重更低。

表 5.5　A5 * B2

频数 百分比	1	2	3	4	5	合计
4	5 8.47	8 13.56	6 10.17	22 37.29	18 30.51	59
5	1 0.49	2 0.97	18 8.74	86 41.75	99 48.06	206
合计	6	10	24	108	117	265

资料来源:笔者制作。

（3）平均分/标准差/差异系数分析。对于这一题的选项,我们分别给选择
0—20%、21%—40%、41%—60%、61%—80%、81%—100% 这 5 个选项赋分为
5、4、3、2、1 分,总体平均分为 4.21 分,可以看出受访者对于这一题的选择比较集
中于 0—40% 之间;按照户籍是否为本村进行划分,我们可以看出本村户籍受访者
的平均分要明显高于非本村户籍受访者的平均分以及总体平均分,这意味着具有
本村户籍的受访者的选择更加倾向于前几个较低比例的选项,这可能是由户籍为
本村的受访者对于合作社具体的运作状况更为了解所造成的。

表 5.6 平均分/标准差/差异系数分析

分组		平均分（综合评定）	标准差	差异系数
总体		4.21	0.92	21.87
户籍?	否	3.68	1.28	34.78
	是	4.36	0.72	16.61

资料来源:笔者制作。

通过上述分析我们可以发现,总体上来说受访者倾向于认为在股份合作社中
专业技术社员的比重在 0—40% 之间,比重较低,本村户籍的受访者对组织的评价
相比于非本村户籍的受访者来说要差一些。

（二）社员的流动性

在问卷中,我们主要通过以下四个问题考察农村股份合作社社员的流动性。

1. 社员中有多少社员是来自本村的

（1）P 值分析。我们考察了不同特征受访者对于这道题的回答,发现是否为
股份合作社管理人员这个变量对受访者的回答会产生显著的影响。如表 5.7 所
示,A9 代表是否为管理人员,经卡方值检验,得出它们的 P 值为 0.00021,明显低
于 0.05,表示这个变量与选答结果之间具有明显的相关性。因此,在接下来的分
析中我们以是否为股份合作社管理人员进行分组对这个问题进行分析。

表 5.7 A9—B3 P 值分析

Obs	kind	卡方	卡方自由度	卡方 P 值
345	A9_B3	21.886	4	0.00021

资料来源:笔者制作。

(2)选答比例分析。受访者总体选答比例如图5.3所示。

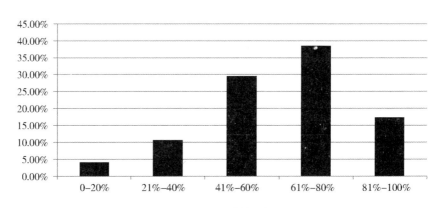

图5.3　B3选答比例

资料来源:笔者制作。

按照被调查者是否为股份合作社管理人员进行分类的选答频数和比例如下:其中纵向的4和5分别代表受调查者不是股份合作社的管理人员和他是合作社的管理人员,横向的5、4、3、2、1分别代表选答的0—20%、21%—40%、41%—60%、61%—80%、81%—100%这五个选项。从表5.8中我们可以看出,有39.34%的非合作社管理人员认为本村社员的比重在61%—80%之间,而有45.12%的合作社管理人员则认为本村社员的比重在41%—60%之间。从以上的分析中我们可以看出,在农村股份合作社中本村社员占有很大的比重。

表5.8　A9 * B3

频数 百分比	1	2	3	4	5	合计
4	40 21.86	72 39.34	41 22.40	19 10.38	11 6.01	183
5	6 7.32	30 36.59	37 45.12	9 10.98	0 0.00	82
合计	46	102	78	28	11	265

资料来源:笔者制作。

(3)平均分/标准差/差异系数分析。对于这一题的选项,我们分别给选择0—20%、21%—40%、41%—60%、61%—80%、81%—100%这5个选项赋分为5、4、3、2、1分。如表5.13所示总体平均分为2.46分,由此可以看出受访者对于这一题的选择比较集中于41%—80%之间;按照是否为股份合作社管理人员进行划分,我们可以看出股份合作社管理人员的平均分要高于非股份合作社管理人员的平均分以及总体平均分。由此可以看出股份合作社管理人员所认为的本村社员的比重要相对低于非股份合作社社员。这可能是由于合作社管理人员较高的组织认同感所造成的。

表5.9　平均分/标准差/差异系数分析

分组		平均分(综合评定)	标准差	差异系数
总体		2.46	1.03	41.9
合作社管理人员?	否	2.39	1.12	46.73
	是	2.6	0.78	30.16

资料来源:笔者制作。

通过上述分析我们可以发现,总体上来说受访者倾向于认为在股份合作社中本村社员的比重较高,甚至可以高达80%,而合作社管理人员认为本村社员的比重相对来说要低一些。

2.在股份合作社成立之初就入社的成员占到全部社员的比例

(1)选答比例分析。受访者总体选答比例如图5.4所示。

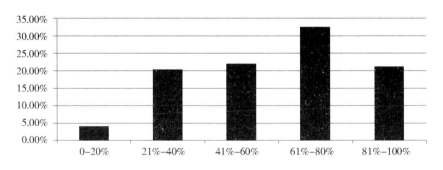

图5.4　B4选答比例

资料来源:笔者制作。

由图5.4我们可以看出,对于股份合作社成立初的社员占目前社员的比重,有4.15%的受访者认为是在0—20%之间,有20.38%的受访者认为是在21%—40%之间,有21.89%的受访者认为是在41%—60%之间,有32.45%

的受访者认为是在 61%—80% 之间,有 21.13% 的受访者认为是在 81%—100% 之间。

(2)平均分/标准差/差异系数分析。对于这一题的选项,我们分别给选择 0—20%、21%—40%、41%—60%、61%—80%、81%—100% 这 5 个选项赋分为 5、4、3、2、1 分。平均分为 2.54 分(见表 5.10),可以看出受访者对于这一题的选择比较集中于 41%—80% 之间。

表5.10 平均分/标准差/差异系数分析

分组	平均分(综合评定)	标准差	差异系数
总体	2.54	1.15	45.46

资料来源:笔者制作。

通过上述分析我们可以发现,更多的受访者倾向于认为股份合作社成立初的社员占目前社员的比重较大,这也反映出目前股份合作社社员流动性较差的情况。

3. 现在的社员人数占全村人口的比例与股份合作社成立之初相比有何变化

(1)P 值分析。我们考察了不同特征受访者对于这道题的回答,发现是否为股份合作社社员这个变量对受访者的回答会产生显著的影响。如表 5.11 所示,A5 代表受访者的户籍所在地,经卡方值检验,得出它们的 P 值为 0.00419,明显低于 0.05,表示这个变量与选答结果之间具有明显的相关性。因此,我们以受访者户籍所在地分组对这个问题进行分析。

表5.11 A5—B5 P 值分析

Obs	kind	卡方	卡方自由度	卡方 P 值
176	A5_B5	15.2626	4	0.00419

资料来源:笔者制作。

(2)选答比例分析。受访者总体选答比例如图 5.5 所示。

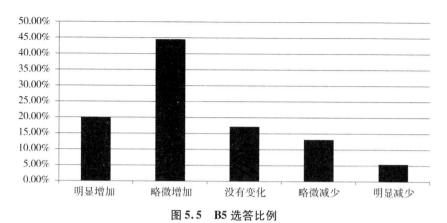

图5.5 B5选答比例

资料来源:笔者制作。

按照被调查者户籍所在地进行分类的选答频数和比例如下:其中纵向的4和5分别代表受调查者户籍不在本村以及户籍在本村,横向的5、4、3、2、1分别代表选答的明显增加、略微增加、没有变化、略微减少和明显减少这五个选项。

从表5.12中我们可以看出有大约三成的非本村户籍的受调查者以及将近一半的户籍在本村的受调查者认为目前社员人数占本村总人数的比例与合作社成立之初相比略微增加。同时,有31.03%的非本村户籍的受调查者认为没有变化,有22.33%的本村户籍被调查者认为明显增加。从以上的分析中我们可以看出,绝大多数的受访者都倾向于认为目前的社员比重有所增加,至于增加的程度,本村户籍和非本村户籍的受访者却持有不同的态度,有更多的本村户籍受访者倾向于认为现在的社员比重与合作社成立之初相比明显增加。

表5.12 A5 * B5

频数 百分比	1	2	3	4	5	合计
4	2 3.45	11 18.97	18 31.03	20 34.48	7 12.07	58
5	12 5.83	23 11.17	27 13.11	98 47.57	46 22.33	206
合计	14	34	45	118	53	264

资料来源:笔者制作。

(3)平均分/标准差/差异系数分析。对于这一题的选项,我们分别给选择明显增加、略微增加、没有变化、略微减少和明显减少这五个选项赋分为5、4、3、2、1分。如表5.13所示,总体平均分为3.61分,可以看出受访者对于这一题的选择比较集中于明显增加和略微增加这两个选项;按照户籍是否在本村进行划分,可以看出本村户籍受访者的平均分明显高于非本村户籍的受访者的平均分,由此我们可以看出,无论是否为本村户籍的受访者都倾向于认为目前社员占全村总人口的比重与合作社成立之初相比有一定程度的增加。但是就程度来说,本村户籍受访者认为增加的幅度要明显高于非本村户籍受访者所认为的增加的幅度。

表5.13　平均分/标准差/差异系数分析

分组		平均分(综合评定)	标准差	差异系数
总体		3.61	1.10	30.55
户籍?	否	3.33	1.03	31.03
	是	3.69	1.11	30.12

资料来源:笔者制作。

通过上述分析我们可以发现,总体上来说受访者倾向于认为目前社员占全村总人口的比重与合作社成立之初相比有一定程度的增加。

4.一般情况下,要具备下列哪些条件才能成为社员

(1)P值分析。我们考察了不同特征受访者对于这道题的回答,发现是否为股份合作社管理人员这个变量对受访者的回答会产生显著的影响。如表5.14所示,A9代表是否为管理人员,经卡方值检验,得出它们的P值为0.00818,明显低于0.05,表示这个变量与选答结果之间具有明显的相关性。因此,在接下来的分析中我们以是否为股份合作社管理人员进行分组对这个问题进行分析。

表5.14　A9—B6 P值分析

Obs	kind	卡方	卡方自由度	卡方P值
348	A9_B6	13.7375	4	0.00818

资料来源:笔者制作。

(2)选答比例分析。受访者总体选答比例如图5.6所示。

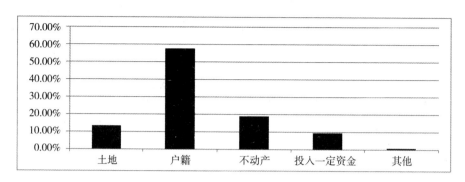

图 5.6　B6 选答比例

资料来源:笔者制作。

按照被调查者是否为股份合作社管理人员进行分类的选答频数和比例如下(见表 5.15):其中纵向的 4 和 5 分别代表受调查者不是股份合作社的管理人员和他是合作社的管理人员,横向的 5、4、3、2、1 分别代表选答的土地、户籍、不动产、投入一定资金、其他这五个选项。有超过一半的受访者认为能否成为社员的关进因素是是否具有本村户籍。以是否为股份合作社管理人员为变量进行考量,我们发现对于股份合作社管理人员来说,更倾向于认为成为社员的要素是户籍以及其他不动产,而对于非合作社管理人员来说,则更加倾向于认为户籍和土地是决定能否成为社员的关键因素。

表 5.15　A9 * B6

频数 百分比	1	2	3	4	5	合计
4	2 1.09	15 8.20	27 14.75	108 59.02	31 16.94	183
5	0 0.00	10 12.35	23 28.40	44 54.32	4 4.94	81
合计	2	25	50	152	35	264

资料来源:笔者制作。

(3)平均分/标准差/差异系数分析。对于这一题的选项,我们分别给选择土地、户籍、其他不动产、投入一定资金和其他这 5 个选项赋分为 5、4、3、2、1 分。总体平均分为 3.73 分(见表 5.16),可以看出受访者对于这一题的选择比较集中于户籍和其他不动产这两个选项;按照是否为股份合作社管理人员进行划分,我们可以看出股份合作社管理人员的平均分要低于总体平均分以及非股份合作社管理人员的平均分,由此可以看出股份合作社管理人员认为不动产比户籍重要,而非管理人员则更加看中户籍的重要性。

表5.16　平均分/标准差/差异系数分析

分组		平均分(综合评定)	标准差	差异系数
总体		3.73	0.84	22.41
合作社管理人员?	否	3.83	0.85	22.13
	是	3.52	0.78	22.07

资料来源:笔者制作。

通过上述分析我们可以发现,目前农村股份合作社入社条件中户籍是否为本村仍然是一个十分重要的参考因素,这就决定了很多外来人员难以入社,社员流动性较差。

(三)社员的自治性

为了了解目前农村股份合作社中社员自治性程度,我们主要从以下三个方面进行考察:

1.社员对于股份合作社的运作过程的关心程度

(1)P值分析。我们考察了不同特征受访者对于这道题的回答,发现是否为村委会工作人员这个变量对受访者的回答会产生显著的影响。如表5.17所示,A8代表是否为村委会成员,经卡方值检验,得出它们的P值为0.0048,明显低于0.05,表示这个变量与选答结果之间具有明显的相关性。因此,在接下来的分析中我们以是否为村委会工作人员进行分组对这个问题进行分析。

表5.17　A8—B7 P值分析

Obs	kind	卡方	卡方自由度	卡方P值
292	A8_B7	14.9509	4	0.0048

资料来源:笔者制作。

(2)选答比例分析

受访者总体选答比例如图5.7所示。

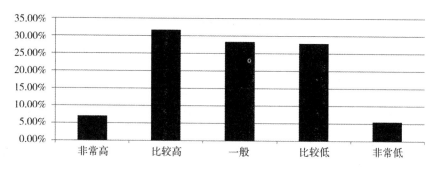

图5.7　B7选答比例

资料来源:笔者制作。

按照被调查者是否为村委会工作人员进行分类的选答频数和比例如下(见表5.18):其中纵向的4和5分别代表受调查者不是股份合作社的社员和他是合作社的社员,横向的5、4、3、2、1分别代表选答的非常高、比较高、一般、比较低和非常低这五个选项。从表5.18中我们可以看出村委会成员的受访者中有一半的人认为社员对于组织的运作状况持比较关心的态度,而对于非村委会成员的受访者来说更多的认为社员对组织的运作关心程度一般,甚至是比较低的。这可能是由于在目前的体制下村委会成员是合作社领导层的重要组成部分,因此他们对于组织有较高的认同感。

表5.18　A8 * B7

频数百分比	1	2	3	4	5	合计
4	13 6.28	66 31.88	59 28.50	55 26.57	14 6.76	207
5	1 1.72	8 13.79	16 27.59	29 50.00	4 6.90	58
合计	14	74	75	84	18	265

资料来源:笔者制作。

(3)平均分/标准差/差异系数分析。对于这一题的选项,我们分别给选择非常高、比较高、一般、比较低和非常低这五个选项赋分为5、4、3、2、1分。平均分为3.07分(见表5.19),可以看出受访者对于这一题的选择比较集中于一般这个选项;按照是否为村委会工作人员进行划分,我们可以看出非村委会成员的平均分要低于总体平均分,而村委会成员的选答平均分则高于总体平均分,由此可以看出相较于非村委会成员来说,村委会工作人员由于较高的组织认同感更倾向于认为社员对组织的运作过程持比较关心的态度。

表5.19　平均分/标准差/差异系数分析

分组		平均分(综合评定)	标准差	差异系数
总体		3.07	1.04	33.85
村委会工作人员?	否	2.96	1.05	35.63
	是	3.47	0.88	25.48

资料来源:笔者制作。

通过上述分析我们可以发现,总体上来说受访者倾向于认为在股份合作社中社员作为合作社的主体对于组织的运作过程关心程度不够,对于社员自治造成一定的负面影响。

2.社员对于股份合作社的利润分配结果是否关心

(1)P值分析。我们考察了不同特征受访者对于这道题的回答,发现户籍所在地这个变量对受访者的回答会产生显著的影响。如表5.20所示,A5代表户籍所在地,经卡方值检验,得出它们的P值为0,明显低于0.05,表示这个变量与选答结果之间具有明显的相关性。因此,在接下来的分析中我们以户籍所在地进行分组对这个问题进行分析。

表5.20　A5—B8 P值分析

Obs	kind	卡方	卡方自由度	卡方P值
179	A5_B8	41.3484	4	0

资料来源:笔者制作。

(2)选答比例分析。受访者总体选答比例如图5.8所示。

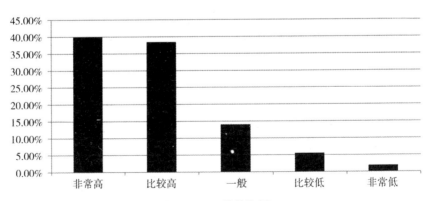

图5.8　B8选答比例

资料来源:笔者制作。

按照被调查者户籍所在地进行分类的选答频数和比例如下(见表5.21):其中纵向的4和5分别代表受调查者非本村户籍受访者和本村户籍受访者,横向的5、4、3、2、1分别代表选答的非常高、比较高、一般、比较低和非常低这五个选项。从表5.21中我们可以看出,有将近1/3的非本村户籍受访者认为社员对组织的利润分配结果持比较关心的态度,而有将近一半的本村户籍受访者认为社员对组织利润分配持非常关心的态度。

表5.21 A5 * B8

频数 百分比	1	2	3	4	5	合计
4	4 4	11 18.64	12 20.34	19 32.20	13 22.03	59
5	1 0.49	4 1.94	25 12.14	83 40.29	93 45.15	206
合计	5	15	37	102	106	265

资料来源:笔者制作。

(3)平均分/标准差/差异系数分析。对于这一题的选项,我们分别给选择非常高、比较高、一般、比较低和非常低这五个选项赋分为5、4、3、2、1分。平均分为4.09分(见表5.22),可以看出受访者对于这一题的选择比较集中于比较关心和非常关心两个选项;按照受访者户籍所在地进行划分,我们可以看出本村户籍受访者的平均分要高于总体平均分,而非本村户籍受访者的选答平均分则低于总体平均分,由此可以看出本村户籍受访者认为的社员对于组织利润分配结果的关心程度要明显高于非本村户籍受访者认为的关心程度。

表5.22 平均分/标准差/差异系数分析

分组		平均分(综合评定)	标准差	差异系数
总体		4.09	0.96	23.59
户籍?	否	3.44	1.22	35.5
	是	4.28	0.79	18.42

资料来源:笔者制作。

通过上述分析我们可以发现,对于社员对组织利润分配结果的关心程度这个问题来说,绝大多数的受访者都认为属于比较关心甚至是非常关心的状态。结合上一题的分析,我们可以发现,社员对于组织的运作持不关心的态度,然而却对组织的利润分配比较关心,两者之间的矛盾决定了社员无法参与到组织管理过程中,无法对组织管理进行监督的一种状态,社员自治无法得到有效的实现。

　　3. 社员对于合作社、股份合作社之间的区别和联系认识是否清晰

　　(1)P 值分析。我们考察了不同特征受访者对于这道题的回答,发现是否为村委会成员这个变量对受访者的回答会产生显著的影响。如表 5.23 所示,A8 代表是否为村委会工作人员,经卡方值检验,得出它们的 P 值为 0.00011,明显低于0.05,表示这个变量与选答结果之间具有明显的相关性。因此,以下分析以是否为村委会工作人员进行分组对这个问题进行。

表 5.23　A8—B10 P 值分析

Obs	kind	卡方	卡方自由度	卡方 P 值
295	A8_B10	23.2961	4	0.00011

资料来源:笔者制作。

　　(2)选答比例分析

　　受访者总体选答比例如图 5.9 所示。

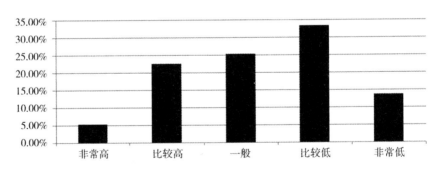

图 5.9　B10 选答比例

资料来源:笔者制作。

　　按照被调查者户籍所在地进行分类的选答频数和比例如下(见表 5.24):其中纵向的 4 和 5 分别代表受调查者非村委会成员的受访者和村委会成员的受访者,横向的 5、4、3、2、1 分别代表选答的非常高、比较高、一般、比较低和非常低这五个选项。从表 5.24 中我们可以看出,有 37.68% 的非村委会成员的受访者认为

社员对组织的认识程度比较低,而有 39.66% 的村委会工作人员的受访者认为社员对组织的认识程度比较高。两者选答结果呈现出较大的差异。

表 5.24　A8 * B10

频数 百分比	1	2	3	4	5	合计
4	34 16.43	78 37.68	47 22.71	37 17.87	11 5.31	207
5	2 3.45	10 17.24	20 34.48	23 39.66	3 5.17	58
合计	36	88	67	60	14	265

资料来源:笔者制作。

(3)平均分/标准差/差异系数分析

对于这一题的选项,我们分别给选择非常高、比较高、一般、比较低和非常低这五个选项赋分为 5、4、3、2、1 分。平均分为 2.73 分(见表 5.25),可以看出受访者对于这一题的选择比较集中于一般和比较低这两个选项;按照受访者是否为村委会工作人员进行划分,我们可以看出村委会成员的平均分比较高,由此可以看出对于社员对组织认识程度这一问题,村委会成员与非村委会成员相比持比较乐观的态度。

表 5.25　平均分/标准差/差异系数分析

分组		平均分(综合评定)	标准差	差异系数
总体		2.73	1.12	40.88
村委会工作人员?	否	2.58	1.12	43.42
	是	3.26	0.93	28.49

资料来源:笔者制作。

通过上述分析我们可以发现,社员对于股份合作制组织的认识程度不是非常清晰,由此决定了社员对于组织管理过程的不关心、漠视的态度,从而造成社员主体地位很难得到体现,股份合作社自治性比较差。

二、治理结构

对于治理结构分析,我们从各个治理机构的权力对比以及理事会构成两个方面来设计。

（一）各个治理机构的权力对比

在关于股份合作社管理机构权力大小的调查中,我们分别对理事会、股东(代表)大会、监事会的权力大小进行了调查,发出600份问卷,回收有效问卷530份,回收率达88.3%。如表5.26和图5.10所示:

表5.26　B11选答比例

	非常大	比较大	一般大	比较小	非常小
理事会权力	35.1	45	13.58	6.41	
股东(代表)大会权力	17.73	26.04	23.77	24.53	7.93
监事会权力	10.57	25.66	25.66	25.66	12.45

资料来源:笔者制作。

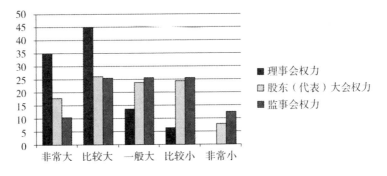

图5.10　B11选答比例

资料来源:笔者制作。

从所有的有效问卷来看,被调查者认为股份合作制企业中的管理机构权力非常大或比较大的依次为理事会、股东(代表)大会、监事会,认为理事会权力非常大或比较大的占被调查人数的80.1%,而认为股东(代表)大会、监事会权力非常大或比较大的比例分别为43.77%和36.23%。这说明在股份制企业发展的管理集中,理事会的权力作用非常大。而从另外一个方面讲,本来应该发挥很大权力作用的股东(代表)大会、监事会的权力作用发挥比较小,有7.93%的人认为股东(代表)大会的权力非常小,12.45%的人认为监事会的权力非常小。这就在一定程度上反映出了在现阶段我国股份合作制企业中各权力机构之间的权力划分不明确,股东(代表)大会的最高权力没有体现出来,在经营发展过程中,监事会的权力作用没有得到最好的体现,这都是在以后发展过程中,股份合作制企业必须加强的地方。同时,在调查中我们发现是否为合作社管理人员对调查结果有显著的影响。为此,我们将是否为合作社管理人员作为一个单独的变量提取出来。

(二)有多少社员是股东(代表)大会或者理事会的成员

1. P 值分析

我们考察了不同特征受访者对于这道题的回答,发现户籍所在地这个变量对受访者的回答会产生显著的影响。如表 5.27 所示,A5 代表是否为社员,经卡方值检验,得出它们的 P 值为 0.00011,明显低于 0.05,表示这个变量与选答结果之间具有明显的相关性。因此,在接下来的分析中我们以受访者的户籍所在地进行分组对这个问题进行分析。

表 5.27 A5—B9 P 值分析

Obs	kind	卡方	卡方自由度	卡方 P 值
180	A5_B9	23.3042	4	0.00011

资料来源:笔者制作。

2. 选答比例分析

受访者总体选答比例如图 5.11 所示。

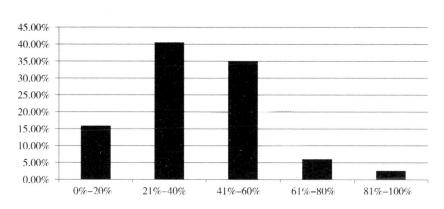

图 5.11　B9 选答比例

资料来源:笔者制作。

按照被调查者户籍所在地进行分类的选答频数和比例如下(见表5.28):其中纵向的 4 和 5 分别代表非本村户籍受访者和本村户籍受访者,横向的 5、4、3、2、1 分别代表选答的 0%—20%、21%—40%、41%—60%、61%—80%、81%—100% 这五个选项。有35.59%的非本村户籍受访者认为普通社员在股东大会或理事会中的比重在41%—60%之间，有42.93%的本村户籍受访者认为这一比例在61%—80%之间。

表 5.28　A5 * B9

频数 百分比	1	2	3	4	5	合计
4	6 10.17	7 11.86	21 35.59	19 32.20	6 10.17	59
5	1 0.49	9 4.39	71 34.63	88 42.93	36 17.56	205
合计	7	16	92	107	42	264

资料来源：笔者制作。

3. 平均分/标准差/差异系数分析。对于这一题的选项，我们分别给选择0%—20%、21%—40%、41%—60%、61%—80%、81%—100% 这 5 个选项赋分为5、4、3、2、1 分。总体平均分为3.61（见表5.29）分，可以看出受访者对于这一题的选择比较集中于21—60%之间；按照受访者户籍所在地进行划分，我们可以看出本村户籍受访者的平均分要高于总体平均分，而非本村户籍受访者的选答平均分则低于总体平均分，由此可以看出本村户籍受访者认为社员的地位得到了比较好的体现，在股东大会和理事会中占有相当的比重。而对于非本村户籍受访者来说，他们更加倾向于认为，在股东大会和理事会中普通社员的比重偏低，社员并不能很好地参与到组织的治理过程当中。

表 5.29　平均分/标准差/差异系数分析

分组		平均分（综合评定）	标准差	差异系数
总体		3.61	0.92	25.38
户籍？	否	3.20	1.11	34.67
	是	3.73	0.82	21.97

资料来源：笔者制作。

通过上述分析我们可以发现，总体上绝大多数的受访者认为普通社员在股东大会和理事会中的比重偏低，社员不能很好地参与到组织的管理过程之中，组织的管理机构通常都是被一些特殊身份地位的人所垄断，从而容易形成少数人剥削多数人利益的状况。

三、股权结构

(一)个人股与集体股占比

通过调查可以看出,认为集体股金占全部股金在41%—60%的人数最多,占整个被调查人数的37.36%,其次是认为集体股金占全部股金在21%—40%,占被访者的26.04%,认为集体股金占全部股金在0—20%的人数最少,只占到5.28%。图5.12中的数据可以说明,在现有村社股份合作社中,集体股金在企业全部股金中占有很大比例,对企业发展做出了很大贡献。另一方面也说明,在原有合作社引入股份制改造而成的股份合作社,由于集体资产的全部转换,所以在股份制企业中,对集体资产的产权进行明晰及转换成股份进行分配,保证原有合作社成员的利益十分重要。

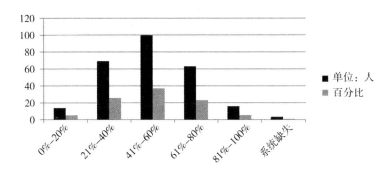

图5.12　B12选答比例

资料来源:笔者制作。

(二)个人股中各种股的占比

针对这个问题,我们主要考察了基本成员股、土地承包经营股和劳动贡献股在利润分配上的比例,设计问卷如表5.30。

表5.30　问卷设计:个人股占比

	0%—20%	21%—40%	41%—60%	61%—80%	81%—100%
基本成员股					
土地承包经营权股					
劳动贡献股					

资料来源:笔者制作。

股份合作制企业中的"基本成员股"是指,在合作制引入股份制改造之前,原有的合作社成员作为改造后的基本成员所拥有的股份,在引入股份制改革后,新加入的成员则不能享受基本成员股。基本成员股的比例也就是反映出原有合作社的集体资产占股份合作社总资产的比例。"土地承包经营权股"是指在股份合作制企业中,以土地资源入股的方式占到整个资产的比例。"劳动贡献股"是指股份合作制企业中,为企业的发展所付出的劳动贡献所占的股份。经过统计被访者对以上三种股份在股份合作制企业中所占的比例的认识,得出数据。总体数据描述如表5.31所示。

表5.31 个人股占比选答比例

单位:人/百分比

	0—20%	21%—40%	41%—60%	61%—80%	81%—100%
基本成员股	61/23.02	116/43.78	47/17.74	25/9.43	14/5.28
土地承包经营权股	92/34.72	109/41.13	50/18.87	9/3.40	4/1.51
劳动贡献股	92/34.72	116/43.78	37/13.96	15/5.66	4/1.51

资料来源:笔者制作。

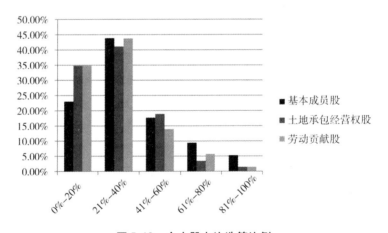

图5.13 个人股占比选答比例

资料来源:笔者制作。

通过对以上数据的分析,可以得知:在现有股份合作制企业中,基本成员股和劳动贡献股所占比重最大,有43.78%的人认为基本成员股和劳动贡献股占到整个企业股金的21%—40%,其次是土地承包经营权股,认为土地经营权股占企业股金在21%—40%的比例占被访者的41.13%。从这组数据可以看出,在村社股份合作制企业中,基本成员股、土地承包经营权转让入股以及企业成员的劳动贡献股是企业股份的重要组成部分。所以,在股份合作制企业发展过程中,一定要处理好与三者之间的关系,巩固企业发展基础。

基本成员股的分配要公平、公正。股份合作制企业从最初的合作社引入股份制转化而成,原有的合作社资产就是今天股份合作制企业建立的基础,在股份制引入之后,对原有合作社资产的量化,并予以公平地分配到每一个社员,为股份合作社的发展打下良好的基础。同时,通过对资产的量化以股份的方式分配到每一个社员,一方面也是把股份合作社经营的风险有限地分配给社员,形成共同经营,风险共担;另一方面在增强社员对企业发展责任感的同时也刺激社员在开展经营活动中的积极性。

土地承包经营权的入股分配要有保障。土地在农村生活中是不可或缺的重要的生产要素,在农村进行股份合作制企业建设,农民以土地入股的方式成为股份合作企业的股民,但是我们知道土地资源在一定时期的可再生能力低下,如果以土地资源入股的村民在入股后的利益分配上得不到有效的保障,那么就失去了主要的经济与生活来源,不仅不利于村民生活质量的改善,更加影响到股份合作制企业的进一步发展。

劳动贡献股,就是根据劳动年限和对集体的贡献大小确定劳动者在村股份合作社经济社中占有的股份。是根据股份合作社成员的劳动付出而获得的股份,所以在按劳分配时一定要注重分配的公平、公正,体现多劳多得,对一些在合作社工作时间长的社员在利润分配上予以一定的照顾,不仅有利于股份合作社社员的稳定性,同时也有利于调动广大社员的生产劳动积极性。

四、总结缺陷

通过以上的分析,可以得知农村股份合作社结构中存在的缺陷主要体现在以下四个方面。

(一)社员结构

1. 社员专业性较低

农村股份合作社社员来源的本地化和身份的民间化,决定了其社员素质的低下。由于长期以来农村经济文化比较落后,村民的自治意识、主体意识不强,村民的自我管理能力有限,许多社员不能正确理解村社自治视角下的农村股份合作社的意义,对于股份合作社的运作和一般程序,包括民主决策、民主监督等不甚了解,不会或者不善于行使自己的自治权利,更谈不上拥有民主管理的经验和习惯。

表现在实际中就是社员受到自身行为能力的限制而很难行使个人产权。例如,社员受到传统观念和习惯的影响,习惯于接受组织内管理者的命令和安排,对组织的决策和运作过程表现出不关心、不参与的态度。即使有部分社员愿意参与组织管理过程中来,也会存在一种"集体行动的困境",即个人理性并不一定会形成组织理性。在组织内部每个人都会根据自身的成本效益分析选择出对自己最为有利的方案,但是这对于组织来说却未必是最好的。

2.社员的流动性程度差

由于农村社区股份合作社是按照农业户口划分的股份,农业户口意味着"天赋股权",意味着福利享受权。因此合作社严格限制成员的迁入与迁出,因为对组织来说,任何原有社员的离开,意味着股权等的重新分配,而在这一过程所要付出的成本是巨大的。同时,组织也拒绝任何新人的加入,因为一旦有新的成员加入组织,他们就会分享组织历年积累的资产而获得巨大的收益,使得既得利益者利益受损。这在很大程度上抑制了高素质社员的进入。另外,对于组织内已有社员来说,他们也不愿意离开组织。原因主要在于:(1)股份合作企业员工收入与工作条件较原有的农业部门来说有明显的优势,离开组织意味着失去这些优势条件;(2)就业机会比较少,再加上社员本身素质的影响,使得社员一旦退社之后很难获得比较满意的工作;(3)股份合作社一般是在社区内的,这样无论是对工作还是生活来说都非常方便,因此对于他们来说"离土不离乡"是最好的选择。外部人员很难进入,内部人员不愿意退出,界定了我国目前农村社区股份合作社社员流动性差的情况。

3.社员的自治性程度弱

社员是合作社的主体,但是在现实中,社员的主体地位尚未体现出来,社员的自治能力不足,往往走向成为社内少数成员的"附属物",即完全听命于合作社领导者,成为其代理人。如在有些合作社中,为了增加合作社的"影响力",故意隐瞒出资总额;还有一些合作社内由于社员资源禀赋的差异容易受到少数人的"劝诱",从而作出不正确的决定。这些行为造成了部分"社员"的知情权丧失。在这种情况下更谈不上社员自治。

(二)治理结构方面

1.权力机构——股东大会流于形式

目前,农村股份合作社中的股东大会的作用并没有得到很好的发挥。一方面,由于农村股份合作组织股东大部分都是本村的村民,是以传统的地缘和血缘为纽带建立起来的社会关系,虽然经历了30多年的改革开放,但是其小农意识仍然十分严重。他们已经习惯了"被管理者"的角色,即使是作为公司的股东,仍然像过去一样对组织管理层十分依从,不愿意也不敢发表自己的意见。另一方面,农村股份合作社的管理层一般是来自村里的"名门望族",或者是原村委会的成员,他们习惯以独断的方式进行管理,在他们的意识中,自己的地位是高于其他股东的,接受其他股东的监督是对他们权威的一种挑战,因此他们不愿意让其他股东参与组织的管理与决策过程中来。

这就造成了目前大多数农村股份合作社普通股东在参加每年召开的一两次股东大会中,只是充当着听取负责人的报告的角色,合作社的重大事项都是由理事会决定,尽管有时也采取投票表决,但多流于形式,普通股东只是被动接受决定。从而普通股东参与监督和管理的权力得不到落实和体现,使他们感到自己手中的股权是"虚权"。

2. 决策机构——理事会决策权力大

现有股份合作经济社的决策体系没有走上制度化、规范化的轨道,主要表现为理事会与股东代表大会的职责不清,造成民主决策与高效决策的矛盾突出。

一方面,由于股东大会召开具有现实的难度,决策过程冗长,效率低下,同时对环境变化的反应滞后,适应较差。因此很多股份合作社选择跳过股东大会,直接通过理事会决定组织重大事项。另一方面,由于股东大会主要由缺乏经营管理知识的村民组成,信息收集及处理能力很低,缺乏有效的决策建议。同时拥有的股份分散而弱小,从合作社盈余中得到的按股分红的利润非常有限,在这个情况下,普通社员监督管理人员就变成了一件投入多受益少的公共事务。在一些重大决策面前,很多社员因此放弃了这种自我感觉相关度不大的监督权利。从而造成了理事会权限过大的问题。目前农村股份合作社中的理事会决策权力过大甚至是凌驾于股东大会之上,从而在实际上股东大会未能有效监督理事会行为,有悖于董事会的设立初衷。

3. 监督机构——监事会监督能力弱

在现实中,监事会主要是由普通的村民构成,一方面,在主观上,由于他们大多数都有自己的生活来源,对于他们来说,只要做好自己的事情就可以获得比较稳定的收入,过上比较富裕的生活,没有必要通过监督理事会这种"得罪人"的方式来获得收入,同时也给自己带来麻烦。这就决定了在主观上他们不愿意实施监督行为。另一方面,在客观上他们也缺乏实施监督的能力。大多数的村民都缺乏监管的经验,在理事会掌控监督关键信息的情况下,他们也很难获得监督信息,这就给他们的监督工作带来了困难。

在实践中,既存在由于监事会管理不规范、有章不循、机构形同虚设造成的内部人控制问题,同时也存在着由于监事会成员监督能力薄弱造成的相对优势股权监督失控的现象。因此,现实中农村社区股份合作组织的监事会往往形同虚设,组织章程所赋予他们的监督权力也往往只是停留在书面规定上。

4. 政社不分——村委会不当干预多

农村社区股份合作社在管理和运作上还存在着行政色彩浓厚的问题。从理事会的构成中我们可以看出,村委会成员占据了很大的一部分。在农村股份合作社成立之初其领导班子来自于村党委的领导班子可以更好地号召村民入社,加深对股份合作社的了解。但在笔者调查的股份合作社中,很多已经成立了多年,仍然没有改变这种行政干预的模式。对于许多村委会成员他们需要做到股份合作组织和村委会事务两手抓,一方面他们既要管理好股份合作社的事务,同时也要兼顾村委会的繁杂的事务,由于精力分散,造成了两个都没有管好的情况。这样一来,农村合作社的自主权受到村党支部和村委会的严重侵蚀,这种政企不分的经营管理机制,使得股份制的企业法人治理结构难以发挥作用,严重制约村集体经济组织的发展。

(三) 股权结构

1. 集体股比例过大

集体股即指股份合作制组织中,用集体共有的资产、集体成员联合投资形成的资产所形成的股份,而集体股恰恰是产权不明晰的股权部分;集体股,由于缺乏明确的产权主体,难以摆脱传统集体产权制度的弊端。在现实中,大多数集体股都是由少数领导者掌控,他们要么以"大股东"的身份干预组织的决策和运行,要么直接侵吞集体收益。在很多农村合作社,集体股虽然占有很大的比重,但是可分配到每个社员身上的股份占比却很少,从而大大地削弱了社员的积极性。

此外,在很多地方,一般都是由村干部代表政府对集体股实施管理,在这一过程中又衍生出政社不分以及少数股东独大的问题。政府官员作为政府的代理人,往往也存在天然的追求个人利益的动机,在特定条件下,其目标函数与政府经常有所偏离。他一方面要为公共利益服务,另一方面也会借机实现自己的利益。在实现自身利益最大化的驱使下,他们很可能会损害组织的整体利益,以权谋私,影响组织的发展。

2. 各种股权比重僵化

在有些地方存在着股权设置种类过多、过细,十分繁复的问题,这种使各种利益关系复杂化,难以进行协调,也加大了实际操作的难度。这种过于分散化的股权设置,使得组织内部在风险决策时难以统一意见,决策效率低下,同时也会导致组织对于管理、技术等骨干人才缺乏吸引力,难以吸引和留住优秀的人才。

(四)调查结果影响因素分析与思考

表 5.32　调查结果影响因素分析

变量	户籍所在地	是否为社员	是否为村委会成员	是否为股份合作社管理人员
理事会权力	0.002 * *	0.109	0.098	0.005 * *
股东大会权力	0.025 *	0.530	0.003 * *	0.066
监事会权力	0.138	0.823	0.001 * *	0.039 *
专业技术社员/全部社员	0.351	0.049 *	0.525	0.008 * *
集体股占比	0.006 * *	0.111	0.225	0.439

注:* 为 $p < 0.05$(双尾),* * 为 $p < 0.01$(双尾)。

资料来源:笔者制作。

我们通过分析得出与调查结果具有显著相关性的四点:户籍所在地、是否为社员、是否为村委会成员以及是否为股份合作社管理人员(见表 5.32)。我们也可以进一步将这四点归结为一点即是否为既得利益者,无论是对于户籍在本村的居民、合作社社员、村委会成员还是合作社管理人员来说,他们对组织结构的评价明显要高于非既得利益者。这也是农村股份合作社推行改革一直未见成效的原因。

一方面,既得利益者处于现行制度的优势地位,他们主观上并不认为组织结构存在任何问题。另一方面,即使他们意识到问题的存在,他们也不愿意主动去打破这种对自己有利的制度与结构安排。甚至当组织在推行变革是为了自身利益的考虑,他们也会竭力保护现行的结构与体制。任何一项改革都是在各利益集团不断博弈的过程中逐步推进的。但是对于农村股份合作社的改革来说,既得利益集团相对于普通社员来说具有显著的优势地位,在这场政策博弈过程中,博弈双方的地位差距悬殊,在很多时候既得利益者的态度就是组织的态度,他们抵制变革也就造成了组织对于变革的抵制态度,决定了股份合作社结构改革进程异常缓慢。

为了克服既得利益者对于组织结构变革造成的阻力,可以尝试建立起一种更加客观的变革发生机制,以专家等非利益相关者的评价作为组织是否进行变革的依据与参考。同时还应该适当地运用激励手段,使既得利益者感受到变革的好处和希望,从而消除他们的顾虑。如何使既得利益者由变革的阻碍者变成推动者,这是一个值得我们进一步研究的问题。

第二节　村社自治视角下农村股份合作社的体制约束

一、投票决策体制不民主

农村股份合作社在投票决策体制这方面并不完善,导致其存在不民主的缺陷。我们从投票的主体、过程、规则、结果这四个方面进行调查并对结果进行具体分析,发现主要存在以下四个方面的问题。

(一)投票的主体缺乏代表性

投票主体在决策中起主导作用,依据问卷中题目 C1 来考察村股份合作社发展的重大事项一般交由哪个机构决策。

1. P 值分析

我们根据受调查者的基本特征,考察了不同性别、年龄、学历、户籍等对这道题的回答。如表 5.33 所示,A5 和 A9 分别表示户籍是否在现居住的村子和是否为村股份合作社的管理人员,经过卡方检验发现,它们得到的 P 值分别为 0 和 0.00191,明显小于 0.05,说明原假设发生是小概率事件,所以说村股份合作社发展的重大事项一般交由那个机构决策起主导作用,与受调查者户籍是否在现居住的村子和是否为村股份合作社的管理人员显著相关,其他因素则没有明显影响。所以下面我们来分析样本总体以及分别按照户籍、是否为股份合作社的管理人员分组对这个问题进行分析。

表5.33　C1P 值

Obs	kind	卡方	卡方自由度	卡方 P 值
194	A5_C1	32.758	4	0
365	A9_C1	17.029	4	0.00191

资料来源:笔者制作。

2. 选答比例及频数

受访者总体选答比例如图 5.14 所示。

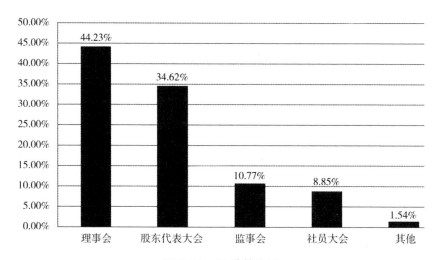

图 5.14　C1 选答比例

资料来源:笔者制作。

表 5.34 中纵向的 4 和 5 分别代表户籍不在本村和户籍在本村,横向的 5、4、3、2、1 分别代表选答的理事会、股东代表大会、监事会、社员大会和其他选项。可以发现,户籍在本村的村民中有 50.50% 的成员认为股份合作社重大事项决策权是由理事会掌握的,明显高于户籍不在本村的受调查者 22.41% 的比例。由此可知,户籍在本村的村民明显比户籍不在本村的村民更加倾向于认为合作社的重大事项决策权是理事会掌握的,这可能是由于户籍是限制村民成为社员的一个重要因素,本村户籍的人更加可能成为社员,因此对合作社的具体运行情况更加了解。

表 5.34　A5 * C1

频数 百分比	1	2	3	4	5	合计
4	1 1.72	7 12.07	17 29.31	20 34.48	13 22.41	58
5	3 1.49	16 7.92	11 5.45	70 34.65	102 50.50	202
合计	4	23	28	90	115	260

资料来源:笔者制作。

按照被调查者是否为农村股份合作社的管理人员分类的选答比例和频数如表 5.35 所示。其中纵向的 4 和 5 分别代表受调查者不是股份合作社的管理人员和是合作社的管理人员,横向的 5、4、3、2、1 分别代表选答的理事会、股东代表大会、监事会、社员大会和其他选项。表中可以反映出非股份合作社的管理人员中有 50% 的人认为合作社的重大事项决策权由理事会，由此发现非股份合作社管理人员更加倾向于认为合作社的重大事项由理事会决定，而股份合作社管理人员中分别有 31.25% 和 41.25% 的人认为合作社的重大事项决策权由理事会和股东代表大会决策，说明合作社管理层级内部，股东代表大会和理事会对于重大事项的决策权是不够明晰的。

表 5.35　A5 * C1

频数 百分比	1	2	3	4	5	合计
4	4 2.22	17 9.44	12 6.67	57 31.67	90 50.00	180
5	0 0.00	6 7.50	16 20.00	33 41.25	25 31.25	80
合计	4	23	28	90	115	260

资料来源：笔者制作。

3. 平均分/标准差/差异系数分析

对于这一题的选项，我们分别给选择理事会、股东代表大会、监事会、社员大会、其他这 5 个选项赋分为 5、4、3、2、1 分。总体上，从平均分可以看出受访者平均分在 4.11 分，标准差较小，差异系数较大，受访者比较集中选择了理事会和股东代表大会；按照户籍分组，可以看出户籍不在本村的受访者平均分得分较低，且差异系数比较大，选项相对来说比较分散，而户籍在本村的平均分得分为 4.25 比较高，选项的标准差和差异系数相对来说都较小，这可能是由于户籍在本村的人对合作社的运行比较了解，选择更加真实；按照是否为合作社管理人员分组，非管理人员平均分比较高，为 4.18，选项比较集中在理事会上，而管理人员平均分较低，为 3.96，且选项比较分散于理事会、股东代表大会以及监事会，由于管理人员对合作社的具体运作可能更加了解，所以他们反映的情况可能更真实，通过这个问题反映出合作社内部关于重大事项的决策权划分是不明确的。

表 5.36　平均分/标准差/差异系数分析

分组		平均分(综合评定)	标准差	差异系数
总体		4.11	1.02	24.73
户籍?	否	3.64	1.02	28.06
	是	4.25	0.98	22.99
合作社管理人员?	否	4.18	1.06	25.32
	是	3.96	0.91	22.87

资料来源:笔者制作。

4.结论

通过上述分析可以发现以下的问题,那就是被访者总体上认为重大事项的决策权是更多掌握在理事会手中的,而本村户籍的人员和合作社管理人员可能反映出合作社内部关于重大事项的决策权的划分是不够清晰的。

(二)投票的过程缺乏透明性

投票的过程参与主体和涉及的程序较多,是一个重要环节,我们依据问卷中题目 C3 来考察股份合作社决策过程中的相关工作好坏与现实相符情况。主要从提前发布决策通知、广泛听取社员意见、允许社员参与监督和及时公布投票结果四个方面进行考察。

1.提前发布决策通知

(1)P 值分析。我们根据受调查者的基本特征,考察了不同性别、年龄、学历、户籍等对这道题的回答。如表 5.37 所示,A8 和 A9 分别表示是否为村委会工作人员和是否为村股份合作社的管理人员,经过卡方检验发现,关于提前发布决策通知,是否为村委会工作人员和是否为村股份合作社的管理人员得到的 P 值分别为0.00001和0,明显小于0.05,说明原假设发生是小概率事件,所以说提前发布决策通知与被调查者是否为村委会工作人员和是否为村股份合作社的管理人员显著相关,其他因素则没有明显影响。

表 5.37　C1P 值

Obs	kind	卡方	卡方自由度	卡方 P 值
312	A8_C3_1	29.5159	4	0.00001
369	A9_C3_1	32.1204	4	0

资料来源:笔者制作。

（2）选答比例及频数。按照被调查者是否为村委会工作人员分类的选答比例和频数如下（见表5.38）：其中纵向的4和5分别代表受调查者不是村委会工作人员和他是村委会工作人员，横向的5、4、3、2、1分别代表选答的非常好、比较好、一般好、比较差、非常差。表中可以反映出非村委会工作人员中有36.71%的人认为比较差，而村委会工作人员中有53.45%的人认为比较差。

表5.38　A8_C3_1

频数百分比	1	2	3	4	5	合计
4	15 7.25	76 36.71	43 20.77	41 19.81	32 15.46	207
5	0 0.00	31 53.45	8 13.79	10 17.24	9 15.52	58
合计	15	107	51	51	41	265

资料来源：笔者制作。

按照被调查者是否为农村股份合作社的管理人员分类的选答比例和频数如下（见表5.39）：其中纵向的4和5分别代表受调查者不是股份合作社的管理人员和他是合作社的管理人员，横向的5、4、3、2、1分别代表选答的非常好、比较好、一般好、比较差、非常差。表中可以反映出非股份合作社的管理人员中有41.53%的人认为比较差，而股份合作社管理人员中分别有45.12%的人认为比较差。

表5.39　A9_C3_1

频数百分比	1	2	3	4	5	合计
4	24 13.11	76 41.53	36 19.67	35 19.13	12 6.56	183
5	17 20.73	37 45.12	15 18.29	10 12.20	3 3.66	82
合计	41	113	51	45	15	265

资料来源：笔者制作。

（3）平均分/标准差/差异系数分析。如表5.40所示，对于这一题的选项，我们分别给选择非常好、比较好、一般好、比较差、非常差，这5个选项赋分为5、4、3、

2、1分。总体上,从平均分可以看出受访者平均分在2.14分,标准差较小,差异系数较大,受访者比较集中选择了比较差;按照是否为村委会工作人员分组,可以看出非村委会工作人员的受访者平均分得分较低,为2分,且差异系数比较大,选项相对来说集中于比较差,而村委会工作人员的平均分得分比较高,为2.67分,选项的标准差和差异系数相对来说都较小,选项相对来说比较分散;按照是否为合作社管理人员分组,非管理人员平均分比较高,为2.91分,且差异系数比较大,选项相对来说比较集中于比较差,而管理人员平均分较低,为2.67分,选项的标准差和差异系数相对来说都较小,且选项比较分散。

表5.40 平均分/标准差/差异系数分析

分组		平均分(综合评定)	标准差	差异系数
总体		2.14	1.19	37.99
村委会工作人员?	否	2	1.22	40.62
	是	2.67	0.94	25.7
合作社管理人员?	否	2.91	1.18	40.59
	是	2.67	1.05	28.73

资料来源:笔者制作。

(4)结论。通过上述分析可以发现以下的问题,那就是被访者总体上认为关于股份合作社决策过程中的提前发布决策通知这一环节做得比较差。

2.广泛听取社员意见

(1)P值分析。我们根据受调查者的基本特征,考察了不同性别、年龄、学历、户籍等对这道题的回答。如表5.41所示,A6、A8和A9分别表示户籍是否在现居住的村子、是否为村委会工作人员和是否为村股份合作社的管理人员,经过卡方检验发现,关于广泛听取社员意见,户籍是否在现居住的村子、是否为村委会工作人员和是否为村股份合作社的管理人员得到的P值分别为0.02026、0和0.00003,明显小于0.05,说明原假设发生是小概率事件,所以说广泛听取社员意见与被调查者户籍是否在现居住的村子、是否为村委会工作人员和是否为村股份合作社的管理人员显著相关,其他因素则没有明显影响。

表 5.41　C3P 值

Obs	kind	卡方	卡方自由度	卡方 P 值
256	A6_C3_2	11.6371	4	0.02026
313	A8_C3_2	32.0338	4	0
370	A9_C3_2	26.1457	4	0.00003

资料来源:笔者制作。

(2)选答比例及频数。按照被调查者户籍是否在现居住的村子分类的选答比例和频数如下(见表5.42):其中纵向的 4 和 5 分别代表受调查者户籍不在现居住的村子和户籍在现居住的村子,横向的 5、4、3、2、1 分别代表选答的非常好、比较好、一般好、比较差、非常差。表中可以反映出户籍在现居住的村子的被调查者中有31.17%的人认为比较差,而户籍不在现居住的村子的被调查者中有25.53%的人认为一般好,但同时也有25.00%的人认为比较差。

表 5.42　A6_C3_2

频数 百分比	1	2	3	4	5	合计
4	18 23.38	24 31.17	12 15.58	12 15.58	11 14.29	77
5	40 21.28	47 25.00	48 25.53	34 18.09	19 10.11	188
合计	58	71	60	46	30	265

资料来源:笔者制作。

按照被调查者是否为村委会工作人员分类的选答比例和频数如下(见表5.43):其中纵向的 4 和 5 分别代表受调查者不是村委会工作人员和是村委会工作人员,横向的 5、4、3、2、1 分别代表选答的非常好、比较好、一般好、比较差、非常差。表中可以反映出非村委会工作人员中有30.43%的人认为比较差,而村委会工作人员中有39.66%的人认为比较差。

表 5.43　A8_C3_2

频数 百分比	1	2	3	4	5	合计
4	46 22.71	63 30.43	46 22.22	23 11.11	28 13.53	207
5	14 24.14	23 39.66	9 15.52	8 13.79	4 6.90	58
合计	60	86	55	31	32	265

资料来源:笔者制作。

按照被调查者村股份合作社的管理人员分类的选答比例和频数如下(表 5.44):其中纵向的 4 和 5 分别代表受调查者户籍不在现居住的村子和户籍在现居住的村子,横向的 5、4、3、2、1 分别代表选答的非常好、比较好、一般好、比较差、非常差。表中可以反映出非管理人员中有 34.30% 的人认为比较差,而管理人员中均有 28.05% 的人认为比较差和一般好。

表 5.44　A9_C3_2

频数 百分比	1	2	3	4	5	合计
4	39 21.31	63 34.43	37 20.22	23 12.57	21 11.48	183
5	12 14.63	23 28.05	23 28.05	8 9.76	16 19.51	82
合计	51	86	60	31	37	265

资料来源:笔者制作。

(3) 平均分/标准差/差异系数分析。如表 5.45 所示,对于这一题的选项,我们分别给选择非常好、比较好、一般好、比较差、非常差,这 5 个选项赋分为 5、4、3、2、1 分。总体上,从平均分可以看出受访者平均分在 2.8 分,标准差较小,差异系数较大,受访者比较集中选择了比较差;按照户籍分组,可以看出户籍在本村的受访者平均分得分较低为 2.83 分,差异系数比较小,选项相对来说比较分散,而户籍在本村的平均分得分为比较高 2.79 分,差异系数比较大,选择集中在比较差;按照是否为村委会工作人员分组,村委会工作人员平均分比较高,为 3.43 分,差异系数比较小,选项比较分散,而非村委会工作人员平均分较低,为 2.62 分,差异系数比较大,且选项集中于比较差;按照是否为合作社管理人员分组,管理人员平均分比较高,为3.28分,差异系数比较小,选项比较分散,而非管理人员平均分较低,为2.58分,差异系数比较大,且选项比较分散于比较差。

表5.45　平均分/标准差/差异系数分析

分组		平均分(综合评定)	标准差	差异系数
总体		2.80	1.32	47.06
是否为村户籍	否	2.83	1.18	41.57
	是	2.79	1.36	48.65
是否为村委会工作人员	否	2.62	1.32	50.16
	是	3.43	1.13	32.81
是否为合作社管理人员	否	2.58	1.27	49.21
	是	3.28	1.30	39.58

资料来源:笔者制作。

(4)结论。通过上述分析可以发现以下的问题,那就是被访者总体上认为关于股份合作社决策过程中的广泛听取社员意见这一环节做得比较差。

3.允许社员参与监督

(1)P值分析。我们根据受调查者的基本特征,考察了不同性别、年龄、学历、户籍等对这道题的回答。如表5.46所示,A8和A9分别表示是否为村委会工作人员和是否为村股份合作社的管理人员,经过卡方检验发现,关于允许社员参与监督,是否为村委会工作人员和是否为村股份合作社的管理人员得到的P值分别为0.00019和0.00011,明显小于0.05,说明原假设发生是小概率事件,所以说允许社员参与监督与被调查者是否为村委会工作人员和是否为村股份合作社的管理人员显著相关,其他因素则没有明显影响;关于及时公布投票结果,是否为村委会工作人员和是否为村股份合作社的管理人员得到的P值分别为0.00007和0.00089,明显小于0.05,说明原假设发生是小概率事件,所以说村及时公布投票结果与受调查者户籍是否为村委会工作人员和是否为村股份合作社的管理人员显著相关,其他因素则没有明显影响。

表5.46　C3 P值

Obs	kind	卡方	卡方自由度	卡方P值
314	A8_C3_3	22.1333	4	0.00019
371	A9_C3_3	23.388	4	0.00011

资料来源:笔者制作。

（2）选答比例及频数。按照被调查者是否为村委会工作人员分类的选答比例和频数如下（见表5.47）：其中纵向的4和5分别代表受调查者不是村委会工作人员和是村委会工作人员，横向的5、4、3、2、1分别代表选答的非常好、比较好、一般好、比较差、非常差。表中可以反映出非村委会工作人员中有34.30％的人认为比较差，而村委会工作人员中有31.03％的人认为比较差。

表5.47　A8_C3_3

频数 百分比	1	2	3	4	5	合计
4	47 22.71	71 34.30	39 18.84	22 10.63	28 13.53	207
5	4 6.90	18 31.03	14 24.14	12 20.69	10 17.24	58
合计	51	89	53	34	38	265

资料来源：笔者制作。

按照被调查者是否为农村股份合作社的管理人员分类的选答比例和频数如下（见表5.48）：其中纵向的4和5分别代表受调查者不是股份合作社的管理人员和是合作社的管理人员，横向的5、4、3、2、1分别代表选答的非常好、比较好、一般好、比较差、非常差。表中可以反映出非股份合作社的管理人员中有37.16％的人认为比较差，而股份合作社管理人员中分别有24.39％的人认为一般好，有23.17％的人认为比较差和非常差。

表5.48　A9_C3_3

频数 百分比	1	2	3	4	5	合计
4	42 22.95	68 37.16	33 18.03	21 11.48	19 10.38	183
5	19 23.17	19 23.17	20 24.39	15 18.29	9 10.98	82
合计	61	87	53	36	28	265

资料来源：笔者制作。

（3）平均分/标准差/差异系数分析。如表5.49所示，对于这一题的选项，我们分别给选择非常好、比较好、一般好、比较差、非常差，这5个选项赋分为5、4、3、

2、1 分。总体上,从平均分可以看出受访者平均分在 2.74 分,标准差较小,差异系数较大,受访者比较集中选择了比较差;按照是否为村委会工作人员分组,村委会工作人员平均分比较高,为 3.31 分,差异系数比较小,选项比较分散,而非村委会工作人员平均分较低,为 2.58 分,差异系数比较大,且选项集中于比较差;按照是否为合作社管理人员分组,管理人员平均分比较高,为 3.29 分,差异系数比较小,选项比较分散,而非管理人员平均分较低,为 2.49 分,差异系数比较大,且选项比较集中于比较差。

表 5.49　平均分/标准差/差异系数分析

分组		平均分(综合评定)	标准差	差异系数
总体		2.74	1.32	48.24
是否为村委会工作人员	否	2.58	1.32	50.99
	是	3.31	1.19	35.88
是否为合作社管理人员	否	2.49	1.25	50.28
	是	3.29	1.31	39.78

资料来源:笔者制作。

(4)结论。通过上述分析可以发现以下的问题,那就是被访者总体上认为关于股份合作社决策过程中的允许社员参与监督这一环节做得比较差。

4. 及时公布投票结果

(1)P 值分析。我们根据受调查者的基本特征,考察了不同性别、年龄、学历、户籍等对这道题的回答。如表 5.50 所示,A8 和 A9 分别表示户籍是否在现居住的村子、是否为村委会工作人员和是否为村股份合作社的管理人员,经过卡方检验发现,关于及时公布投票结果,是否为村委会工作人员和是否为村股份合作社的管理人员得到的 P 值分别为 0.00007 和 0.00089,明显小于 0.05,说明原假设发生是小概率事件,所以说村及时公布投票结果与受调查者户籍是否为村委会工作人员和是否为村股份合作社的管理人员显著相关,其他因素则没有明显影响。

表 5.50　C3 P 值

Obs	kind	卡方	卡方自由度	卡方 P 值
315	A8_C3_4	24.2646	4	0.00007
372	A9_C3_4	18.7135	4	0.00089

资料来源:笔者制作。

(2)选答比例及频数。按照被调查者是否为村委会工作人员分类的选答比例和频数如下(见表5.51):其中纵向的4和5分别代表受调查者不是村委会工作人员和是村委会工作人员,横向的5、4、3、2、1分别代表选答的非常好、比较好、一般好、比较差、非常差。表中可以反映出非村委会工作人员中有25.12%的人认为比较差,而村委会工作人员中有50.00%的人认为比较差。

表5.51　A8_C3_4

频数 百分比	1	2	3	4	5	合计
4	32 15.46	52 25.12	48 23.19	40 19.32	35 16.91	207
5	3 5.17	29 50.00	12 20.69	7 12.07	7 12.07	58
合计	35	81	60	47	42	265

资料来源:笔者制作。

按照被调查者是否为农村股份合作社的管理人员分类的选答比例和频数如下(见表5.52):其中纵向的4和5分别代表受调查者不是股份合作社的管理人员和是合作社的管理人员,横向的5、4、3、2、1分别代表选答的非常好、比较好、一般好、比较差、非常差。表中可以反映出非股份合作社的管理人员中有26.23%的人认为比较差,而股份合作社管理人员中分别有24.39%的人认为一般好,有39.02%的人认为比较差。

表5.52　A9_C3_4

频数 百分比	1	2	3	4	5	合计
4	31 16.64	48 26.23	40 21.86	37 20.22	27 14.75	183
5	4 4.88	32 39.02	20 24.39	11 13.41	15 18.29	82
合计	35	80	60	48	42	265

资料来源:笔者制作。

(3)平均分/标准差/差异系数分析。如表5.53所示,对于这一题的选项,我们分别给选择非常好、比较好、一般好、比较差、非常差,这5个选项赋分为5、4、3、

2、1分。总体上，从平均分可以看出受访者平均分在2.09分，标准差较小，差异系数较大，受访者比较集中选择了比较差；按照是否为村委会工作人员分组，非村委会工作人员平均分比较高，为2.97分，差异系数比较大，选项集中于比较差，而村委会工作人员平均分较低，为2.52分，差异系数比较小，且选项比较分散；按照是否为合作社管理人员分组，非管理人员平均分比较高，为2.9分，差异系数比较大，选项比较集中于比较差，而管理人员平均分较低，为2.52分，差异系数比较小，且选项比较分散。

表5.53 平均分/标准差/差异系数分析

分组		平均分（综合评定）	标准差	差异系数
总体		2.09	1.28	41.48
是否为村委会工作人员	否	2.97	1.32	44.48
	是	2.52	1.03	29.29
是否为合作社管理人员	否	2.90	1.32	45.43
	是	2.52	1.09	30.96

资料来源：笔者制作。

（4）结论。通过上述分析可以发现以下的问题，那就是被访者总体上认为关于股份合作社决策过程中的及时公布投票结果这一环节做得比较差。

（三）投票的规则缺乏明确性

决策中的投票规则对于规范投票主体的行为、保证投票正常有序进行意义重大，我们依据问卷中题目C4和C5，即对理事会会议和股东（代表）大会的决策是否实行一股一票进行了考察。

1.理事会会议

（1）P值分析。我们根据受调查者的基本特征，考察了不同性别、年龄、学历、户籍等对这道题的回答。如表5.54所示，A5和A6分别代表受调查者户籍是否在现居住的村子和是否为村股份合作社的社员，经过卡方检验发现，它们得到的P值分别为0.00143和0.02816，明显小于0.05，说明原假设发生是小概率事件，所以说股份合作社决策的投票结果客观程度，与受调查者户籍是否在现居住的村子和是否为村股份合作社的社员显著相关，其他因素则没有明显影响。

表 5.54 C4 P 值

Obs	kind	卡方	卡方自由度	卡方 P 值
202	A5_C4	10.1700	1	0.00143
259	A6_C4	4.8181	1	0.02816

资料来源:笔者制作。

（2）选答比例分析。按照被调查者的户籍的分类的选答频数和比例如下（见表 5.55）:其中纵向的 4 和 5 分别代表户籍在本村和户籍不在本村,横向的 - 1 和 1 分别代表选答的理事会会议的决策是实行一人一票和不实行一人一票。可以发现,户籍不在本村的被调查者中有 54.24% 认为理事会会议的决策实行一人一票,高于没有实行一人一票的 45.76%;而户籍在本村的被调查者中有 31.55% 认为实行一人一票,低于没有实行一人一票的 68.45%。户籍在本村的相比不在本村的要更为清楚合作社的运作,所以他们反映的情况可能更真实。

表 5.55　A5_C4

频数 百分比	- 1	1	合计
4	32 54.24	27 45.76	59
5	5 31.55	65 68.45	141
合计	37	92	206

资料来源:笔者制作。

按照被调查者是否为村股份合作社的社员分类的选答频数和比例如下（见表 5.56）:其中纵向的 4 和 5 分别代表是村股份合作社的社员和不是村股份合作社的社员,横向的 - 1 和 1 分别代表选答的理事会会议的决策实行一人一票和没有实行一人一票。可以发现,非股份合作社社员中有 46.75% 认为理事会会议的决策实行一人一票,低于实行没有一人一票的 53.25%;而股份合作社的社员中有 32.45% 认为实行一人一票,远低于没有实行一人一票的 67.55%。

表 5.56　A6_C4

频数 百分比	−1	1	合计
4	36 46.75	41 53.25	77
5	61 32.45	127 67.55	188
合计	97	168	265

资料来源:笔者制作。

(3)平均分/标准差/差异系数分析。对于这一题的选项,我们分别给选择实行一人一票制和没有实行一人一票制的选项赋分为 −1 和 1 分。总体上,从平均分可以看出受访者平均分在 0.27 分,标准差不大但差异系数较大,受访者比较集中选择了没有实行一人一票制;按照户籍分组,可以看出户籍不在本村的受访者平均分得分较低,为 0.08 分,且差异系数小,选项相对来说比较分散,而户籍在本村的平均分得分比较高,为 0.37 分,选项的标准差较小,差异系数相对来说较大,集中于没有实行一人一票制;按照是否为合作社社员分组,非社员平均分比较低,为 0.06 分,而社员平均分较高,为 0.35 分,社员比非社员更倾向于没有实行一人一票。户籍在本村比户籍不在本村要更为清楚合作社的运作,社员相比非社员要更为清楚合作社的运作,所以他们反映的情况可能更真实。通过这个问题反映出理事会会议决策的投票并不明确,没有严格实行一人一票制。

表 5.57　平均分/标准差/差异系数分析

分组		平均分(综合评定)	标准差	差异系数
总体		0.27	0.97	360.27
是否为 本村户籍	否	−0.08	1	−1185.85
	是	0.37	0.93	252.55
是否为 合作社社员	否	0.06	1	1546.83
	是	0.35	0.94	267.43

资料来源:笔者制作。

(4)结论。通过上述分析可以发现以下的问题,那就是被访者总体上认为没有实行一人一票的比重较大,理事会会议决策的投票并不明确。

2．股东(代表)大会

(1)P值分析。我们根据受调查者的基本特征,考察了不同性别、年龄、学历、户籍等对这道题的回答。如表5.58所示,A9分别代表受调查者是否为村股份合作社的管理人员,经过卡方检验发现,它得到的P值为0.0012,明显小于0.05,说明原假设发生是小概率事件,所以说股份合作社决策的投票结果客观程度,与受调查者是否为村股份合作社的管理人员显著相关,其他因素则没有明显影响。

表5.58　C5 P值

Obs	kind	卡方	卡方自由度	卡方P值
374	A9_C5	10.4904	1	0.0012

资料来源:笔者制作。

(2)选答比例分析。按照被调查者的户籍的分类的选答频数和比例如下(见表5.59):其中纵向的4和5分别代表户籍不在本村和户籍在本村,横向的-1和1分别代表选答的股东(代表)大会会议的决策实行一人一票和没有实行一人一票。可以发现,户籍不在本村的被调查者中有46.75%认为股东(代表)大会会议的决策实行一人一票,低于没有实行一人一票的53.25%;而户籍在本村的被调查者中有32.45%认为实行一人一票,低于实行一人一票67.55%。可以看出股东(代表)大会会议决策的投票并不明确,没有严格实行一人一票制。

表5.59　A9_C5

频数 百分比	-1	1	合计
4	36 46.75	41 53.25	77
5	5 32.45	61 67.55	188
合计	97	168	265

资料来源:笔者制作。

(3)平均分/标准差/差异系数分析。如表5.60所示,对于这一题的选项,我们分别给选择实行一人一票制和没有实行一人一票制的选项赋分为-1和1分。总体上,从平均分可以看出受访者平均分在0.09分,标准差不大但差异系数较大,受访者比较集中选择了没有实行一人一票制;按照户籍分组,可以看出户籍不在本村的受访者平均分得分较高,为 0.15 分,且差异系数小,选项相对来说比较分散,而户籍在本村的平均分得分比较低,为 0.08 分,差异系数相对来说较大,集中于没有实行一人一票制。户籍在本村的比不在本村的更倾向于没有实行一人一票,户籍在本村的比不在本村的要更为清楚合作社的运作,所以他们反映的情况可能更真实。通过这个问题反映出理事会会议决策的投票并不明确,没有严格实行一人一票制。

表 5.60　平均分/标准差/差异系数分析

分组		平均分(综合评定)	标准差	差异系数
总体		0.09	1	1057.27
是否为本村户籍	否	0.15	1	653.440
	是	0.08	1	1286.74

资料来源:笔者制作。

(4)结论。通过上述分析可以发现以下的问题,那就是被访者总体上认为没有实行一人一票的比重较大,理事会会议决策的投票并不明确。

(四)投票的结果缺乏客观性

投票结果与股份社成员利益直接相关,其客观程度表达了村民的意愿,对于股份合作社的发展和村社治理都具有重要作用,依据问卷中题目 C6 来考察股份合作社决策的投票结果客观程度。

1. P 值分析

我们根据受调查者的基本特征,考察了不同性别、年龄、学历、户籍等对这道题的回答。如表 5.61 所示,A8 和 A9 分别代表受调查者是否为村委会工作人员和是否为村股份合作社的管理人员,经过卡方检验发现,它们得到的 P 值分别为 0.00056 和 0 明显小于 0.05,说明原假设发生是小概率事件,所以说股份合作社决策的投票结果客观程度,与受调查者是否为村委会工作人员和是否为村股份合作社的管理人员显著相关,其他因素则没有明显影响。

表 5.61　C6 P 值分析

Obs	kind	卡方	卡方自由度	卡方 P 值
318	A8_C6	19.7381	4	0.00056
375	A9_C6	33.9666	4	0

资料来源:笔者制作。

2.选答比例分析

受访者总体选答比例如表5.62所示。

表5.62　A8_C6

频数 百分比	1	2	3	4	5	合计
4	18 8.70	62 29.95	72 34.78	46 22.22	9 4.35	207
5	2 3.45	21 36.21	22 37.93	5 8.62	8 13.79	58
合计	20	83	94	51	14	265

资料来源:笔者制作。

关于股份合作社决策的投票结果客观程度,按照被调查者是否为村委会工作人员来分类的选答比例和频数如下(见表5.62):其中表中纵向的5和4分别代表受调查者是村委会工作人员和不是村委会工作人员,横向的5、4、3、2、1分别代表选答的非常客观、比较客观、一般客观、不太客观、很不客观。表中可以反映出非村委工作人员中有34.78%的被调查者认为一般客观,而村委会工作人员中有37.93%的被调查者认为一般客观。

表5.63　A9_C6

频数 百分比	1	2	3	4	5	合计
4	18 9.84	59 32.24	66 36.07	33 18.03	7 3.83	183
5	2 2.44	34 41.46	28 34.15	8 9.76	10 12.20	82
合计	20	93	94	41	17	265

资料来源:笔者制作。

按照被调查者是否为村股份合作社的管理人员来分类的选答比例和频数如下(见表5.63):表中纵向的5和4分别代表是合作社的管理人员和是合作社的管理人员,横向的5、4、3、2、1分别代表选答的非常客观、比较客观、一般客观、不太客观、很不客观。36.21%的调查者认为不太客观,非合作社的管理人员中有36.07%的被调查者认为一般客观,而合作社的管理人员中分别有41.46%的被调查者认为不太客观,说明多数人认为股份合作社决策的投票结果一般客观或不太客观。

3. 平均分/标准差/差异系数分析

关于股份合作社决策的投票结果客观程度,我们分别给选择非常客观、比较客观、一般客观、不太客观、很不客观这5个选项赋分为5、4、3、2、1分。总体上,从平均分可以看出受访者平均分在2.98分(见表5.64),标准差较小,差异系数较大,受访者比较集中选择了一般客观和不太客观。按照是否为村委会工作人员分组,村委会工作人员平均分比较高,为3.48分,选项比较集中在一般客观,而非村委会工作人员平均分较低,为2.84分,选项比较集中于一般客观。按照是否为合作社管理人员分组,管理人员平均分比较高,为3.51分,选项比较集中在不太客观而非管理人员平均分较低,为2.74分,选项比较集中于一般客观。不管是否为村委会人员和合作社管理人员都集中于认为不太客观和一般客观,因此我们得出的结论为股份合作社决策的投票结果一般客观。

表5.64　平均分/标准差/差异系数分析

分组		平均分(综合评定)	标准差	差异系数
总体		2.98	1.03	34.70
是否为村委会 工作人员	否	2.84	1.01	35.64
	是	3.48	0.96	27.55
是否为合作社 管理人员	否	2.74	0.99	36.27
	是	3.51	0.92	26.18

资料来源:笔者制作。

4. 结论

通过上述分析可以发现以下的问题,那就是被访者总体上认为股份合作社决策的投票结果一般客观,且认为不太客观的比重也比较大,因此客观性需要加强。

二、行政管理体制不科学

(一)党政领导与合作社法人领导

党政领导与合作社法人之间的关系非常紧密,其是否一致对于村社自治和合作社本身的发展具有重要作用,我们依据问卷中的C8来考察股份合作社的领导和办事机构和村委会一致的程度。

1. P值分析

我们根据受调查者的基本特征,考察了不同性别、年龄、学历、户籍等对这道题的回答,如表5.65所示,A9代表受调查者是否为股份合作社的管理人员,经过卡方检验发现,它得到的P值为0.0019,明显小于0.05,说明原假设发生是小概率事件,所以说对于这道题的回答与受调查者是否为股份合作社管理人员特征显著相关,其他因素则没有明显影响。所以下面我们来分析样本总体以及按照是否为股份合作社的管理人员分组对这个问题进行分析。

表5.65 C8 P值

Obs	kind	卡方	卡方自由度	卡方P值
376	A9_C8	17.5251	4	0.00153

资料来源:笔者制作。

2. 选答比例及频数

按照被调查者是否为村委会工作人员分类的选答比例和频数如下(见表5.66):其中纵向的4和5分别代表受调查者不是股份合作社的管理人员和他是股份合作社的管理人员,横向的5、4、3、2、1分别代表选答的非常高、比较高、一般高、比较低、非常低。表中可以反映出非合作社的管理人员中有33.52%的人认为一般高,同时也有30.22%的人认为比较低与之几乎持平,而股份合作社的管理人员中有46.34%的人认为比较差。相比较而言股份合作社的管理人员更清楚合作社内部运作因此对其情况了解得应该更为清楚,所以反映的情况应该更为真实。

表5.66 A9_C8

频数 百分比	1	2	3	4	5	合计
4	5 2.75	23 12.64	61 33.52	55 30.22	38 20.88	182
5	0 0.00	10 12.20	31 37.80	38 46.34	3 3.66	82
合计	5	33	92	93	41	264

资料来源:笔者制作。

3. 平均分/标准差/差异系数分析

对于这一题的选项,我们分别给选择非常高、比较高、一般高、比较低、非常低,这5个选项赋分为5、4、3、2、1分。总体上,从平均分可以看出受访者平均分在

2.98 分(见表 5.67),标准差和差异系数都较小,受访者比较集中选择了一般高和比较低;按照是否为合作社管理人员分组,可以看出非合作社管理人员的受访者平均分得分较低,为 2.74 分,且差异系数比较大,选项相对来说集中于比较低,而合作社管理人员的平均分得分比较高,为 3.51 分,选项的标准差和差异系数相对来说都较小,选项相对来说比较分散。

表 5.67　平均分/标准差/差异系数分析

分组		平均分(综合评定)	标准差	差异系数
总体		2.98	1.03	34.70
是否为合作社管理人员	否	2.74	0.99	36.27
	是	3.51	0.92	26.18

资料来源:笔者制作。

4.结论

通过上述分析可以发现以下的问题,那就是被访者总体上认为关于股份合作社的领导和办事机构和村委会一致的程度比较低。

(二)上级政府行政管理干预较多

村社自治普遍存在政社合一的现象,反映在股份合作社中主要表现为上级政府对其进行的行政管理干预。为了研究这个问题,我们通过问卷中的 C9 对乡镇政府干预农村股份合作社程度进行调查,主要从行政命令、行政规划和财政干预三个方面进行研究。

1.行政命令

关于行政命令对干预农村股份合作社程度的情况,我们根据受调查者的基本特征,考察了不同性别、年龄、学历、户籍等对这道题的回答,经过卡方检验发现,没有因素对这个问题的回答有显著影响。

2.行政规划

(1)P 值分析。关于行政规划对干预农村股份合作社程度的情况,我们根据受调查者的基本特征,考察了不同性别、年龄、学历、户籍等对这道题的回答。如表 5.68 中所示,A3、A5 和 A9 分别代表受调查者的文化程度、户籍是否在现居住的村子和是否为股份合作社的管理人员,经过卡方检验发现,它们得到的 P 值分别为 0.00586、0 和 0.00846,明显小于 0.05,说明原假设发生是小概率事件,所以说行政规划干预农村股份合作社程度,与被调查者被调查者的文化程度、户籍是否在现居住的村子和是否为股份合作社的管理人员显著相关,其他因素则没有明显影响。

表5.68 C9 P 值

Obs	kind	卡方	卡方自由度	卡方 P 值
150	A3_C9_2	33.7544	16	0.00586
207	A5_C9_2	37.0664	4	0
378	A9_C9_2	13.6599	4	0.00846

资料来源:笔者制作。

(2)选答比例及频数。按照被调查者是否为村委会工作人员分类的选答比例和频数如下(见表5.69):其中纵向的5、4、3、2、1分别代表受调查者的文化程度为小学及以下、初中、高中及中专、大专及本科、硕士及以上,横向的5、4、3、2、1分别代表选答的非常高、比较高、一般高、比较低和非常低。表中可以反映出文化程度是小学及以下的有43.24%认为非常高,初中的有53.13%认为比较高,高中及中专的有56.98%认为比较高,大专及本科的有64.86%认为比较高,硕士及以上有37.50%认为非常高。

表5.69 A3_C9_2

频数 百分比	1	2	3	4	5	合计
1	1 12.50	0 0.00	2 25.00	2 25.00	3 37.50	8
2	1 2.70	1 2.70	5 13.51	24 64.86	6 16.22	37
3	0 0.00	3 3.49	11 12.79	49 56.98	23 26.74	86
4	4 4.17	8 8.33	21 21.88	51 53.13	12 12.50	96
5	0 0.00	2 5.41	8 21.62	11 29.73	16 43.24	37
合计	6	14	47	137	60	264

资料来源:笔者制作。

按照被调查者的户籍是否在现居住的村子分类的选答比例和频数如下(见表

5.70)：其中纵向的 4 和 5 分别代表受调查者的户籍在现居住的村子和不在现居住的村子，横向的 5、4、3、2、1 分别代表选答的非常高、比较高、一般高、比较低和非常低。户籍在现居住的村子中有 53.30% 的被调查者认为比较高，户籍不在现居住的村子中有 48.78% 的被调查者认为比较高。

表 5.70　A5_C9_2

频数 百分比	1	2	3	4	5	合计
4	2 1.10	5 2.75	31 17.03	97 53.30	47 25.82	182
5	4 4.88	9 10.98	16 19.51	40 48.78	13 15.85	82
合计	6	14	47	137	60	264

资料来源：笔者制作。

按照被调查者是否为合作社的管理人员分类的选答比例和频数如下（见表 5.71）：其中纵向的其中纵向的 4 和 5 分别代表被调查者是合作社的管理人员和不是合作社的管理人员，横向的 5、4、3、2、1 分别代表选答的非常高、比较高、一般高、比较低和非常低。非村股份合作社的管理人员中有 57.07% 的被调查者认为比较高，村股份合作社的管理人员中有 33.90% 的被调查者认为比较高。说明多数人认为乡镇政府通过行政命令手段干预农村股份合作社程度比较高。

表 5.71　平均分/标准差/差异系数分析

频数 百分比	1	2	3	4	5	合计
4	5 8.47	8 13.56	18 30.51	20 33.90	8 13.56	59
5	1 0.49	6 2.93	29 14.15	117 57.07	52 25.37	205
合计	6	14	47	137	60	264

资料来源：笔者制作。

（3）平均分/标准差/差异系数分析。如表 5.72 所示，关于乡镇政府通过行政规划手段干预农村股份合作社程度，我们分别给选择非常高、比较高、一般高、比较低、非常低，这 5 个选项赋分为 5、4、3、2、1 分。按照文化程度分组，可以看出文化程度为初中的平均分得分最低，为 3.61 分，选择较集中于比较高，文化程度为小学及以下的平均分得分最高,为4.11分,选择较集中于非常高;按照户籍是否在现居住的村子分组,户籍不在现居住的村子平均分比较高,为4.31分,选项比较集中在非常高,而户籍在现居住的村子平均分较低,为4.04,且选项比较集中于比较高;按照是否为合作社管理人员分组,非管理人员平均分比较高,为4分,选项比较集中在非常高,而管理人员平均分较低,为3.60,且选项比较集中于非常高。

表5.72　平均分/标准差/差异系数分析

分组		平均分(综合评定)	标准差	差异系数
文化程度	硕士及以上	4.15	1.39	37.03
	大专及本科	3.89	0.81	20.79
	高中及中专	4.07	0.73	17.99
	初中	3.61	0.96	26.44
	小学及以下	4.11	0.94	22.79
是否为现居住的村子户籍	否	4.31	1.13	34.29
	是	4.04	0.75	18.48
是否为合作社管理人员	否	4.00	0.80	20.01
	是	3.60	1.04	28.93

资料来源:笔者制作。

(4)结论。通过上述分析可以发现以下的问题,那就是被访者总体上认为行政规划对于干预农村股份合作社程度比较高。

3.财政干预

(1)P值分析。关于财政干预,对干预农村股份合作社程度的情况,我们根据受调查者的基本特征,考察了不同性别、年龄、学历、户籍等对这道题的回答。如表5.73所示,A5代表受调查者的户籍是否在现居住的村子经过卡方检验发现,它得到的P值为0.03574,明显小于0.05,说明原假设发生是小概率事件,所以说财政干预农村股份合作社程度,与被调查者被调查者户籍是否在现居住的村子显著相关,其他因素则没有明显影响。

表5.73　C9 P值

Obs	kind	卡方	卡方自由度	卡方P值
208	A5_C9_3	10.2954	4	0.03574

资料来源:笔者制作。

（2）选答比例及频数。按照被调查者是否为合作社的管理人员分类的选答比例和频数如下（见表5.74）：其中纵向的4和5分别代表被调查者是合作社的管理人员和不是合作社的管理人员，横向的5、4、3、2、1分别代表选答的非常高、比较高、一般高、比较低和非常低。非村股份合作社的管理人员中有38.54%的被调查者认为非常高，村股份合作社的管理人员中有33.90%的被调查者认为非常高。说明多数人认为乡镇政府通过行政命令手段干预农村股份合作社程度非常高。

表5.74　A5_C9_3

频数 百分比	1	2	3	4	5	合计
4	5 8.47	10 16.95	7 11.86	17 28.81	20 33.90	59
5	5 2.44	15 7.32	30 14.63	76 37.07	79 38.54	205
合计	10	25	37	93	99	264

资料来源：笔者制作。

（3）平均分/标准差/差异系数分析。如表5.75所示，关于乡镇政府通过财政干预手段干预农村股份合作社程度，我们分别给选择非常高、比较高、一般高、比较低、非常低，这5个选项赋分为5、4、3、2、1分。总体上，从平均分可以看出受访者平均分在3.93分，标准差较小，差异系数较大，受访者比较集中选择了比较高；按照是否为合作社管理人员分组，非管理人员平均分比较低，为3.63分，选项比较集中在比较高，而管理人员平均分较低，为4.02分，且选项比较集中于非常高。

表5.75　平均分/标准差/差异系数分析

分组		平均分（综合评定）	标准差	差异系数
总体		3.93	1.11	28.26
是否为合作社 管理人员	否	3.63	1.34	36.88
	是	4.02	1.02	25.48

资料来源：笔者制作。

（4）结论。通过上述分析可以发现以下的问题，那就是被访者总体上认为财政干预对于干预农村股份合作社程度比较高。

三、内外监督体制不严密

(一)内部监督体制

依据问卷中 C10 来考察履行股份合作社的内部监督职权情况与现实相符的情况,主要从理事会、股东(代表)大会和监事会三个方面来研究这个问题。

1. 理事会

(1)P 值分析。关于履行股份合作社的内部监督职权情况与现实相符的情况,我们根据受调查者的基本特征,考察了不同性别、年龄、学历、户籍等对这道题的回答。如表 5.76 中所示,A1、A5 和 A9 分别代表受调查者的性别、是否为村委会工作人员和是否为股份合作社的管理人员,经过卡方检验发现,关于理事会,被调查者的性别、是否为村委会工作人员和是否为股份合作社的管理人员得到的 P 值分别为 0.02971、0.00371 和 0,明显小于 0.05,说明原假设发生是小概率事件,所以说理事会的内部监督职权情况与现实相符的情况,与被调查者被调查者的性别、是否为村委会工作人员和是否为股份合作社的管理人员显著相关,其他因素则没有明显影响。

表 5.76　C10 P 值

Obs	kind	卡方	卡方自由度	卡方 P 值
38	A1_C10_1	10.7346	4	0.02971
323	A8_C10_1	15.5338	4	0.00371
380	A9_C10_1	32.1555	4	0

资料来源:笔者制作。

(2)选答比例及频数。关于理事会内部监督职权情况与现实相符的情况,按分类的选答比例和频数如下(见表 5.77):表中纵向的 5 和 4 分别代表受调查者是男和女,横向的 5、4、3、2、1 分别代表选答的非常好、比较好、一般好、比较差、非常差。表中可以反映出有 36.36% 的女性认为比较差,而 42.36% 的男性认为比较差。

表 5.77　A1_C10_1

频数 百分比	1	2	3	4	5	合计
4	19 15.70	44 36.36	16 13.22	34 28.10	8 6.61	121
5	10 6.94	61 42.36	32 22.22	28 19.44	13 9.03	82
合计	29	105	48	62	21	265

资料来源:笔者制作。

表5.78中纵向的5和4分别代表受调查者是村委会工作人员和不是村委会工作人员,受调查者不是村委会工作人员的有34.30%的被调查者认为比较差,而受调查者是村委会工作人员的有58.62%的被调查者认为比较差。

表 5.78　A8_C10_1

频数 百分比	1	2	3	4	5	合计
4	28 13.53	71 34.30	38 18.36	54 26.09	16 7.73	207
5	1 1.72	34 58.62	10 17.24	8 13.79	5 8.62	58
合计	29	105	48	62	21	265

资料来源:笔者制作。

表5.79中纵向的5和4分别代表受调查者是股份合作社的管理人员和不是合作社的管理人员,受调查者不是股份合作社的管理人员的有31.15%的被调查者认为比较差,而受调查是股份合作社的管理人员的有58.54%认为比较差。说明多数人认为内部监督职权情况与现实相符的情况比较差。

表 5.79　A9_C10_1

频数 百分比	1	2	3	4	5	合计
4	28 15.30	57 31.15	29 15.85	54 29.51	15 8.20	183
5	1 1.22	48 58.54	19 23.17	8 9.76	6 7.32	82
合计	29	105	48	62	21	265

资料来源:笔者制作。

(3)平均分/标准差/差异系数分析。关于理事会监督职权情况与现实相符的情况,对于这一题的选项,我们分别给选择非常好、比较好、一般好、比较差、非常差这5个选项赋分为1、2、3、4、5分。总体上,从平均分可以看出受访者平均分在2.3分(见表5.80),标准差较小,差异系数较大,受访者比较集中选择了比较差。按照性别分组,性别为女平均分比较高,为2.9分,选项比较集中在比较差,而性别为男平均分较低,为2.64,选项比较集中于比较差。按照是否为村委会工作人员分组,村委会工作人员平均分比较低,为2.59分,选项比较集中在比较差,而非村委会工作人员平均分较高,为2.97分,选项比较集中于比较差。按照是否为合作社管理人员分组,非管理人员平均分比较高,为2.87分,选项比较集中在比较差,管理人员平均分较低,为2.61分,选项比较差。因此我们得出的结论为理事会权力内部监督职权情况与现实相符的情况比较差。

表5.80　平均分/标准差/差异系数分析

分组		平均分(综合评定)	标准差	差异系数
总体		2.30	1.17	37.87
性别	女	2.90	1.24	42.78
	男	2.27	1.09	33.38
是否为村委会工作人员	否	2.97	1.21	40.74
	是	2.59	0.90	25.07
是否为合作社管理人员	否	2.87	1.24	43.16
	是	2.61	0.81	22.52

资料来源:笔者制作。

(4)结论。通过上述分析可以发现以下的问题,那就是被访者总体上认为理事会关于履行监督职权情况与现实相符的情况比较差。

2.股东(代表)大会

(1)P值分析。A5和A9分别代表受调查者是否为村委会工作人员和是否为股份合作社的管理人员,关于股东(代表)大会,被调查者是否为村委会工作人员和是否为股份合作社的管理人员得到的P值分别为0.00049和0.00047(见表5.81),明显小于0.05,说明原假设发生是小概率事件,所以说股东(代表)大会内部监督职权情况与现实相符的情况,与受调查者是否为村委会工作人员和是否为股份合作社的管理人员显著相关,其他因素则没有明显影响。

表 5.81　C10 P 值

Obs	kind	卡方	卡方自由度	卡方 P 值
324	A8_C10_2	20.0584	4	0.00049
381	A9_C10_2	20.1334	4	0.00047

资料来源:笔者制作。

(2)选答比例及频数。关于股东(代表)大会权力内部监督职权情况与现实相符的情况,按分类的选答比例和频数如下(见表5.82):表中纵向的 5 和 4 分别代表受调查者是村委会工作人员和不是村委会工作人员,横向的 5、4、3、2、1 分别代表选答的非常好、比较好、一般好、比较差、非常差。表中可以反映出受调查者不是村委会工作人员的有29.95%的被调查者认为比较差,而受调查者是村委会工作人员的有41.38%的被调查者认为比较差。

表 5.82　A8_C10_2

频数 百分比	1	2	3	4	5	合计
4	33 15.94	62 29.95	55 26.57	43 20.77	14 6.76	183
5	3 5.17	24 41.38	14 24.14	8 13.79	9 15.52	82
合计	36	86	69	51	23	265

资料来源:笔者制作。

表5.83纵向的5和4分别代表受调查者是股份合作社的管理人员和不是合作社的管理人员,横向的5、4、3、2、1分别代表选答的非常好、比较好、一般好、比较差、非常差。表中可以反映出受调查者不是股份合作社的管理人员的有31.69%的被调查者认为比较差,而受调查是股份合作社的管理人员的有37.80%认为比较差。说明多数人认为内部监督职权情况与现实相符的情况比较差。

表5.83　A9_C10_2

频数 百分比	1	2	3	4	5	合计
4	30 16.39	58 31.69	47 25.68	36 19.67	12 6.56	183
5	6 7.32	31 37.80	22 26.83	12 14.63	11 13.41	82
合计	36	89	69	48	33	265

资料来源:笔者制作。

(3)平均分/标准差/差异系数分析。关于股东(代表)大会权力内部监督职权情况与现实相符的情况,总体上如表5.84所示,从平均分可以看出受访者平均分在2.39分,标准差较小,差异系数较大,受访者比较集中选择了比较差。按照是否为村委会工作人员分组,村委会工作人员平均分比较低,为2.48分,选项比较集中在比较差,而非村委会工作人员平均分较高,为2.72分,选项比较集中于比较差。按照是否为合作社管理人员分组,非管理人员平均分比较高,为2.68分,选项比较集中在比较差,管理人员平均分较低,为2.35分,选项比较集中在比较差。

表5.84　平均分/标准差/差异系数分析

分组		平均分(综合评定)	标准差	差异系数
总体		2.39	1.18	40.95
是否为村委会 工作人员	否	2.72	1.16	42.58
	是	2.48	1.08	31.01
是否为合作社 管理人员	否	2.68	1.16	43.12
	是	2.35	1.12	33.25

资料来源:笔者制作。

(4)结论。通过上述分析可以发现以下的问题,那就是被访者总体上认为股东(代表)大会关于履行监督职权情况与现实相符的情况比较差。

3.监事会

(1)P值分析。A8和A9分别代表受调查者是否为村委会工作人员和是否为股份合作社的管理人员,关于监事会如表5.85所示,被调查者是否为村委会工作人员和是否为股份合作社的管理人员得到的P值分别为0.00005和0.0089,明显小于0.05,说明原假设发生是小概率事件,所以说监事会内部监督职权情况与现实相符的情况,与受调查者是否为村委会工作人员和是否为股份合作社的管理人员显著相关,其他因素则没有明显影响。

表5.85　C10 P值

Obs	kind	卡方	卡方自由度	卡方P值
325	A8_C10_3	25.039	4	0.00005
382	A9_C10_3	13.5457	4	0.0089

资料来源:笔者制作。

(2) 选答比例及频数。关于监事会权力内部监督职权情况与现实相符的情况,按分类的选答比例和频数如下(见表5.86):表中纵向的5和4分别代表受调查者是村委会工作人员和不是村委会工作人员,横向的5、4、3、2、1分别代表选答的非常好、比较好、一般好、比较差、非常差。表中可以反映出受调查者不是村委会工作人员的有21.74%的被调查者认为比较差,而受调查者是村委会工作人员的有10.34%的被调查者认为比较差。

表5.86　A8_C10_3

频数 百分比	1	2	3	4	5	合计
4	47 22.71	45 21.74	48 23.19	55 26.57	12 5.80	207
5	3 5.17	6 10.34	16 27.59	24 41.38	9 15.52	58
合计	50	51	64	79	21	265

资料来源:笔者制作。

表5.87纵向的5和4分别代表受调查者是股份合作社的管理人员和不是合作社的管理人员,横向的5、4、3、2、1分别代表选答的非常好、比较好、一般好、比较差、非常差。受调查者不是股份合作社的管理人员的有20.77%的被调查者认为比较差,而受调查是股份合作社的管理人员的有14.63%认为比较差。

表5.87 A9_C10_3

频数 百分比	1	2	3	4	5	合计
4	40 21.86	38 20.77	41 22.40	49 26.78	15 8.20	183
5	10 12.20	12 14.63	23 28.05	31 37.80	6 7.32	82
合计	50	50	64	80	21	265

资料来源:笔者制作。

(3)平均分/标准差/差异系数分析。关于监事会权力内部监督职权情况与现实相符的情况,总体上,从平均分可以看出受访者平均分在2.81分,标准差较小,差异系数较大,受访者比较集中选择了比较差。按照是否为村委会工作人员分组,非村委会工作人员平均分比较低,为2.61分,选项比较集中在比较差,而村委会工作人员平均分较高,为3.52分,选项比较集中于比较差。按照是否为合作社管理人员分组,非管理人员平均分比较低,为2.67分,选项比较集中在比较差,管理人员平均分较高,为3.13分,选项比较集中在比较差。因此我们得出的结论为股东(代表)大会权力内部监督职权情况与现实相符的情况比较差。

表5.88 平均分/标准差/差异系数分析

分组		平均分(综合评定)	标准差	差异系数
总体		2.81	1.24	44.03
是否为村委会 工作人员	否	2.61	1.22	46.56
	是	3.52	1.05	29.77
是否为合作社 管理人员	否	2.67	1.26	47.06
	是	3.13	1.14	36.42

资料来源:笔者制作。

(4)结论。通过上述分析可以发现以下的问题,那就是被访者总体上认为监事会关于履行监督职权情况与现实相符的情况比较差。

(二)外部监督体制

除了股份合作社内部监督,外部监督同样起着重要作用。外部监督主要从股份合作社财务信息公开的次数和股份社在公开的财务信息中,关于股份合作社的收支情况是否清晰两个方面进行评判,我们分别通过问卷中的C11和C12来进行考察。

1.财务信息公开的次数

(1)P值分析。我们根据受调查者的基本特征,考察了不同性别、年龄、学历、户籍等对这道题的回答。如表5.89所示,A8表示是否为村委会工作人员,经过卡方检验发现,它得到的P值为0.00088,明显小于0.05,说明原假设发生是小概率事件,所以说村股份合作社发展的财务信息公开的次数,与受调查者是否为村委会工作人员显著相关,其他因素则没有明显影响。所以下面我们来分析样本总体以及按照是否为村委会工作人员对这个问题进行分析。

表5.89 C11 P值

Obs	kind	卡方	卡方自由度	卡方P值
326	A8_C11	18.7505	4	0.00088

资料来源:笔者制作。

(2)选答比例及频数。按照被调查者是否为村委会工作人员分类的选答比例和频数如下(见表5.90):其中纵向的4和5分别代表受调查者不是村委会工作人员和他是村委会工作人员,横向的5、4、3、2、1分别代表选答股份合作社财务信息公开的次数为0—1次、2—3次、4—5次、6—7次和8次及以上。表中可以反映出非村委会工作人员中有43.96%的人选择了2—3次,而村委会工作人员中有31.03%的人选择了2—3次。

表5.90 A8_C11

频数 百分比	1	2	3	4	5	合计
4	5 2.42	17 8.21	42 20.29	91 43.96	52 25.12	207
5	7 12.07	9 15.52	17 29.31	18 31.03	7 12.07	58
合计	12	26	59	109	59	265

资料来源:笔者制作。

(3)平均分/标准差/差异系数分析。对于这一题的选项,我们分别给选择0—1次、2—3次、4—5次、6—7次和8次及以上,这5个选项赋分为5、4、3、2、1分。总体上如表5.91所示,从平均分可以看出受访者平均分在3.67分,标准差和差异系数都比较小,受访者比较集中选择了2—3次;按照是否为村委会工作人员分组,可以看出非村委会工作人员的受访者平均分得分较高,为3.81分,选项的标准差和差异系数相对来说都较小,选项相对来说比较分散,而村委会工作人员的平均分得分比较低,为3.16分,且差异系数比较大,选项相对来说集中于2—3次。

表5.91　平均分/标准差/差异系数分析

分组		平均分(综合评定)	标准差	差异系数
总体		3.67	1.07	29.10
是否为村委会 工作人员	否	3.81	0.98	25.83
	是	3.16	1.20	37.92

资料来源:笔者制作。

(4)结论。通过上述分析可以发现以下的问题,那就是被访者总体上认为在哪一年,关于股份合作社财务信息公开的次数为2—3次,公开次数较少,财务信息非常不透明。

2. 收支情况

(1)P值分析。我们根据受调查者的基本特征,考察了不同性别、年龄、学历、户籍等对这道题的回答。如表5.92所示,A6和A8分别表示是否为村股份合作社的社员和是否为村股份合作社的管理人员,经过卡方检验发现,它们得到的P值分别为0.00054和0.00216,明显小于0.05,说明原假设发生是小概率事件,所以说村股份合作社发展的收支情况是否明晰,与受调查者是否为村股份合作社的社员和是否为村股份合作社的管理人员显著相关,其他因素则没有明显影响。所以下面我们来分析样本总体以及分别按照是否为村股份合作社的社员和是否为村股份合作社的管理人员分组对这个问题进行分析。

表5.92　C12 P值

Obs	kind	卡方	卡方自由度	卡方P值
270	A6_C12	19.8152	4	0.00054
327	A8_C12	16.7547	4	0.00216

资料来源:笔者制作。

（2）选答比例及频数。关于在公开的财务信息中股份合作社的收支情况是否清晰，按照被调查者是否为是否为村股份合作社的社员分类的选答比例和频数如下（见表5.93）：其中纵向的4和5分别代表受调查者不是村股份合作社的社员和他是村股份合作社的社员，横向的5、4、3、2、1分别代表选答的非常清晰、比较清晰、一般清晰、不太清晰和很不清晰。表中可以反映出非村股份合作社社员中有54.55%的人认为不太清晰，而村股份合作社的社员中有30.85%的人认为不太清晰。

表5.93　A6_C12

频数 百分比	1	2	3	4	5	合计
4	4 5.19	42 54.55	18 23.38	12 15.58	1 1.30	77
5	23 12.23	58 30.85	50 26.60	51 27.13	6 3.19	188
合计	27	100	68	63	7	265

资料来源：笔者制作。

按照被调查者是否为村股份合作社的管理人员分类的选答比例和频数如下（见表5.94）：其中纵向的4和5分别代表受调查者不是村股份合作社的管理人员和他是村股份合作社的管理人员，横向的5、4、3、2、1分别代表选答的非常清晰、比较清晰、一般清晰、不太清晰和很不清晰。表中可以反映出非村股份合作社管理人员中有36.23%的人认为不太清晰，而村股份合作社的管理人员中有43.10%的人认为不太清晰。

表5.94　A8_C12

频数 百分比	1	2	3	4	5	合计
4	24 11.59	75 36.23	65 31.40	38 18.36	5 2.42	207
5	3 5.17	25 43.10	17 29.31	11 18.97	2 3.45	58
合计	27	100	92	49	7	265

资料来源：笔者制作。

（3）平均分/标准差/差异系数分析。对于这一题的选项，我们分别给选择非常清晰、比较清晰、一般清晰、不太清晰和很不清晰,这 5 个选项赋分为 5、4、3、2、1分。总体上如表 5.95 所示,从平均分可以看出受访者平均分在 2.8 分,标准差和差异系数都较小,受访者比较集中选择了不太清晰;按照是否为合作社社员分组,可以看出非合作社社员的受访者平均分得分较高,为 2.84 分,且差异系数比较小,选项相对来说比较分散,而合作社社员的平均分得分比较高,为 2.78 分,选项的标准差和差异系数相对来说都较小,选项相对来说集中于不太清晰;按照是否为合作社管理人员分组,非管理人员平均分比较低,为 2.69 分,且标准差和差异系数都比较大,选项相对来说比较集中于不太清晰,而管理人员平均分较高,为 3.04 分,选项的标准差和差异系数相对来说都较小,且选项比较分散。

表 5.95 平均分/标准差/差异系数分析

分组		平均分(综合评定)	标准差	差异系数
总体		2.80	1	35.74
合作社社员?	否	2.84	0.80	27.98
	是	2.78	1.07	38.64
合作社管理人员?	否	2.69	1.01	37.41
	是	3.04	0.95	31.24

资料来源:笔者制作。

(4)结论。通过上述分析可以发现以下的问题,那就是被访者总体上认为在公开的财务信息中,关于股份合作社的收支情况不太清晰。

四、社员流动体制不开放

(一)社员的加入

依据问卷中 C15 来考察社员流动体制中社员加入的开放性,分别从加入条件的严格程度、程序的复杂程度和所要付出的成本三个方面进行考察。

1. 加入条件的严格程度

(1)P 值分析。我们根据受调查者的基本特征,考察了不同性别、年龄、学历、户籍等对这道题的回答。如 5.96 所示,A5 和 A8 分别代表被调查者的户籍是否在现居住的村子和是否为村委会工作人员,经过卡方检验发现,关于加入条件的严格程度,被调查者的户籍是否在现居住的村子和是否为村委会工作人员,得到的 P 值分别为 0.04941 和 0.04086,明显小于 0.05,说明原假设发生是小概率事件,所以说关于加入条件的严格程度的开放性,与被调查者的户籍是否在现居住的村子和是否为村委会工作人员显著相关,其他因素则没有明显影响。

表5.96 C15_1 P 值

Obs	kind	卡方	卡方自由度	卡方 P 值
216	A5_C15_1	9.5167	4	0.04941
330	A8_C15_1	9.9745	4	0.04086

资料来源:笔者制作。

(2)选答比例及频数。关于加入条件的严格程度,按户籍分类的选答比例和频数如下:表5.97中纵向的5和4分别代表受调查者的户籍是在现居住的村子和不是在现居住的村子,横向的5、4、3、2、1分别代表选答的非常高、比较高、一般高、比较低、非常低。表中可以反映出户籍不是在现居住的村子人中有8.47%的被调查者认为比较高,而户籍是在现居住的村子的人中有7.77%的被调查者认为比较高。

表5.97 A5_C15_1

频数 百分比	1	2	3	4	5	合计
4	4 6.78	21 35.59	20 33.90	5 8.47	9 15.25	59
5	5 2.43	104 50.49	40 19.42	16 7.77	41 19.90	206
合计	9	125	60	21	50	265

资料来源:笔者制作。

按照受调查者是否为村委会工作人员分类的选答比例和频数如下(见表5.98):表中纵向的5和4分别代表受调查者是村委会工作人员和不是村委会工作人员,横向的5、4、3、2、1分别代表选答的非常高、比较高、一般高、比较低、非常低。表中可以反映出所有表受调查者不是村委会工作人员中有6.28%认为比较高,是村委会工作人员中有13.79%认为比较高。

表5.98　A8_C15_1

频数 百分比	1	2	3	4	5	合计
4	6 2.90	102 49.28	42 20.29	13 6.28	44 21.26	207
5	3 5.17	23 39.66	18 31.03	8 13.79	6 10.34	82
合计	9	125	60	21	50	265

资料来源:笔者制作。

（3）平均分/标准差/差异系数分析。对于这一题的选项,我们分别给选择非常高、比较高、一般高、比较低、非常低这5个选项赋分为5、4、3、2、1分。总体上如表5.99所示,从平均分可以看出受访者平均分在3.1分,标准差较小和差异系数都较小,受访者比较集中选择了比较高;按照户籍分组,户籍不是本村的被调查者平均分比较高,为3.29分,选项的标准差和差异系数相对来说都较小,选项相对来说比较分散,而户籍是本村的被调查者平均分较低,为3.05分,差异系数较大,受访者比较集中选择了比较高;按照是否为村委会工作人员分组,非村委会工作人员平均分比较低,为2.97分,差异系数较大,受访者比较集中选择了比较高,而村委会工作人员平均分较低,为3.59分,选项的标准差和差异系数相对来说都较小,选项相对来说比较分散。

表5.99　平均分/标准差/差异系数分析

分组		平均分（综合评定）	标准差	差异系数
总体		3.10	1.17	37.87
是否为本村 户籍	否	3.29	1	30.44
	是	3.05	1.22	39.91
是否为村委会 工作人员	否	2.97	1.21	40.74
	是	3.59	0.90	25.07

资料来源:笔者制作。

（4）结论。通过上述分析可以发现以下的问题,那就是被访者总体上认为加入条件的严格程度比较高。

2.加入程序的复杂程度

（1）P值分析。我们根据受调查者的基本特征,考察了不同性别、年龄、学历、户籍等对这道题的回答。如表5.100所示,A5代表了被调查者的户籍是否在现居住的村子,经过卡方检验发现,关于加入程序的复杂程度,被调查者的户籍是否为村委会工作人员得到的P值分别为0.00097,明显小于0.05,说明原假设发生是小概率事件,所以说关于加入程序的复杂程度,与受调查者是否为村委会工作人员显著相关,其他因素则没有明显影响。

表5.100 C15_2 P值

Obs	kind	卡方	卡方自由度	卡方 P 值
217	A5_C15_2	18.5281	4	0.00097

资料来源:笔者制作。

(2)选答比例及频数。关于加入程序的复杂程度,按户籍是否在本村分类的选答比例和频数如下(见表5.101):表中纵向的5和4分别代表受调查者的户籍是在现居住的村子和不是在现居住的村子,横向的5、4、3、2、1分别代表选答的非常高、比较高、一般高、比较低、非常低。表中可以反映出户籍不是在现居住的村子人中有28.81%的被调查者认为一般高,27.12%的调查者认为比较高,而户籍是在现居住的村子的人中有9.22%的被调查者认为比较高。说明多数人认为加入程序的复杂程度比较高。

表5.101 A5_C15_2

频数 百分比	1	2	3	4	5	合计
4	4 6.78	15 25.42	17 28.81	16 27.12	7 11.86	59
5	3 1.46	84 40.78	82 39.81	19 9.22	18 8.74	206
合计	7	99	99	35	25	265

资料来源:笔者制作。

(3)平均分/标准差/差异系数分析。对于这一题的选项,我们分别给选择非常高、比较高、一般高、比较低、非常低这5个选项赋分为5、4、3、2、1分。总体上如表5.102所示,从平均分可以看出受访者平均分在3.38分,标准差较小和差异系数都较小,受访者比较集中选择了比较高;按照户籍分组,户籍是本村的被调查者平均分比较高,为3.46分,选项的标准差和差异系数相对来说都较小,选项相对来说比较分散,而户籍不是本村的被调查者平均分较低,为 3.12 分,差异系数较大,受访者比较集中选择了比较高。

表5.102 平均分/标准差/差异系数分析

分组		平均分(综合评定)	标准差	差异系数
总体		3.38	0.92	27.14
是否为本村户籍	否	3.12	1.13	36.26
	是	3.46	0.84	24.15

资料来源:笔者制作。

(4)结论。通过上述分析可以发现以下的问题,那就是被访者总体上认为加入条件的严格程度比较高。

3. 加入所要付出的成本

(1)P 值分析。我们根据受调查者的基本特征,考察了不同性别、年龄、学历、户籍等对这道题的回答。如表 5.103 所示,A5、A8 和 A9 代表了被调查者的户籍是否在现居住的村子、是否为村委会工作人员、是否为村股份合作社的管理人员,经过卡方检验发现,关于加入所要付出的成本,被调查者的户籍是否在现居住的村子、是否为村委会工作人员、是否为村股份合作社的管理人员得到的 P 值分别为0.00192、0.01949 和 0.02813,明显小于 0.05,说明原假设发生是小概率事件,所以说关于加入所要付出的成本,与被调查者的户籍是否在现居住的村子、是否为村委会工作人员、是否为村股份合作社的管理人员显著相关,其他因素则没有明显影响。

表5.103 C15 P 值

Obs	kind	卡方	卡方自由度	卡方 P 值
218	A5_C15_3	17.0099	4	0.00192
332	A8_C15_3	11.7285	4	0.01949
389	A9_C15_3	10.8646	4	0.02813

资料来源:笔者制作。

(2)选答比例及频数。关于加入所要付出的成本,按户籍分类的选答比例和频数如下(见表5.104):表中纵向的 5 和 4 分别代表受调查者的户籍是在现居住的村子和不是在现居住的村子,横向的 5、4、3、2、1 分别代表选答的非常高、比较高、一般高、比较低、非常低。表中可以反映出户籍不是在现居住的村子人中有32.20%的被调查者认为一般高,而户籍是在现居住的村子的人中有10.68%的被调查者认为比较高。

表5.104　A5_C15_3

频数 百分比	1	2	3	4	5	合计
4	5 8.47	8 13.56	19 32.20	18 30.51	9 15.25	59
5	1 0.49	99 48.06	59 28.64	22 10.68	25 12.14	206
合计	6	107	78	40	34	265

资料来源:笔者制作。

按受调查者是否为村委会工作人员分类的选答比例和频数如下(见表5.105):表中纵向的5和4分别代表受调查者是村委会工作人员和不是村委会工作人员,横向的5、4、3、2、1分别代表选答的非常高、比较高、一般高、比较低、非常低。表中可以反映出受调查者不是村委会工作人员中有9.18%认为比较高,不是村委会工作人员中有18.97%认为比较高。

表5.105　A8_C15_3

频数 百分比	1	2	3	4	5	合计
4	4 1.93	92 44.44	59 28.50	19 9.18	33 15.94	207
5	2 3.45	25 43.10	19 32.76	11 18.97	1 1.72	58
合计	6	117	78	30	34	265

资料来源:笔者制作。

按受调查者是否为村股份合作社的管理人员分类的选答比例和频数如下(见表5.106):表中纵向的5和4分别代表受调查者是村股份合作社的管理人员和不是村股份合作社的管理人员,横向的5、4、3、2、1分别代表选答的非常高、比较高、一般高、比较低、非常低。表中可以反映出受调查者不是村股份合作社的管理人员中有9.29%认为比较高,村股份合作社的管理人员有35.37%认为一般高。

表5.106　A9_C15_3

频数 百分比	1	2	3	4	5	合计
4	2 1.09	90 49.18	49 26.78	17 9.29	25 13.66	183
5	4 4.88	27 32.93	29 35.37	13 15.85	9 10.98	82
合计	6	117	78	30	34	265

资料来源:笔者制作。

（3）平均分/标准差/差异系数分析。对于这一题的选项,我们分别给选择非常高、比较高、一般高、比较低、非常低这5个选项赋分为5、4、3、2、1分。总体上如表5.107所示,从平均分可以看出受访者平均分在3.7分,标准差和差异系数都较小,受访者比较集中选择了比较高;按照户籍分组,可以看出户籍不在本村的受访者平均分得分较低,为3.44分,且标准差和差异系数比较大,选项比较集中在比较大,而户籍在本村的平均分得分比较高,为3.78分,选项的标准差和差异系数相对来说都较小,选项相对来说比较分散;按照是否为村委会工作人员分组,可以看出村委会工作人员受访者平均分得分较低,为3.36分,且标准差和差异系数比较大,选项比较集中在比较大,而非村委会工作人员平均分得分比较高,为3.8分,选项的标准差和差异系数相对来说都较小,选项相对来说比较分散;按照是否为合作社管理人员分组,可以看出合作社管理人员平均分得分较低,为3.54分,且差异系数比较大,选项比较集中在比较大,而非合作社管理人员平均分得分比较高,为3.78分,选项的差异系数相对较小,选项相对比较分散。

表5.107　平均分/标准差/差异系数分析

分组		平均分（综合评定）	标准差	差异系数
总体		3.70	0.98	26.36
是否为本村户籍	否	3.44	1.07	31.13
	是	3.78	0.94	24.79
是否为村委会 工作人员	否	3.80	0.94	24.85
	是	3.36	1.02	30.36
是否为合作社 管理人员	否	3.78	0.97	25.73
	是	3.54	0.97	27.46

资料来源:笔者制作。

(4)结论。通过上述分析可以发现以下的问题,那就是被访者总体上认为加入条件的严格程度比较高。

(二)社员的退出

依据问卷中 C16 来考察社员流动体制中社员退出的开放性,主要从退出条件的严格程度、程序的复杂程度和所要付出的成本三个方面进行考察。

1. 退出条件的严格程度

(1)P 值分析。我们根据受调查者的基本特征,考察了不同性别、年龄、学历、户籍等对这道题的回答。如表5.108 所示,A9 表示是否为村股份合作社的管理人员,经过卡方检验发现,它得到的 P 值为 0.02938,明显小于 0.05,说明原假设发生是小概率事件,所以说村股份合作社退出条件的严格程度,与受调查者是否为村股份合作社的管理人员显著相关,其他因素则没有明显影响。所以下面我们来分析样本总体以及按照是否为股份合作社的管理人员分组对这个问题进行分析。

表 5.108　A9 P 值

Obs	kind	卡方	卡方自由度	卡方 P 值
390	A9_C16_1	10.7611	4	0.02938

资料来源:笔者制作。

(2)选答比例及频数。关于退出条件的严格程度,按分类的选答比例和频数如下(见表5.109):其中纵向的 5 和 4 分别代表受调查者是股份合作社的管理人员和不是合作社的管理人员,横向的 5、4、3、2、1 分别代表选答的非常高、比较高、一般高、比较低、非常低。表中可以反映出非股份合作社的管理人员中有 40.44%的被调查者认为比较高,而股份合作社管理人员中分别有 48.78%的被调查者认为比较高,说明多数人认为退出合作社的条件严格程度比较高。

表 5.109　A9_C16_1

频数 百分比	1	2	3	4	5	合计
4	3 1.64	13 7.10	45 24.59	74 40.44	48 26.23	183
5	0 0.00	12 14.63	20 24.39	40 48.78	10 12.20	82
合计	3	25	65	114	58	265

资料来源:笔者制作。

（3）平均分/标准差/差异系数分析。关于退出条件的严格程度,我们分别给选择非常高、比较高、一般高、比较低、非常低这 5 个选项赋分为 5、4、3、2、1 分。总体上如表 5.110 所示,从平均分可以看出受访者平均分在 3.75 分,标准差较小,差异系数较大,受访者比较集中选择了比较高和一般高;按照是否为合作社管理人员分组,可以看出不是合作社管理人员的受访者平均分得分较高,为 3.83 分,且差异系数比较大,选项相对来说比较分散,而是合作社管理人员的受访者平均分得分比较低,为 3.59 分,选项的标准差和差异系数相对来说都较小。

表 5.110　平均分/标准差/差异系数分析

分组		平均分(综合评定)	标准差	差异系数
总体		3.75	0.94	25.08
是否为合作社管理人员	否	3.83	0.96	25.00
	是	3.59	0.89	24.77

资料来源:笔者制作。

（4）结论。通过上述分析可以发现以下的问题,那就是被访者总体上认为退出条件的严格程度比较高,社员流动体制中社员退出的开放性较低。

2.退出程序的复杂程度

（1）P 值分析。我们根据受调查者的基本特征,考察了不同性别、年龄、学历、户籍等对这道题的回答。如表 5.111 所示,A6、A8 和 A9 分别表示是否为村股份合作社的社员、是否为村委会工作人员、是否为村股份合作社的管理人员,经过卡方检验发现,它们得到的 P 值分别为 0.01512、0.01396 和 0.01336,明显小于 0.05,说明原假设发生是小概率事件,所以说关于退出程序的复杂程度,与被调查者是否为村股份合作社的社员、是否为村委会工作人员、是否为村股份合作社的管理人员显著相关,其他因素则没有明显影响。所以下面我们来分析样本总体以及分别按照是否为村股份合作社的社员、是否为村委会工作人员、是否为村股份合作社的管理人员分组对这个问题进行分析。

表 5.111 C16 P 值

Obs	kind	卡方	卡方自由度	卡方 P 值
277	A6_C16_2	12.3207	4	0.01512
334	A8_C16_2	12.5056	4	0.01396
391	A9_C16_2	12.6085	4	0.01336

资料来源：笔者制作。

（2）选答比例及频数。关于退出条件的复杂程度，按照被调查者是否为村股份合作社的社员分类的选答比例和频数如下（见表5.112）：其中纵向的 4 和 5 分别代表受调查者不是村股份合作社的社员和他是村股份合作社的社员，横向的 5、4、3、2、1 分别代表选答的非常高、比较高、一般高、比较低和非常低。表中可以反映出受调查者不是村股份合作社的社员的有 46.75% 的被调查者认为比较高，而是村股份合作社的社员的有 40.43% 的被调查者认为比较高。

表 5.112 A6_C16_2

频数 百分比	1	2	3	4	5	合计
4	3 3.90	3 3.90	19 24.68	36 46.75	16 20.78	77
5	6 3.19	27 14.36	61 32.45	76 40.43	18 9.57	188
合计	9	30	80	112	34	265

资料来源：笔者制作。

按照被调查者是否为村委会工作人员分类的选答比例和频数如下（见表5.113）：其中纵向的 4 和 5 分别代表受调查者不是村委会工作人员和他是村委会工作人员，横向的 5、4、3、2、1 分别代表选答的非常高、比较高、一般高、比较低和非常低。表中可以反映出受调查者不是村委会工作人员的有 44.93% 的被调查者认为比较高，而受调查者是村委会工作人员的有 32.76% 的被调查者认为比较高。

表5.113　A8_C16_2

频数 百分比	1	2	3	4	5	合计
4	8 3.86	19 9.18	56 27.05	93 44.93	93 44.93	207
5	1 1.72	11 18.97	24 41.38	19 32.76	3 5.17	58
合计	9	30	80	112	34	265

资料来源:笔者制作。

按照被调查者是否为村股份合作社的管理人员分类的选答比例和频数如下:其中纵向的4和5分别代表受调查者不是村股份合作社的管理人员和他是村股份合作社的管理人员,横向的5、4、3、2、1分别代表选答的非常高、比较高、一般高、比较低和非常低。表中可以反映出受调查者不是股份合作社的管理人员的有45.36%的被调查者认为比较高,而受调查者是股份合作社的管理人员的认为比较高和一般高的均有35.37%。

表5.114　A9_C16_2

频数 百分比	1	2	3	4	5	合计
4	4 2.19	16 8.74	51 27.87	83 45.36	29 15.85	183
5	5 6.10	14 17.07	29 35.37	29 35.37	5 6.10	82
合计	9	30	80	112	34	265

资料来源:笔者制作。

(3)平均分/标准差/差异系数分析。关于退出条件的复杂程度,我们分别给选择非常高、比较高、一般高、比较低、非常低这5个选项赋分为5、4、3、2、1分。总体上如表5.115所示,从平均分可以看出受访者平均分在3.5分,标准差较小,差异系数较大,受访者比较集中选择了比较高和一般高。按照是否为合作社社员分组,可以看出不是合作社社员的受访者平均分得分较高,为3.77分,差异系数比较小,选项相对来说比较集中,而是合作社社员的受访者平均分得分比较低,为3.

39 分。按照是否为村委会工作人员分组,可以看出不是村委会工作人员的受访者平均分得分较高,为 3.58 分,差异系数比较大,选项相对来说比较分散,而是村委会工作人员的受访者平均分得分比较低,为 3.21 分,选项相对比较集中。按照是否为合作社管理人员分组,可以看出不是合作社管理人员的受访者平均分得分较高,为 3.64 分,差异系数比较小,选项相对来说比较集中,而是村委会工作人员的受访者平均分得分比较低,为 3.18 分,选项相对比较集中。

表 5.115　平均分/标准差/差异系数分析

分组		平均分(综合评定)	标准差	差异系数
总体		3.50	0.97	27.72
是否为合作社社员	否	3.77	0.96	25.44
	是	3.39	0.96	28.19
是否为村委会工作人员	否	3.58	0.98	27.42
	是	3.21	0.87	27.25
是否为合作社管理人员	否	3.64	0.93	25.46
	是	3.18	1	31.27

资料来源:笔者制作。

(4)结论。通过上述分析可以发现以下的问题,那就是被访者总体上认为退出程序的复杂程度比较高,社员流动体制中社员退出的开放性较低。

3.退出所要付出的成本

(1)P 值分析。我们根据受调查者的基本特征,考察了不同性别、年龄、学历、户籍等对这道题的回答。如表 5.116 所示,A5、A8 和 A9 代表了被调查者的户籍是否在现居住的村子、是否为村委会工作人员、是否为村股份合作社的管理人员,经过卡方检验发现,关于加入所要付出的成本,被调查者的户籍是否在现居住的村子、是否为村委会工作人员、是否为村股份合作社的管理人员得到的 P 值分别为 0.00001、0.03612 和 0.00846,明显小于 0.05,说明原假设发生是小概率事件,所以说关于加入所要付出的成本,与被调查者的户籍是否在现居住的村子、是否为村委会工作人员、是否为村股份合作社的管理人员显著相关,其他因素则没有明显影响。

表 5.116　C16 P 值

Obs	kind	卡方	卡方自由度	卡方 P 值
221	A5_C16_3	28.4057	4	0.00001
335	A8_C16_3	10.2697	4	0.03612
392	A9_C16_3	13.6604	4	0.00846

资料来源:笔者制作。

（2）选答比例及频数。关于退出所要付出的成本,按照被调查者的户籍分类选答比例和频数如下（见表 5.117）:其中纵向的 4 和 5 分别代表受调查者不是村股份合作社的社员和是村股份合作社的社员,横向的 5、4、3、2、1 分别代表选答的非常高、比较高、一般高、比较低和非常低。表中可以反映出受调查者的户籍不在现居住的村子的有 32.20% 的被调查者认为比较高,而户籍在现居住的村子的有 35.44% 的被调查者认为非常高。

表 5.117　A5_C16_3

频数 百分比	1	2	3	4	5	合计
4	8 13.56	8 13.56	16 27.12	19 32.20	8 13.56	59
5	2 0.97	26 12.62	37 17.96	68 33.01	73 35.44	206
合计	10	34	53	87	81	265

资料来源:笔者制作。

按照被调查者是否为村委会工作人员分类的选答比例和频数如下（见表 5.118）:其中纵向的 4 和 5 分别代表受调查者不是村委会工作人员和是村委会工作人员,横向的 5、4、3、2、1 分别代表选答的非常高、比较高、一般高、比较低和非常低。表中可以反映出受调查者不是村委会工作人员的有 30.43% 的被调查者认为比较高,而受调查者是村委会工作人员的有 41.38% 的被调查者认为比较高。

表 5.118　A8_C16_3

频数 百分比	1	2	3	4	5	合计
4	8 3.86	24 11.59	39 18.84	63 30.43	73 35.27	207
5	2 3.45	10 17.24	14 24.14	24 41.38	8 13.79	58
合计	10	34	53	87	81	265

资料来源：笔者制作。

按照被调查者是否为村股份合作社的管理人员分类的选答比例和频数如下（见表5.119）：其中纵向的4和5分别代表受调查者不是村股份合作社的管理人员和他是村股份合作社的管理人员，横向的5、4、3、2、1分别代表选答的非常高、比较高、一般高、比较低和非常低。表中可以反映出受调查者不是股份合作社的管理人员的有35.52%的被调查者认为比较高，而受调查者是股份合作社的管理人员的认为比较高和一般高的均有26.38%。

表 5.119　A9_C16_3

频数 百分比	1	2	3	4	5	合计
4	5 2.73	18 9.84	31 16.94	65 35.52	64 34.97	183
5	5 6.10	16 19.51	22 26.83	22 26.83	17 20.73	82
合计	10	34	53	87	81	265

资料来源：笔者制作。

（3）平均分/标准差/差异系数分析。关于退出所要付出的成本，总体如表5.120所示，从平均分可以看出受访者平均分在3.74分，标准差较小，差异系数较大，受访者比较集中选择了比较高和一般高。按照是否为村委会工作人员分组，可以看出不是村委会工作人员的受访者平均分得分较高，为3.58分，差异系数比较大，选项相对来说比较分散，而是村委会工作人员的受访者平均分得分比较低，为3.21分，选项相对比较集中。按照是否为合作社管理人员分组，可以看出不是合作社管理人员的受访者平均分得分较高，为3.9分，差异系数比较小，选项相对来说比较集中，而是村委会工作人员的受访者平均分得分比较低，为3.37

分,选项相对比较分散。

表5.120　平均分/标准差/差异系数分析

分组		平均分(综合评定)	标准差	差异系数
总体		3.74	1.14	30.44
是否为本村户籍	否	3.19	1.24	38.86
	是	3.89	1.06	27.19
是否为村委会工作人员	否	3.82	1.15	30.17
	是	3.45	1.05	30.33
是否为合作社管理人员	否	3.90	1.07	27.55
	是	3.37	1.19	35.40

资料来源:笔者制作。

(4)结论。通过上述分析可以发现以下的问题,那就是被访者总体上认为退出所要付出的成本比较高,社员流动体制中社员退出的开放性较低。

五、股权流动体制不灵活

股权流动性影响着市场发挥基础作用的效率,股份合作社的股权流动体制对于其资金的流通性、经济效益和改革具有重要作用。通过问卷中的 C17 对股权新增、转让和继承的灵活程度三个方面来对股份合作社的股权流动体制的灵活程度进行考察。

(一)股权新增的灵活程度

1.P 值分析。我们根据受调查者的基本特征,考察了不同性别、年龄、学历、户籍等对这道题的回答。如表5.121 所示,A9 代表是否为村股份合作社的管理人员,经过卡方检验发现,它得到的 P 值为0.00004,明显小于0.05,说明原假设发生是小概率事件,所以说关于股权新增的灵活程度,与受调查者是否为股份合作社管理人员显著相关,其他因素则没有明显影响。

表5.121　C17 P 值

Obs	kind	卡方	卡方自由度	卡方 P 值
393	A9_C17_1	25.3463	4	0.00004

资料来源:笔者制作。

2.选答比例及频数。关于股权新增的灵活程度,按照被调查者是否为农村股份合作社的管理人员分类的选答比例和频数如下(见表5.122):其中纵向的5和4分别代表受调查者是股份合作社的管理人员和不是合作社的管理人员,横向的5、4、3、2、1分别代表选答的非常灵活、比较灵活、一般灵活、不太灵活、很不灵活。表中可以反映出非股份合作社的管理人员中有32.37%的被调查者认为不太灵活,而股份合作社管理人员中分别有44.83%的被调查者认为不太灵活,说明多数人认为股权的新增不太灵活。

表5.122　A9_C17_1

频数 百分比	1	2	3	4	5	合计
4	17 8.21	67 32.37	42 20.29	61 29.47	20 9.66	207
5	2 3.45	26 44.83	13 22.41	9 15.52	8 13.79	58
合计	19	93	55	70	28	265

资料来源:笔者制作。

3.平均分/标准差/差异系数分析。关于股权流动体制的灵活程度,有关股权新增的灵活程度,我们分别给选择非常灵活、比较灵活、一般灵活、不太灵活、很不灵活这5个选项赋分为5、4、3、2、1分。总体上如表5.123所示,从平均分可以看出受访者平均分在3.15分,标准差较小,差异系数较大,受访者比较集中选择了一般灵活和不太灵活。按照是否为合作社管理人员分组,管理人员平均分比较高,为3.6,选项比较集中在不太灵活而非管理人员平均分较低,为2.96,选项比较集中于不太灵活与一般灵活。不管是否为合作社管理人员都趋向于认为不太灵活,因此我们得出的结论为股权的新增不太灵活。

表5.123　平均分/标准差/差异系数分析

分组		平均分(综合评定)	标准差	差异系数
总体		3.15	1.14	36.22
合作社管理人员?	否	2.96	1.18	39.93
	是	3.60	0.91	25.42

资料来源:笔者制作。

4.结论。通过上述分析可以发现以下的问题,那就是被访者总体上认为股权新增不太灵活,股权流动体制不太灵活。

(二)股权转让的灵活程度

1.P值分析。我们根据受调查者的基本特征,考察了不同性别、年龄、学历、户籍等对这道题的回答。如表5.124所示,A3、A8和A9分别代表受调查者的文化程度、是否为村委会工作人员和是否为村股份合作社的管理人员,经过卡方检验发现,它们得到的P值分别为0.00493、0.01662和0.00026,明显小于0.05,说明原假设发生是小概率事件,所以说关于股权转让的灵活程度,与受调查者的文化程度、是否为村委会工作人员和是否为村股份合作社的管理人员显著相关,其他因素则没有明显影响。

表5.124 C17 P值

Obs	kind	卡方	卡方自由度	卡方P值
166	A3_C17_2	34.3154	16	0.00493
337	A8_C17_2	12.101	4	0.01662
394	A9_C17_2	21.3995	4	0.00026

资料来源:笔者制作。

2.选答比例及频数。关于股权转让的灵活程度,按照被调查者的文化程度来分类的选答比例和频数如下(见表5.125):表中纵向的5、4、3、2、1分别代表受调查者的文化程度为小学及以下、初中、高中及中专、大专及本科、硕士及以上,横向的5、4、3、2、1分别代表选答的非常灵活、比较灵活、一般灵活、不太灵活、很不灵活。表中可以反映出文化程度为小学及以下的调查者中34.21%的人认为一般灵活,文化程度为初中的调查者中38.54%的人认为不太灵活,文化程度为高中及中专的调查者中30.23%的人认为不太灵活,文化程度为大专及本科的调查者中48.65%的人认为一般灵活,文化程度为硕士及以上的调查者中50%的人认为不太灵活。

表5.125 A3_C17_2

频数 百分比	1	2	3	4	5	合计
1	1 12.50	4 50.00	1 12.50	1 12.50	1 12.50	8
2	1 2.70	7 18.92	18 48.65	10 27.03	1 2.70	37

频数 百分比	1	2	3	4	5	合计
3	18 20.93	26 30.23	23 26.74	17 19.77	2 2.33	86
4	12 12.50	37 38.54	20 20.83	16 16.67	11 11.46	96
5	9 23.68	6 15.79	13 34.21	9 23.68	1 2.63	38
合计	41	80	75	53	16	265

资料来源:笔者制作。

按照被调查者是否为村委会工作人员来分类的选答比例和频数如下(见表5.126):表中纵向的5、4分别代表受调查者受调查者是村委会工作人员和不是村委会工作人员,横向的5、4、3、2、1分别代表选答的非常灵活、比较灵活、一般灵活、不太灵活、很不灵活。村委会工作人员中32.37%的调查者认为一般灵活,非村委会工作人员41.38%的调查者认为一般灵活。

表5.126　A8_C17_2

频数 百分比	1	2	3	4	5	合计
4	38 18.36	67 32.37	51 24.64	40 19.32	11 5.31	207
5	3 5.17	13 22.41	24 41.38	13 22.41	13 22.41	58
合计	41	80	75	53	16	265

资料来源:笔者制作。

按照被调查者是否为村股份合作社的管理人员来分类的选答比例和频数如下(见表5.127):表中纵向的5和4分别代表是股份合作社的管理人员和不是合作社的管理人员,横向的5、4、3、2、1分别代表选答的非常灵活、比较灵活、一般灵活、不太灵活、很不灵活。所以表中说明总体上认为股权的转让不太灵活。村股份合作社的管理人员中31.71%的调查者认为一般灵活,非村股份合作社的管理人员中34.97%的调查者认为不太灵活。

表5.127 A9_C17_2

频数 百分比	1	2	3	4	5	合计
4	35 19.13	64 34.97	49 26.78	28 15.30	7 3.83	183
5	6 7.32	16 19.51	26 31.71	25 30.49	9 10.98	82
合计	41	80	75	53	16	265

资料来源:笔者制作。

3. 平均分/标准差/差异系数分析。关于股权流动体制的灵活程度,有关股权转让的灵活程度,总体上如表5.128所示,从平均分可以看出受访者平均分在2.71分,标准差较小,差异系数较大,受访者比较集中选择了不太灵活。按照被调查者的文化程度划分,大专及本科得分最高,为3.08分,选项集中在不太灵活,为差异系数最小的一组,高中及中专得分最低,为2.52分,选项集中在不太灵活;按照是否为村委会工作人员,是村委会工作人员的调查者平均分比较高,为3.07分,选项比较集中在一般灵活,而非村委会工作人员平均分较低,为2.61分,选项比较集中于不太灵活;按照是否为合作社管理人员分组,管理人员平均分比较高,为3.18分,选项比较集中在不太灵活,而非管理人员平均分较低,为2.5分,选项比较集中于不太灵活。总体上可以看出,股权的转让不太灵活。

表5.128 平均分/标准差/差异系数分析

分组		平均分(综合评定)	标准差	差异系数
总体		2.71	1.13	41.80
文化程度	硕士及以上	2.63	1.30	49.62
	大专及本科	3.08	0.83	26.91
	高中及中专	2.52	1.10	43.72
	初中	2.76	1.21	43.90
	小学及以下	2.66	1.17	43.98
村委会工作人员?	否	2.61	1.15	43.99
	是	3.07	1.01	32.79
合作社管理人员?	否	2.50	1.08	43.40
	是	3.18	1.10	34.60

资料来源:笔者制作。

4.结论。通过上述分析可以发现以下的问题,那就是被访者总体上认为股权转让不太灵活,股权流动体制不太灵活。

(三)股权继承的灵活程度

1.P值分析。我们根据受调查者的基本特征,考察了不同性别、年龄、学历、户籍等对这道题的回答。如表5.129所示,A8代表是否为村委会工作人员,经过卡方检验发现,它得到的P值为0.01742,明显小于0.05,说明原假设发生是小概率事件,所以说关于股权继承的灵活程度,与受调查者是否为村委会工作人员显著相关,其他因素则没有明显影响。

表5.129 C17 P值

Obs	kind	卡方	卡方自由度	卡方 P 值
338	A8_C17_3	11.9902	4	0.01742

资料来源:笔者制作。

2.选答比例及频数。关于股权继承的灵活程度,按照被调查者是否为村委会工作人员分类的选答比例和频数如下(见表5.130):其中纵向的5和4分别代表受调查者是股份合作社的管理人员和不是合作社的管理人员,横向的5、4、3、2、1分别代表选答的非常灵活、比较灵活、一般灵活、不太灵活、很不灵活。表中可以反映出村委会工作人员中有34.48%的被调查者认为不太灵活,而非村委会工作人员中分别有33.33%的被调查者认为不太灵活,说明多数人认为股权的新增不太灵活。

表5.130 A8_C17_3

频数 百分比	1	2	3	4	5	合计
4	34 16.43	69 33.33	51 24.64	41 19.81	12 5.80	207
5	4 6.90	20 34.48	15 25.86	12 20.69	7 12.07	58
合计	38	89	66	53	19	265

资料来源:笔者制作。

3.平均分/标准差/差异系数分析。关于股权流动体制的灵活程度,有关股权继承的灵活程度,总体上如表5.130所示,从平均分可以看出受访者平均分在2.

78分,标准差较小,差异系数较大,受访者比较集中选择了一般灵活和不太灵活。按照是否为合作社管理人员分组,管理人员平均分比较高,为3.09,选项比较集中在一般灵活和比较灵活,而非管理人员平均分较低,为2.64,选项比较集中于不太灵活。因此我们得出的结论为股权的新增一般灵活。

表5.131 平均分/标准差/差异系数分析

分组		平均分(综合评定)	标准差	差异系数
总体		2.78	1.16	41.83
村委会工作人员?	否	2.65	1.14	43.08
	是	3.24	1.13	34.82
合作社管理人员?	否	2.64	1.14	43.23
	是	3.09	1.16	37.49

资料来源:笔者制作。

4.结论。通过上述分析可以发现以下的问题,那就是被访者总体上认为股权继承不太灵活,股权流动体制不太灵活。

六、利润分配体制有悖论

(一)按劳分配与按股分配

我们分别通过问卷中的C18与C19来考察按劳分配与按股分配。

1.按劳分配

关于按劳分配,主要从当地从事同类产品生产人员中,社员的人均平均年纯收入与非社员进行对比。

(1)P值分析。我们根据受调查者的基本特征,考察了不同性别、年龄、学历、户籍等对这道题的回答。如表5.132所示,A5和A8分别表示户籍是否在现居住的村子和是否为村委会工作人员,经过卡方检验发现,它们得到的P值分别为0.04324和0.00046,明显小于0.05,说明原假设发生是小概率事件,所以从当地从事同类产品生产人员中,社员的人均平均年纯收入与非社员进行对比与受调查者户籍是否在现居住的村子和是否为村委会工作人员显著相关,其他因素则没有明显影响。所以下面我们来分析样本总体以及分别按照户籍和是否为村委会工作人员分组对这个问题进行分析。

表 5.132 C18 P 值

Obs	kind	卡方	卡方自由度	卡方 P 值
225	A5_C18	9.8384	4	0.04324
339	A8_C18	20.1911	4	0.00046

资料来源:笔者制作。

(2)选答比例及频数。关于从当地从事同类产品生产人员中,社员的人均平均年纯收入与非社员相比的情况,按照被调查者的户籍分类选答比例和频数如下:其中纵向的 4 和 5 分别代表受调查者户籍在现居住的村子和不在现居住的村子,横向的 5、4、3、2、1 分别代表选答的好很多、好一些、没有差别、差一些和差很多。表中可以反映出非村委会工作人员中有 47.46% 的人认为好一些,而村委会工作人员中有 51.46% 的人认为好一些。

表 5.133 A5_C18

频数 百分比	1	2	3	4	5	合计
4	0 0.00	7 11.86	21 35.59	28 47.46	3 5.08	59
5	4 1.94	18 8.74	44 21.36	106 51.46	34 16.50	206
合计	4	25	65	134	37	265

资料来源:笔者制作。

按照被调查者是否为村委会工作人员分类的选答比例和频数如下(见表 5.134):其中纵向的 4 和 5 分别代表受调查者不是村委会工作人员和他是村委会工作人员,横向的 5、4、3、2、1 分别代表选答的好很多、好一些、没有差别、差一些和差很多。表中可以反映出非村委会工作人员中有 49.76% 的人认为好一些,而村委会工作人员中有 53.45% 的人认为好一些。

表 5.134　A5_C18

频数 百分比	1	2	3	4	5	合计
4	3 1.45	23 11.11	58 28.02	103 49.76	20 9.66	207
5	1 1.72	2 3.45	7 12.07	31 53.45	17 29.31	58
合计	4	25	65	134	37	265

资料来源:笔者制作。

(3)平均分/标准差/差异系数分析。对于这一题的选项,我们分别给选择好很多、好一些、没有差别、差一些和差很多,这5个选项赋分为5、4、3、2、1分。总体上如表5.135所示,从平均分可以看出受访者平均分在3.66分,标准差和差异系数都较小,受访者比较集中选择了比较差;按照户籍分组,户籍在现居住的村子平均分比较高,为3.72分,且差异系数比较大,选项相对来说比较集中于好一些,而户籍不在现居住的村子平均分较低,为3.46分,选项的标准差和差异系数相对来说都较小,且选项比较分散;按照是否为村委会工作人员分组,可以看出非村委会工作人员的受访者平均分得分较低,为3.55分,且差异系数比较大,选项相对来说集中于好一些,而村委会工作人员的平均分得分比较高,为4.05分,选项的标准差和差异系数相对来说都较小,选项相对来说比较分散。

表 5.135　平均分/标准差/差异系数分析

分组		平均分(综合评定)	标准差	差异系数
总体		3.66	0.89	24.22
户籍?	否	3.46	0.77	22.35
	是	3.72	0.91	24.47
村委会工作人员?	否	3.55	0.87	24.45
	是	4.05	0.85	20.89

资料来源:笔者制作。

(4)结论。通过上述分析可以发现以下的问题,那就是关于当地从事同类产品生产人员中,被访者总体上认为社员的人均平均年纯收入与非社员相比好一些。

2. 按股分配

关于按股分配,主要从理事会成员所领取的股红报酬占合作社当年盈余的比重来进行考察。

(1)P 值分析。我们根据受调查者的基本特征,考察了不同性别、年龄、学历、户籍等对这道题的回答。如表 5.136 所示,A5 表示户籍是否在现居住的村子,经过卡方检验发现,它得到的 P 值为 0.01154,明显小于 0.05,说明原假设发生是小概率事件,所以说村股份合作社理事会成员所领取的股红报酬占合作社当年盈余的比重,与受调查者户籍是否在现居住的村子显著相关,其他因素则没有明显影响。所以下面我们来分析样本总体和按照户籍对这个问题进行分析。

表 5.136　C19 P 值

Obs	kind	卡方	卡方自由度	卡方 P 值
226	A5_C19	12.9468	4	0.01154

资料来源:笔者制作。

(2)选答比例及频数。关于理事会成员所领取的报酬占合作社当年盈余的比重,按照被调查者的户籍分类选答比例和频数如下(见表 5.137):其中纵向的 4 和 5 分别代表受调查者户籍在现居住的村子和不在现居住的村子,横向的 5、4、3、2、1 分别代表选答的非常好、比较好、一般好、比较差、非常差。表中可以反映出非村委会工作人员中有 33.90% 的人认为一般好,而村委会工作人员中有 42.72% 的人认为比较好。

表 5.137　A5_C19

频数 百分比	1	2	3	4	5	合计
4	2 3.39	11 18.64	20 33.90	17 28.81	9 15.25	59
5	2 0.97	23 11.17	39 18.93	88 42.72	54 26.21	206
合计	4	34	59	105	63	265

资料来源:笔者制作。

(3)平均分/标准差/差异系数分析。对于这一题的选项,我们分别给选择非常好、比较好、一般好、比较差、非常差这 5 个选项赋分为 5、4、3、2、1 分。总体上如表5.138所示,从平均分可以看出受访者平均分在3.71分,标准差较小,差异系数较大,受访者比较集中选择了比较好;按照受调查者户籍在现居住的村子,户籍在现居住的村子的受调查者平均分比较低,为3.34分,且差异系数比较大,选项相对来说比较集中于一般好,而管理人员平均分较高,为3.82分,选项的标准差和差异系数相对来说都较小,且选项比较分散。

表5.138 平均分/标准差/差异系数分析

分组		平均分(综合评定)	标准差	差异系数
总体		3.71	1.02	27.35
户籍?	否	3.34	1.06	31.76
	是	3.82	0.98	25.62

资料来源:笔者制作。

(4)结论。通过上述分析可以发现以下的问题,那就是被访者总体上认为关于理事会成员所领取的报酬占合作社当年盈余的比重一般好。

(二)利益分红与公共服务基金

我们分别通过问卷中的C20与C21来考察利益分红与公共服务基金。

1. 利益分红

(1)P值分析。我们根据受调查者的基本特征,考察了不同性别、年龄、学历、户籍等对这道题的回答。如表5.139所示,A8表示是否为村委会工作人员,经过卡方检验发现,它得到的P值为0.02972,明显小于0.05,说明原假设发生是小概率事件,所以说村股份合作社用于社员分红的金额占合作社当年盈余的比重与受调查者是否为村委会工作人员显著相关,其他因素则没有明显影响。所以下面我们来分析样本总体以及按照是否为村委会工作人员对这个问题进行分析。

表5.139 C20 P值

Obs	kind	卡方	卡方自由度	卡方P值
341	A8_C20	10.7342	4	0.02972

资料来源:笔者制作。

(2)选答比例及频数。关于村股份合作社用于社员分红的金额占合作社当年盈余的比重,按照被调查者是否为村委会工作人员分类的选答比例和频数如下:其中纵向的 4 和 5 分别代表受调查者不是村委会工作人员和他是村委会工作人员,横向的 5、4、3、2、1 分别代表选答的 0—20%、21%—40%、41%—60%、61%—80% 和 81%—100%。表中可以反映出非村委会工作人员中有 37.68% 的人选择的比重为 61%—80%,而村委会工作人员中有 34.48% 的人选择的比重为 41%—60%。

表 5.140　A8_C20

频数 百分比	1	2	3	4	5	合计
4	12 5.80	78 37.68	70 33.82	34 16.43	13 6.28	207
5	3 5.17	11 18.97	20 34.48	18 31.03	6 10.34	58
合计	15	89	90	52	19	265

资料来源:笔者制作。

(3)平均分/标准差/差异系数分析。对于这一题的选项,我们分别给选择 0—20%、21%—40%、41%—60%、61%—80% 和 81%—100%,这 5 个选项赋分为 5、4、3、2、1 分。总体上如 5.141 所示,从平均分可以看出受访者平均分在 2.89 分,标准差和差异系数都较小,受访者比较集中选择了 41%—60%;按照是否为村委会工作人员分组,可以看出非村委会工作人员的受访者平均分得分较低,为 0.99 分,且差异系数比较大,选项相对来说集中于 41%—60%,而村委会工作人员的平均分得分比较高,为 3.22 分,选项的标准差和差异系数相对来说都较小,选项相对来说比较分散。

表 5.141　平均分/标准差/差异系数分析

分组		平均分(综合评定)	标准差	差异系数
总体		2.89	1.02	35.23
村委会工作人员?	否	2.80	0.99	35.53
	是	3.22	1.04	32.37

资料来源:笔者制作。

(4)结论。通过上述分析可以发现以下的问题,那就是被访者总体上认为关于股份合作社用于社员分红的金额占合作社当年盈余的比重为 41%—60%,所占比重较大。

2. 公共服务基金

(1)P 值分析。关于股份合作社将盈余用于农村基础设施建设的状况,我们根据受调查者的基本特征,考察了不同性别、年龄、学历、户籍等对这道题的回答。如表 5.142 所示,A6、A8 和 A9 分别表示是否为村股份合作社的社员、是否为村委会工作人员和是否为村股份合作社的管理人员,经过卡方检验发现,它们得到的 P 值分别为 0.00158、0.0014 和 0.00481,明显小于 0.05,说明原假设发生是小概率事件,所以说村股份合作社将盈余用于农村基础设施建设的状况,与受调查者是否为村股份合作社的社员、是否为村委会工作人员和是否为村股份合作社的管理人员显著相关,其他因素则没有明显影响。所以下面我们来分析样本总体以及分别按照是否为村股份合作社的社员、是否为村委会工作人员和是否为村股份合作社的管理人员分组对这个问题进行分析。

表 5.142 A6 P 值

Obs	kind	卡方	卡方自由度	卡方 P 值
285	A6_C21	17.4478	4	0.00158
342	A8_C21	17.7231	4	0.00140
399	A9_C21	14.9492	4	0.00481

资料来源:笔者制作。

(2)选答比例及频数。关于股份合作社将盈余用于农村基础设施建设的状况,按照被调查者是否为村股份合作社的社员分类的选答比例和频数如下(见表5.143):其中纵向的 4 和 5 分别代表受调查者不是村股份合作社的社员和他是村股份合作社的社员,横向的 5、4、3、2、1 分别代表选答的非常满意、比较满意、基本满意、不太满意和很不满意。表中可以反映出非村股份合作社的社员中有 41.56% 的人认为基本满意,而村股份合作社的社员中有 31.91% 的人认为基本满意。

表 5.143 A6_C21

频数 百分比	1	2	3	4	5	合计
4	11 14.29	21 27.27	32 41.56	10 12.99	3 3.90	77
5	9 4.79	43 22.87	60 31.91	58 30.85	18 9.57	188
合计	20	64	92	68	21	265

资料来源:笔者制作。

按照被调查者是否为村委会工作人员分类的选答比例和频数如下(见表5.144):其中纵向的4和5分别代表受调查者不是村委会工作人员和他是村委会工作人员,横向的5、4、3、2、1分别代表选答的非常满意、比较满意、基本满意、不太满意和很不满意。表中可以反映出非村委会工作人员中有34.30%的人认为基本满意,而村委会工作人员中有37.93%的人认为比较满意。

表5.144 A8_C21

频数 百分比	1	2	3	4	5	合计
4	20 9.66	57 27.54	71 34.30	46 22.22	13 6.28	207
5	0 0.00	7 12.07	21 36.21	22 37.93	8 13.79	58
合计	20	64	92	68	21	265

资料来源:笔者制作。

按照被调查者是否为村股份合作社的管理人员分类的选答比例和频数如下(见表5.145):其中纵向的4和5分别代表受调查者不是村股份合作社的管理人员和他是村股份合作社的管理人员,横向的5、4、3、2、1分别代表选答的非常满意、比较满意、基本满意、不太满意和很不满意。表中可以反映出非村股份合作社的管理人员中有36.07%的人认为基本满意,而村股份合作社的管理人员中有35.37%的人认为比较满意。

表5.145 A9_C21

频数 百分比	1	2	3	4	5	合计
4	17 9.29	51 27.87	66 36.07	39 21.31	10 5.46	183
5	3 3.66	13 15.85	26 31.71	29 35.37	11 13.41	82
合计	20	64	92	68	21	265

资料来源:笔者制作。

(3)平均分/标准差/差异系数分析。对于这一题的选项,我们分别给选择非常满意、比较满意、基本满意、不太满意和很不满意,这5个选项赋分为5、4、3、2、1分。总体上如表5.146所示,从平均分可以看出受访者平均分在3.02分,标准差和差异系数都较小,受访者比较集中选择了基本满意;按照是否为合作社社员分组,可以看出非合作社社员的受访者平均分得分较低,为2.65分,且差异系数比较大,选项相对来说集中于基本满意,而合作社社员的平均分得分比较高,为3.18分,选项的差异系数相对来说都较小,选项相对来说比较分散;按照是否为村委会工作人员分组,可以看出非村委会工作人员的受访者平均分得分较低,为2.88分,且差异系数比较大,选项相对来说集中于基本满意,而村委会工作人员的平均分得分比较高,为3.53分,选项的标准差和差异系数相对来说都较小,选项相对来说比较分散;按照是否为合作社管理人员分组,非管理人员平均分比较地,为2.86分,且差异系数比较大,选项相对来说比较集中于基本满意,而管理人员平均分较低,为3.39分,选项差异系数相对来说较小,且选项比较分散。

表5.146　平均分/标准差/差异系数分析

分组		平均分(综合评定)	标准差	差异系数
总体		3.02	1.06	35.02
是否为合作社社员	否	2.65	1.01	38.12
	是	3.18	1.04	32.83
是否为村委会工作人员	否	2.88	1.06	36.86
	是	3.53	0.88	24.98
是否为合作社管理人员	否	2.86	1.03	36.15
	是	3.39	1.03	30.31

资料来源:笔者制作。

(4)结论。通过上述分析可以发现以下的问题,那就是被访者总体上对于股份合作社将盈余用于农村基础设施建设的状况基本满意。

第三节　村社自治视角下农村股份合作社的影响变量

一、市民社会的发育程度——组织化能力

(一)市民社会的概念和特征

"市民社会"是一个外来词汇,是由英文"Civil Society"翻译而来,那到底什么

是市民社会？市民社会绝不是从来就有的、不变的东西，从人类社会发展过程中的复杂、曲折与多样性来看，市民社会的发展在不同国家的不同历史阶段、以及不同社会文化背景下，它的含义、结构、性质和作用都有所差异。所以对市民社会的理解，应放在不同的历史时期及不同文化背景下进行。

我们可以在古希腊时期亚里士多德的《政治学》一书中找到关于市民社会的最早论述，即亚里士多德首次提出的"城邦"的概念。在这里，城邦是指拥有自由和平等的公民组成的自治共同体。① 所以，在古希腊时期，因为两者在功能上的重合，市民社会就指的是国家。到公元前1世纪，古罗马政治理论家西塞罗在继承亚里士多德的"城邦"概念的时候，对它的含义进行了丰富，他指出市民社会不单包括单一国家，"而且也指业已发达到出现城市的文明政治共同体的生活状况"。② 因此，在西塞罗对市民社会的定义中，"市民社会是一种城市文明，城市是公民自治的联合体，所以市民社会就是公民社会"③。

关于市民社会概念在不同历史时期的变化与发展，国内外专家学者都有十分详细的解读，因此在这里不再赘述。根据中国的历史背景和当下的现实，通过学界对市民社会界定的考察，虽然分析的视角不同，但大致可以得到一个大家都比较认可的市民社会定位："指的是个人、不受国家直接控制的民间独立自治组织和非官方亦非私人性质的公共领域，亦称公民社会或民间社会。"④邓正来在其主编的《国家与市民社会：中国视角》一书中说道："中国的市民社会乃是指社会成员按照契约性规则，以自愿为前提和以自治为基础进行经济活动、社会活动的私域，以及进行议政参政活动的非官方公域。"⑤

综合前述，市民社会应该具有以下基本特征：以市场经济为基础，以尊重和保护社会成员的基本权利为前提，多元化的经济和政治权利主体以契约的形式来实现内部成员间经济关系的协调和规范，在独立自由的个人基础上形成的社会的高度自治等。

（二）市民社会的发展对农村股份合作社的影响

随着农村社会，农村经济成分发展的多元趋势，农民虽然还没有完全脱离土地，但自给自足，完全依附于土地的纯粹农民已不多见。对于国家取消的农业人口与非

① 马长山. 国家、市民社会与法治[M]. 北京：商务印书馆,2002.
② 布莱克维尔政治学百科全书[M]. 北京：中国政法大学出版社,1992.
③ 胡健,董春诗. 市民社会的概念与特征[J]. 西北大学学报(哲学社会科学版),2005(3).
④ 新宾. 近代中国市民社会问题研究评述[J]. 社会科学动态,2000(4):35.
⑤ 邓正来. 国家与市民社会：中国视角[M]. 上海：格致出版社,2001:8.

农业人口的区别,统一称为居民,所以在中国对市民社会的考察应该包括广大的农村地区。加之中国乡镇企业随着改革开放的深入发展而日渐繁荣,一大批具有农民同时也具有乡镇企业家或乡镇企业工人双重身份的人,在农村商品经济的发展过程中以及我国市民社会的发展中已经成为一支不可或缺的力量。但是由于封建社会传统思想的影响,市民社会理念在我国尤其是在广大的农村地区的发展还很欠缺,农民的组织能力亟待提高,这都严重影响到农村股份合作社的健康发展。

调研案例——苏州大联村

大联村位于素有"鱼米之乡""丝绸之府"美誉的苏州吴江区,全村行政辖区内总面积为3.4平方公里,现辖11个自然村30个村民小组,2012年末全村总人口为1736人,常住农户有706户,人均收入为20750元。全村现有耕地总面积为3610.79亩,包括水稻种植面积、水产养殖面积、花卉苗木面积和政府租用面积。大联村可以说是以种植水稻为主的农业村。2010年08月,大联村村委会按照上级党委、政府的文件精神,以实现农村现代化和构成和谐社会为目标,明晰产权关系、理顺分配制度、规范经营行为,积极完善农村双层经营体制,在广泛征求村民意见的基础上积极稳妥地组建了大联村土地股份合作社。大联村土地股份合作社自2010年成立至今,一直坚持股权平等、同股同利、风险共担、利益共享、积累共有的原则实行土地规模化经营,增加农户收入,提高农户生活水平,提升农户幸福感。事实证明,合作社已经取得一定的初步成效。但调研显示,其目前发展遭遇了瓶颈,也暴露出农村股份经济合作社存在的一些共性的问题,包括自治能力、经济发展能力、管理能力、规范能力以及政府政策支持等问题。总结如下:

第一,契约精神缺乏或者实施机制不健全。市民社会理念要求其开展活动的内在联系是以市场交易活动的契约性关系为基础,而在现阶段我国村社自治背景下展开的股份合作制企业的建设与发展中,大多是与契约要求相违背的地缘、血缘姻亲关系以及与地方乡镇政府挂钩的指令性的行政关系。

第二,自治性缺乏或者自治能力不足。现代市民社会要求各种社会团体、组织以及个人,在内部管理以及开展活动要有独立的法律人格以及高度的自治性。但是,就目前来看不管是村民自治还是村社股份合作制的建立及运营情况,虽然都具有独立的法律人格,但距离高度的自治性还有很大的差距。不管是地方政府对村民自治的控制,还是村民委员会对自治权力的垄断;不管是股份合作制企业对地方政府的依赖,还是其发展由少数人说了算,都有很大的改善空间。市民社会理念在广大农村地区发展的滞后,不仅影响到农民开展自治以及发展农村经济的组织能力,同时对地方政府的依赖也不利于农村乡镇企业的管理创新。至于市民社会理念在农村经济发展过程的功能作用,还有待进一步的发展与实证研究。

二、地区经济的发展程度——营利的能力

经济基础与上层建筑的关系已是一个不言自明的话题,这对关系在村社自治与村社股份合作制企业发展的过程中同样起作用。一个地区的经济发展水平,在一定程度上能够说明该地区的政治文明程度,在我国广大的农村地区,经济发展水平的整体低下以及在区域间的发展不平衡,给村民自治和村社股份合作制企业的发展带来了严重的挑战。

经济基础决定上层建筑的产生。村民自治作为基层社会管理的一种方式,也是为了适应农村社会经济发展的需要而建立的。随着农村家庭联产承包责任制的施行,解放了农村生产力,促进了农村经济的发展,农民生活也得到改善。村民为了维护逐渐改善的自身利益,同时又认识到单个力量的有限性,在广大的农村地区缺少一个组织在维护农民利益的同时也改善农村公共管理,所以村民自治得以产生。由于地区经济发展水平不高,以及在区域间的不协调,村民自治的发展也具有不平衡性,在有的地区村民自治功能较为完善,地方政府在村民自治中只起到原则的指导作用,从产生到实际运作都具有最大的民主性;然而在其他一些地方,村民自治只是表面的自治,实则受到乡镇政府的直接与间接控制,或者在实际的运作中,自治权利的垄断,村民的参与权被剥夺,村民自治有名无实。

经济基础决定上层建筑的变革。村民自治由最初的功能单一到现在所管理的诸多内容,体现出村民自治功能的变革。由于农村经济的发展,合作制企业所带来的诸多管理事务扩展了村民自治的管理内容,丰富了村民自治的内容以及村民自治组织的功能,经济基础的变化导致了上层建筑的革新。

上层建筑对经济基础也有着反作用,这一反作用具体可以分为对经济基础正向的促进作用与负向的对经济发展的阻碍作用。村社自治制度作为农村经济发展的上层建筑,对农村经济的发展在整体上具体有促进作用,但是由于村社自治自从产生以来就具有的缺陷,同时也对农村经济的发展带来了一定的束缚,不利于搞活农村经济。比如以地域、家族宗亲为主的观念,在农村经济发展的过程中盲目排外、缺少民主以及不考虑农村公共利益。村社自治背景下的农村股份合作制企业的发展,作为农村发展新型的经济力量,同时也受到很多因素的限制,导致

经济效率低下,企业的营利能力不强。比如,在股份合作制企业中,虽然兼具股份制与合作制的双重特点,但由于传统的家庭宗族势力,以及以往长期的管理模式,使得企业的民主性要求没有完全体现出来;村民虽然作为股民对企业占有一定的股份,但是话语权却被持股比例较大的控股者所垄断,这些因素所导致的股份合作制企业生产效率低下,企业的营利能力不强等,都是今后农村股份合作中企业发展中必须面临的问题。

三、村社居民的知识水平——管理的能力

美国著名经济学家加里·S·贝克尔(Garys Becker)说道:"劳动者的个人收入同劳动者受教育时间的长短密切相关,受教育时间越长,劳动者所拥有的科学知识就越多,劳动技能就越强,其劳动的边际生产率自然越高,因而工资就越高。"①以往由于农村经济发展的单一性,农民与土地的联系十分紧密,通过世代相传的务农知识足以应付农业的发展。但随着农村农业发展的现代化,以及农村经济成分的多元结构,仅靠以往积累的经验已经不能促进农业及农村经济的发展,严重影响了农民收入的增加。在现阶段我村社自治背景下发展的股份合作社,面临着合作社人员平均知识水平低下,知识结构不合理,严重缺乏专业的合作社管理人员,虽然近年来在全国范围内的小学、初中的入学率达到相当高的水平,高中及以上的学校招生人数也呈逐年上升的趋势(如表5.147所示),全国范围内的文盲、半文盲比例逐年下降。

表5.147　2003年、2008年和2013年各类教育招生情况

指标	招生数(单位:万人)		
	2003年	2008年	2013年
研究生	26.9	44.6	61.1
普通高等教育本专科	382.2	607.7	699.8
各类中等职业教育	504.1	810	698.3
普通高中	752.1	837	822.7
初中	2220.1	1856.2	1496.1
小学	1829.4	1695.7	1695.4

资料来源:中华人民共和国国家统计局。

---

① 贝克尔. 人力资本:特别是关于教育的理论与经济分析[M]. 北京:商务印书馆,1964.

但是,由于我国农村人口众多,教育资源的东西部分布、城乡分布的不均衡性,使得农村人口的平均受教育年限整体上低于城市地区。在村社自治背景下的股份合作社由于参与主体的整体知识水平不高,所以在企业发展中难免出现对企业发展定位不准、忽视长远利益、疏于管理等情况所导致的经济效益不高,生命周期不长。

农村股份合作社所有权与经营管理权的分离,与股份合作社发展过程中的民主性要求之间相悖论。在村社自治背景下的农村股份合作制企业,农民投资入股,对企业具有所有权,同时作为企业的劳动参与者,所以在农村股份制企业中,村民具有劳动者与所有者的双重身份。一方面这就在客观上要求合作社的发展、经营状况、重大事项的决定等,村民都有民主参与决定的权力,但是,现实中的村民却不具备参与重大事项决定的主观条件,因为企业管理事项的复杂多样,没有专业的管理知识很难进行全面的考虑,从而在参与的过程中造成话语权的缺失。同时,市场经济要求生产与销售的时效性,缺乏专业管理知识的村民参与管理,在一定程度上还可能造成管理上的混乱,错过市场的最佳时期,从而带来企业经济利益的损失。在另一方面,如果专业的管理人员利用自身所具有的管理知识,在企业的经营管理中不顾村民集体利益,忽视村民民主参与管理的权力,而带来对企业管理权的垄断,最终也不利于股份合作制企业的健康发展。所以,在村社自治背景下的农村股份合作制企业在今后的发展中,扩大企业的民主不仅仅是扩大村民的参与,而关键是需要提高村民参与的质量,增强村社居民对企业发展的组织管理能力,从而提高企业做决策的效率与科学性。但在现实中想要提高村民的知识水平并不是一件容易的事,可以通过政府或企业委托专门的培训机构或企业专业管理人员,对村社居民开展有针对性的管理知识培训,并通过管理实践活动逐步提高。

四、法律规范的健全程度——规范化程度

法律是全国人民意志的体现,是维护国家稳定,维护并促进各项事业蓬勃发展的有力武器,同时也是捍卫人民群众权益的工具。村社自治背景下的农村股份合作制企业的发展,以及对社员利益的维护同样需要明确的法律工具保障。但就目前来看,村社股份合作制企业在发展中的法制建设还不到位,具体表现在以下两个方面。

(一)村社自治背景下的股份合作社的法律地位不明确

农村股份合作社已经成为促进农村经济发展新的经济组织形式,其构成了农村社会新的民事主体。股份合作社想要拥有民事主体的主体地位,必须得到国家相关法律的确认,才能依法享有民事权利和民事行为能力,才能获得独立的民事主体资格参与各种经济法律事务关系,并同时承担相应的民事义务。社区股份合作社是农民在促进农村经济发展过程中创立的农村经济组织形式,所以,作为上层建筑的相关法律法规的建设具有一定的滞后性。目前就我国大部分地区的社区股份合作社而言,具有一般企业法人和农村合作社社团法人的双重特性,然而在国家的法律文件中,对农村股份合作社的法律地位始终没有明确的规定。加之各地在进行农村合作制经济改造的过程中,对所引入的股份制在合作经济中的地位、作用等的定位不明,使得股份制的与合作制结合的优越性没有得到完全体现,反而造成了个别大股东对企业经营管理权的垄断,给村民的合法权益以及企业的健康发展带来威胁。

农村股份合作社在法律上的定位缺失,导致在实践中出现种种弊端。比如由乡镇领导干部对股份合作制企业的干预从而带来的政社不分,"一方面乡镇领导和村干部作为国家政权在农村基层的代表,又作为农民集体资产的代表;另一方面既是农村社会活动的管理者,又是股份合作制企业的经营者。"[1]村社股份合作制企业作为农村经济组织,促进资产的保值增值、营利是它的经济目标,它代表的是企业的利益,为合作制企业的参与者——即为劳动者与股民提供利润回报。而乡镇政府组织所代表的是国家,讲求更多的是公共利益的实现,所以,乡镇政府对村社股份合作社进行干预,在一定程度上导致了企业自身定位不准。同时,作为理性经济人的政府官员拥有追求个人利益最大化的动机。在干预地方经济发展的过程中存在地方政府、企业以及个人利益之间的矛盾冲突。农村股份合作社的法律和制度不完善所带来的政企不分、以权谋私、权责不分、产权不明等问题,都明显地影响到社区股份合作社组织效率的正常发挥,这些都是股份合作制急需解决的问题。

(二)缺乏高层立法与现有规章制度的不完善

社区股份合作社是农村经济发展过程中,由农民自己摸索并创造出来的适合农村社会经济发展的经济组织形式,是由农村合作社引入股份制企业的优点而进行股份合作改造而成,它在促进农村经济发展的过程中取得的阶段性成效是值得肯定的。但是任何经济基础的发展都离不开上层建筑的指导作用,而股份合作社在立法上却没有跟上其自身的发展步伐。在缺乏具体的国家相关法律规定的情

---

[1] 叶秀. 社区股份合作社的法律问题研究. 暨南大学硕士学位论文,2007.

况下,各地方政府在股份合作制企业发展的初期制定了大量的地方规章制度,以起到规范其发展的作用。但在实践中显然没有达到这一目标,而相应的规章制度并没有随着企业所面临的新环境做出相应的改变,在实践中实际上是束缚了企业自身的发展。由于缺乏国家层面统一规范的政策性立法,每个地区所作出的地方性规范文件效度不高,甚至地方政府对股份合作社规范同样出现冲突的情况。

从总体上看,我国尚未形成全面规范社区股份合作社发展的完整法律框架。诚然,国家层面的立法也有可能存在与各地实际情况不相符合的局面,但是只要有了对促进农村股份合作制健康发展的完整的法律框架,各地方政府在制定具体的规章制度时才能有统一的标准,这样一方面国家在股份合作社的发展上有了明确的指导方向,避免地方政府的横加干预;另一方面有利于激发地方政府的积极主动性,因地制宜指导股份合作社的实践。

五、政府政策的支持程度——稳定的程度

在农村股份合作制企业中,除了农民的资金入股外,更多的是土地承包经营权的入股,以用作企业产房、道路等基础设施的建设。因为我国的社会养老保障制度在农村地区建立的滞后性,所以土地对于农民来说,无疑能够发挥一定的养老保障作用。农村股份合作社的建立,农民交出土地经营权,能够改变以家庭为单位的分散经营、经济效益不高、抵御自然风险能力不强等缺点,形成农村资源的优化组合,在发展农村经济的过程中形成资源优势。但长期以土地为主要经济来源的农民对股份合作制企业的发展前景的忧虑是一个非常现实的问题,由于对新事物发展前景的顾虑,农民在股份合作制企业建立及发展过程中积极性不高,主要以消极应付为主,资金与资源整合的优势得不到全面发挥。

为了消除农民的后顾之忧,让农民具有安全保障感,以及收入来源的稳定感,政府在规范股份合作制企业发展的制度设计上必须以保障农民有长期、稳定的经济来源为目标。同时,政府还需出台相关政策以分担农民投资风险,避免因投资失败而导致的大量经济损失。因为缺乏企业经营管理经验的农民,可能开始满腔的热情地跟随发起人进行投资,最终由于企业经营风险、市场的风险以及自然风险等因素以失败告终,使农民遭受经济损失,投资的热情受挫,也给股份合作制企业在农村地区的进一步发展带来困难。

农村新型股份合作社的发展,是对农村集体资产的股份制改革,并鼓励广大的农民以资金、资源入股的方式来壮大股份制企业经济的规模,建立起按劳分配与按股分配相结合的企业经营利润分配方式,并进一步建立起管理民主、产权明

晰、分配公平的农村新的经济发展组织形式。在很多集体经济进行股份合作制改革后,一方面原来的管理理念与管理方式没有及时更新,很多只是"换汤不换药"的表面功夫,政府部门仍然把股份制企业作为下属企业管理,造成政府部门对企业管理的过度干预,政社、政企不分;另一方面农村股份合作制企业与实力雄厚的大企业相比,无论是在企业发展资金、人才需求,还是在市场开拓等方面都无法与之抗衡,所以它的发展需要政府提供相关政策的扶持,特别是在广大的农村地区,由于农村股份合作制企业的参与主体在知识结构上的限制,组织化程度不高,管理能力有限,企业营利能力不强等因素的限制,迫切需要政府提供相关的保障性政策以促进其健康发展,以增加农民收入,提高农村人民生活水平,共享社会主义现代化建设成果。

第六章

村社自治视角下农村股份合作社调整与变革

第一节　村社自治视角下农村股份合作社的结构调整

一、调整社员结构

(一)提高社员的专业性

社员是农村股份合作社的经济主体,社员的素质直接关系到农村股份合作社发展的进程,而社员的专业化程度不高是当前一个普遍存在的问题,因而必须调整社员结构,提高有专业技能和管理知识的社员在全部社员中的比例,同时提高有较高专业技能和管理知识的社员在有专业技能和管理知识的社员中的比例。当前的农村股份合作社的社员主要是有原先的村民直接转换而来,自身的知识水平非常有限。

调查案例——苏州大联村

通过分析苏州大联村的调查问卷结果时发现,很多被调查者对合作社运营情况都不甚了解,很多社员对合作社的了解与家中成员是否有担任村组干部和社员代表有关。这一点可以从表6.1中得到验证,家中成员有村组干部的被调查者中有55.60%表示有点了解合作社运营情况,而家中没有村组干部的被调查者有78.70%表示不了解;家中成员有社员代表的被调查者中有60.00%表示有点了解,而家中没有社员代表的被调查者中有82.90%表示不了解。可见,家中成员有没有村组干部或社员代表能影响被调查者对合作社运营情况的了解程度,且大多数家中没有村组干部或社员代表的被调查者表示不了解合作社的运营情况。另外,在全部被调查者中有72.90%对合作社运营情况表示不了解。从上述分析可知,社员对于合作社运营情况都不甚了解,那么对于专业性问题更是可见一斑。

表6.1　被调查者对合作社运营情况的了解程度(交叉列表)

		家中成员有没有担任村组干部		
		有	没有	合计
被调查者对合作社运营情况的了解程度	有点了解	55.6%	21.3%	27.1%
	不了解	44.4%	78.7%	72.9%
合计		100.0%	100.0%	100.0%
		家中成员有没有社员代表		
		有	没有	合计
被调查者对合作社运营情况的了解程度	有点了解	60.0%	17.1%	27.1%
	不了解	40.0%	82.9%	72.9%
合计		100.0%	100.0%	100.0%

资源来源:笔者制作。

因此提高社员的专业性,从而不断推进股份合作社的管理水平是当前农村股份合作制改革和发展的重要目标。为了达到这个目标,可以采取的两种模式,一种是外部吸纳模式,另一种是内部培养模式。如果将有专业技能的社员在社员总人数中的占比设置为 $P(0 \leq P \leq 1)$,将高专业技能的社员在有专业技能的社员中的占比设置为 $Q(0 \leq Q \leq 1)$,那么可以建立以下公式:

$P = A/B$(其中,A 是指现在社员有专业技能的人数,B 是指现在社员的总数)

$Q = C/A$(其中,A 是指现在社员有专业技能的人数,C 是指高专业技能的人数)

无论采用外部吸纳模式还是采用内部培养模式都可以使 P 和 Q 变大。

(1)外部吸纳模式。外部吸纳模式是指农村股份合作社通过各种手段,包括给有专业技能的社员配置较高的股份,给予它们优厚的福利待遇,吸引人才,激励有专业技术的人员尤其是高专业技术的人员成为社员,忠于合作社不愿离开。外部吸纳模式的作用原理如下:

$P' = A + D/B + D$(其中,D 是从外部吸纳的专业技术人员的数量)

$Q' = C + E/A + D$(其中,E 是指从外部吸纳的高专业技术人员的数量;其中,$E/D > Q$)

很明显 $P' > P,Q' > Q$

（2）内部培养模式。内部培养模式是指农村股份合作社各种手段,包括:大力开展农民职业教育,逐步提高农民素质;倡导科技下乡,培养农业技术员;普及市场经济基本知识和基本的管理理念,增强社员的市场观念和风险意识等。①

$P^* = A + F/B$（其中,F 是指通过培养之后掌握了专业技术的社员人数）

$Q^* = C + G/A$（其中,G 是指通过培养之后掌握了高专业技术的社员人数）

很明显 $P^* > P, Q^* > Q$

当然,这两种模式并不是相互排除的,在农村股份合作社中,两种模式是可以同时采用的,都会对农村股份合作社人员的专业化起到促进作用。

（二）提高社员的流动性

社员的流动性是农村股份合作社社员结构的另一种弊端,虽然社员缺乏流动性会使社员结构呈现出相对的稳定性,但是这也意味着面对外部环境的变迁和农村股份合作社自身改革的需要时,过于稳定的社员结构会成为重要的阻碍因素。所以弹性的社员结构是农村股份合作社社员结构调整需要追求的目标。社员的流动性差可能由于两个方面的原因:第一,相关的法律法律规定不健全,社员贸然流动可能面临很大风险,需要付出较高成本;第二,社员自身不具备流动的意愿,或者没有意识到能够流动。

蒂伯特模型可以用来解释社员的流动性能够给农村股份合作社带来的效率,这一模型是由美国经济学家查尔斯·蒂伯特（Charles Tiebout）在 1956 年提出来的,这一模型也被称为"用脚投票"（Voting by foot）,是指"在人口流动不受限制、存在大量辖区政府、各辖区政府税收体制相同、辖区间无利益外溢、信息完备等假设条件下,由于各辖区政府提供的公共产品和税负组合不尽相同,所以各地居民可以根据各地方政府提供的公共产品和税负的组合,来自由选择那些最能满足自己偏好的地方定居。居民们可以从不能满足其偏好的地区迁出,而迁入可以满足其偏好的地区居住。"②换句话说就是居民可以通过"用脚投票",选择能满足其偏好的公共产品与税负的组合,同时展现了其偏好并做出选择哪个政府的决定。

我国学者对蒂伯特模型的优点进行了研究,他认为与传统的控制理论相比,"用脚投票"理论存在着下列好处:"省略了不必要的组织环节,将不可控的表面的政府控制巧妙地变为实际的、平时的控制;间接控制变为直接控制,将借助代表机

① 蒙柳,许承光,覃春霞. 完善我国农村股份合作制治理结构的思考[J]. 统计与决策,2011(1).
② Tiebout,Charles M. A, Pure Theory of Local Expenditure. *Journal of Political Economy*, 1956.

构和政治行政机构控制变为公众直接的生存控制,不权力控制的效果和影响更直接;引入竞争机制,有利于克服政府自身的弊病,提高行政人员的创造性和积极性;提高了公众的主人翁地位和政府服务的质量,有利于提高政府的效率和威信;服务了社会公众,"用脚投票"的控制方式虽然没有明确提出政府机构服务于公众的要求,但是在谋求自身的生存中,政府机构在竞争的同时又服务了公众,达到了'无为而致有为'的境界。"①

随着时代的发展,用脚投票理论已经不仅仅只是用于政府,在很多领域这个词都适用。但是无论如何,用脚投票表达的是人们对某件事情、某种现象、某个局面不满意了、不高兴了、不答应了,就会选择离开。在这里,用脚投票理论同样也是可以用来为农村股份合作社服务的。

"用脚投票"不仅可以使社员挺直腰杆,更是他们为谋求自我价值以及选择更好生活的无声宣言。然而,正如蒂伯特本人指出的,这一模型的实现是需要一系列支撑的前提条件的,这其中人口流动自由是蒂伯特模型得以实现的一个非常重要的前提。所以,为了增强社员的流动性,使股份合作社社员能够实现"用脚投票",应该从以下两个方面入手:

一是相关法规制度的建设。法律制度建设解决的是社员是否具备流动的客观条件问题。建立健全有关农村股份合作社的法律制度,从制度上保障社员选择他们心仪的合作社的权利,在他们对合作社表现不满意的时候可以通过离开来合作社来表达他们的想法。通过制度的规定,来降低人们选择其他股份合作社而付出的代价。为了大股份合作社成员的流动性,需要完善的制度规定有很多,包括:更加灵活的社员加入制度,更加自由的社员退出制度,让股权的新增、转让等都更加灵活等。这在后面关于农村股份合作社体制的讨论中将会深入探讨具体的对策,在这里就不赘述。

二是社员维权意识的培养。社员意识的培养解决的是社员是否具备流动的主观动机问题。作为社员,应该明确其自身的权利,他有权为了自身的利益而选择离开原有的合作社,加入新的农村股份合作社,用他们的脚进行投票。如果一个社员从来就没有想过离开现有的合作社,那么即使按照规定他可以离开所在的合作社,而且离开后可能获得更大的利益,他也不太可能退出该社,加入其他合作社。所以,需要扩大社员的维权意识,对他们普及与农村股份合作社相关的法律知识,让社员明确自身的权力和义务,能够在适当的时候流向他们偏好的合作社。

---

① 　周国辉. 用脚投票现代政府控制理论新探[J]. 学术论坛,1996(3).

(三)提高社员的自治性

村社自治背景下,农村股份合作社社员的自治意识薄弱是社员结构的另一种弊端,究其原因主要是两方面:一方面是从社员自身的角度来讲,主要是社员缺乏自治的意识,存在着严重的"搭便车"心理,自治的能力比较薄弱;一方面是从合作社的制度设计来讲的,主要是农村股份合作社的制度设计不利于社员参与合作社的治理,社员自治的环境条件不充分。所以,相应的改善方式主要是针对这两方面提出的。

1. 克服集体行动的搭便车行为

集体行动的成果具有公共性,所有集体的成员,不管是否分担过集体行动的成本,都能从中受益。奥瑟曼·奥尔森就曾对集体行动的搭便车行为有过深刻的论述,"从集体理性角度看,合作社社员应该相互合作以谋求共同的长期利益,但从个人理性角度来讲,每个社员却都有不合作的倾向以获取自身的短期利益。"①奥尔森还提出过一个设想:当集体的成员较少时,集体行动比较容易产生;但随着人数增加,产生集体行动就越来越困难。因为在大集体内,要通过协商解决如何分担集体行动的成本十分不易,自利的个人一般不会为争取集体利益作贡献,而且当人数越多,人均收益就越少,并且搭便车行为也越难以发现,因此成员搭便车的动机也就越强烈。

奥尔森还发现,要克服集体行动的搭便车行为,要从这两个方面创设特定的条件:

一是集体成员要"不对称",二是进行"选择性激励"。"不对称"是特指收益的不对称。获得的收益越大,在集体行动愿意做的贡献就越大。因此对于贡献大的社员,在进行收益分配的时候,应当给予这部分人更多的回报。"选择性激励"可以分为正向激励和反向激励。正向激励通过搭卖私人物品的方法,刺激集体成员为负担集体行动的成本做贡献。农村股份合作社也可以运用正向激励的方式来克服搭便车行为,提高社员的自治性,例如,积极为合作社治理献计献策的社员可以得到通报表扬,可以获得物质奖励等。反向激励是惩罚搭便车的措施,而禁止搭便车者享受集体行动的成果便是最常见的惩罚措施。农村股份合作社同样也可以适当采用反向激励的方式来提高社员的自治性,例如,在同一个村中,社员收入明显比非社员收入好得多,非社员无法享受到合作社的各项福利,若社员不参加合作社的各项活动,他可能面临退社的惩罚。

---

① 　[美]曼瑟尔·奥尔森. 集体行动的逻辑[M]. 上海:上海人民出版社,1995:40.

调查案例——温州江口村

在温州市龙港镇江口村股权的不可向外转让性使村民不得按照自己的意愿自由选择如何处置所持股份,村民自然将关注点转向自己所持股份的收益率,注重个人每年分红。本次问卷调查显示,37.5%的村民表示有必要把部分分红用于村级建设,但有62.5%的村民倾向于个人股份分红,使得村级建设不足,不利于集体经济发展的后力,导致股权出现极高的社区福利性(见图6.1)。不仅容易导致农民只关心分红数量的增长,只行使参与分红的权利,不愿付出应尽的义务,只有追求收益的要求,没有任何承担风险的意识,滋生农民"食利者"阶层以及"搭便车"行为。

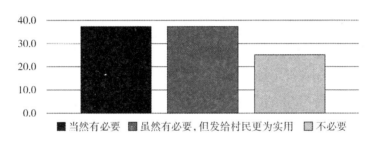

图6.1　江口村村民关于股份红利用于村级建设的意见

单位:%

注:问卷题目为"您认为有必要把部分股份红利用于村的建设吗?"

资料来源:笔者制作。

2.创造有利于社员自治的条件

创造有利于社员自治的条件主要从以下四个方面入手:一是保障社员对股份合作社事务管理权力。这主要是依靠立法的形式,通过法律条文规范社员的权力,法律应该规定社员对农村股份合作社事务具有知情权、参与权、管理权,有权对相应的事项发表自己的意见,有权监督股份合作社的管理人员,有权选举股份合作社代表大会成员等。关于社员的权利,2006年颁布的《中华人民共和国农村股份合作社法》有相关的规定,但是由于各地的条件背景不同,各地可能会制定符合本地实际情况的股份合作社管理办法,但是社员的基本权利不容侵犯,应该保障社员对于股份合作社的自治权限。

二是拓宽社员参与股份合作社治理的渠道。在以往,社员参与合作社治理最主要的渠道可能就是成为股份合作社管理人员或者单纯以社员的身份参加社员大会。但是随着技术的进步和人民民主意识的提高,应该丰富社员参与股份合作社的治理渠道。例如,在合作社决定一个重大事项之前,可以在网上征集社员对该事项的意见;在理事会开会商议日常经营管理事项时,社员可以主动申请听证;在对合作社管理人员进行绩效考核的时候,可以引入民主评议机制,考察普通社员对合作社管理人员的评价。总而言之,应该丰富社员参与股份合作社治理的渠道,允许普通社员参与到治理中来。

三是吸纳优秀社员成股份合作社管理人员。农村股份合作社管理人员和社员之间的委托——代理关系是合作社治理中存在的一个主要关系。众所周知,委托代理关系中最严重的弊端就是代理人不一定能够真实准确地反映委托人的利益诉求。换句话说,就是在存在社员代表大会的农村股份合作社中,社员代表不一定能够全面、准确、真实地反映全体社员的意志。所以为了克服这种弊端,可以采取的方式主要有两种:一种就是适应扁平化管理的需要,直接取消这种代理关系,实现全体社员直接治理合作社,显然这种方式对于哪些规模较大的合作社不能适用;另一种就是选拔更加称职的代理人,吸纳更加优秀的社员成为代理人,比如可以通过提高普通社员的出资比例来培育更加有效的委托人主体。

四是提高股东素质,让其真正拥有话语权。社员是构成农村股份合作社的主体,他们不仅要有管理合作社事务的权力和方式、渠道,还应该掌握相应的能力。在这个过程中,提高农民的素质是关键,需要做到以下三点:第一,转变村民对于股份合作社的的理念,端正对它的认知,在此基础上培养社员的主人翁意识;第二,向农民宣传基本的经济常识,巩固社员的市场观念,提高其风险意识,从而培养他们适应市场竞争的能力①;第三,加大力度发展社员培训事业,提高社员科学文化素质,让其掌握基本的合作社事务参与的能力。

调查案例——余姚南庙村

在南庙村的一项共500份的调查问卷中,在关于本村的村集体经济改革应当由谁来主导的问题时,有5份选填了村民,占了全部的5.74%,村集体领导占了18.39%,政府统一调资占了13.79%的比例。政府制定方案,村领导提建议,村民代表大会表决占了62.07%,是全部比例中占的最高的一项(见

---

① 谢倩.市场经济条件下成都股份合作社组织的特征与机制研究.西南交通大学学位论文,2014.

表6.2)。调查还显示,多数人还是觉得民主表决的方式在集体决策中还是最公平、最有效的。这也可以看出,村民在管理合作社过程中的意识不断提高,参与能力在不断加强。

表6.2　南庙村对改革主导者认识调查

选项	小计	比例
A. 村民	5	5.74%
B. 村集体领导	16	18.39%
C. 政府统一调资	12	13.79%
D. 政府制定方案,村领导提建议,村民大会表决	54	62.07%
本题有效填写人次	450	100.00%

注:调查问卷题目为"您认为本村的村集体经济改革应当由谁来主导?"

资料来源:笔者制作。

二、调整治理结构

任何组织得以存在并且能够有效运行的重要前提和制度保证是建立健全完善的治理结构。在整个农村股份合作社治理系统中,合作社治理结构是指构成合作社治理系统的要素以及各个要素间的组织形式。一般来说,合作社基本治理结构包括权力、决策、执行和监督四个。农村股份合作社的治理活动也不例外,也是建立在自身的组织机构运作的基础之上。衡量一个股份合作社治理是否有效,一般需要进行三个方面的考察:第一,基本的机构设置是否完善;第二,各组织机构之间的关系是否协调;第三,机构的运行是否符合合作社根本宗旨。在2006年颁布的《中华人民共和国农村专业合作社法》中,对于我国农民合作社治理的基本框架,做出了专门的规定。通过调查反映,大部分的农村股份合作社是按照法律规定设立了股东大会、理事会和监事会,从表面上看是建立了符合法律规范的治理结构,但形式化倾向严重:这三个机构的权力划分,尤其是股东代表大会和理事会之间的权力不够明确;理事会权力比较人,股东人会流于形式,监事会没有实权;在理事会内部,村委会成员,有经济地位的村民占据了大多数席位。针对农村股份合作社治理结构的上述问题,提出如下改进意见。

(一)建立三权分立的机构划分

在农村股份合作社机构设计上,"应该完善社员大会、理事会、监事会等治理机关,创设股东代表大会、董事会、监事会必须通过民主选择的过程,并合理配置权利，三个机构之间必须彼此制衡。董事长或者监事长等重要的职位任命应规范与制度化，应依照发展趋势渐渐将政府的行政人员撤离合作社的重要职位，从根源上避免政企不分现象的发生。"①这样的组织结构划分，最大的优势在于：农村股份合作社的组织机构之间权力合理配置，形成三权分立，权力彼此制衡的关系；经营权交给具有专业管理及运营知识的职业经理人，使股份合作社更能够适应市场竞争需要；以社员大会作为治理结构的中心，高度注重社员（股东）的作用，从而避免了股份合作社被管理人员控制的现象发生。

1. 理事会权力控制在适度范围内

由于社员大会一般不是农村股份合作社的常设机构，所以在社员大会闭会期间，一般是理事会来作为常设机构对农村股份合作社的日常事务进行管理和决策，以保证股份合作社的正常运转。因此，一方面要发挥理事会的作用，另一方面要将其权力控制在合理的范围之内，应该做到以下三点。

一是正确定位理事会的作用。农村股份合作社是不同于股份制公司的，在股份制公司中，由于所有权和经营权的分离，可能使经营者为了实现自身的利益而损害股东的利益，于是，董事会或者理事会就成为解决经营者和股东利益冲突的重要机制，在这个机制中股东将自己的资产交由董事会或者理事会管理，并有它承担最终的责任。因此，在股份制公司中理事会是组织权力的中枢。然而，秉承自愿联合、民主管理、互帮互助的原则，农村股份合作社的根本目标就是最大程度满足全体社员的利益，因此，农村股份合作社必须是以社员大会为治理核心的。尽管如此，在农村股份合作社中，理事会仍然是非常重要的，因为社员大会是一个非常设的机构，不能专注于日常的决策，难以及时处理不断变化的组织活动。理事会由社员大会选举产生，在社员大会闭会期间，负责合作社的日常经营与管理事务。因此理事能否有效履行其职责直接影响农村股份合作社的成败。总之对于理事会的定位主要体现在以下三个方面：其一，合作社的常设机构；其二，合作社的决策和执行机构；其三，合作社对外代表机构。

二是明确理事会的职能权限。理事会由社员大会选举产生，其权力来源于全体社员的授予，因此，理事会的权力只是社员大会授权下的一定是事项的决策和管理权限，是有限的。理事会可以享有合作社的经营方针、发展战略、经营计划等重大事项的拟定权，但不享有决定权。2006 年《农民专业合作经济组织示范章程（试行）》中对合作社理事会的职能进行概括：（一）报告工作，执行成员（代表）大

---

① 傅晨. 农村社区型股份合作制的治理结构[J]. 农业经济问题,1992(2):40.

会决议;(二)制订本组织发展规划、年度业务经营计划、内部管理规章制度等,提交成员(代表)大会审议;(三)制定本组织年度财务预决算、盈余分配和亏损弥补等方案,提交成员(代表)大会审议;(四)决定成员加入、退出、继承、除名、奖励、处分等事项;(五)组织培训和各种协作活动;(六)决定聘任或者解聘本组织经营管理负责人和财务会计负责人;(七)管理本组织的资产和财务,保障本组织的财产安全;(八)接受、答复、处理监事会提出的有关质询和建议;(九)履行成员(代表)大会授予的其他职责。

三是合理确定理事会的规模。理事会的规模是否适度直接影响到合作社理事会的效率、能力和凝聚力。世界各国和地区一般对理事的人数都有限制,如德国规定最少为 2 人,①美国明尼苏达州为 5 人。② 近年来,学者们对公司理事会效率和结构的研究非常多,得出了丰富的结论。例如,20 世纪 90 年代初,利普顿(Lipton)和洛尔施(Lorsch,1992)③就提出过要对董事会的规模实行限制,他们认为董事的人数最多不应超过 10 人。而赫尔曼(Hermanlin)等人(2001)④更深入研究得出结论:规模小的董事会效率更高;规模较小和外部董事所占比例较大的董事会能更好地协调经理人和股东的利益。但如果董事会人数过少,也同样难以发挥董事会民主决策和监督的职能。上述研究成果同样也适用于农村股份合作理事会。合作社理事会的规模大小必须和整个合作社的规模、其担负的功能、工作的复杂程度、组织的内外环境等条件相适应,同时也由理事会运作的成本和收益来决定。理事会规模太大,成员间协调困难,难以形成合力,容易造成理事会的决策低效能;同样,理事会规模也不宜过小,因为决策权太过集中,容易导致专制,不利于决策的科学化及民主化。当然,关于理事会的人数应该是多少只能依据具体的情况而定,不能做强制性的规定。

---

① Germany Cooperative Societies Act, 1973, §24. See http://www.ilo.org/images/empent/static/coop/policy/pdf/ger - many.pdf.

② USA: Minnesota Statutes 1996, Chapter 308A, §635.

③ Lipton, M., and J. Lorsch, 1992. "A Model Proposal for Improved Corp orate Governance", Business Lawyer, 48.

④ B. E. Hermanlin & M. S. Weisbach, Boards of directors as an endogenously determined institution: A survey of the economic literature. NBER Working paper, No. 8161, 2001.

表6.3   董事会规模扩大对董事会功能的影响

功能	影响		
	正面	负面	综合
战略决策功能	可以吸收更多信息	决策效率降低,单个成员搭便车现象	负面
建议咨询功能	可以吸收多个领域的资源	无	正面
监督评价功能	外部(独立)董事人数增加	单个董事易为经理层分化;不愿直接批评经理层;沟通困难不易形成一致评价	偏负
激励选聘功能	外部(独立)董事人数增加	单个董事易为经理层分化,沟通不便形成一致意见	中性

资料来源:中国商业联合会,中国企业联合会组织编写.公司治理.世纪出版集团,2006.

2.发挥股东(代表)大会的实权

社员大会并不是股份合作社的常设机关,并且在理论上与具体实践操作中还存在着很多问题。所以经常遇到这样的问题,即如何使社员大会成为真正意义的民主管理机关,并在现实中具有较强的可操作性。

首先,确保社员大会的职权得到充分发挥。应该确保社员大会的最高决策权的有效实现,要通过完善章程来保证人事任免权、经营决策权、财务管理权、资产处置权等重大事项的决策权由社员大会行使和表决:①人事任免权,如理事长或理事、执行监事或监事会成员的选任和罢免,经营管理人员或专业技术人员的选、育、用、留等事宜;②经营决策权,股份合作社的重大经营方针、经营内容和方案的决定和变更等事宜;③财务管理权,股份合作社的财务预算方案、资金使用、盈余分配方案等重大议案;④资产处置权,股份合作社重大财产处置、对外投资和担保等;此外还有涉及社员重大利益如合并或分解、章程修改等事项。其次,要建章立制,确保社员大会具有最高权力机构的地位。尤其是有关合作社的重大事务必须严格按照规定的程序由社员大会所决定,任何其他的机关如理事会、理事长等都不能越权侵权。

其次,完善社员大会的议事规则。我国《农民专业合作社法》第十七条规定:"对社员大会的选举和表决原则上是实行一人一票制,社员各享有一票的基本表决权。但是允许出资额或者与本社交易量(额)较大的社员按照章程的规定享有附加表决权。限制性条件就是合作社中附加表决权的总票数,不得超过本社社员基本表决权总票数的百分之二十。"从以上规定可以看出,我国农村股份合作社融合了合作制和股份制的特点,倾向于"一股一票",打破传统合作社"一人一票"的制度。在实践中,有可能发生占股较大的社员对股份合作社进行控制,为避免这种情况发生,首先,要建立健全社员的知情权、提案权和质询权等相关权利制度;其次,对于某些涉及根本利益的特别事项,包括章程的修改以及关于合作社的合并、分立和分解等,应该限制资本的权力而选用"一人一票"的原则表决;再者,对于一些股份合作社经营决策上的决议,包括经营发展方向,对外投资领域等,应该突出资本和专家管理的作用而使用附加表决权。

最后,设立社员代表大会制度。社员大会虽然是股份合作社的最高权力机关,但是其在实践中往往是一个非常设机构。由于召开社员大会费时费力,同时集体行动往往伴随着"搭便车"的行为,所以在大规模的股份合作社里通常设置一个常设的社员代表大会,建立社员代表大会制度,通过选举社员代表,确保社员的意见得到更加专业的表达。我国《农民专业合作社法》规定,社员超过150人时可以按照章程设立社员代表大会。但是,未对设立股东代表大会的最低人数做限制。为保证中小规模社员在股份合作社中的发言权,应保证农村股份合作社代表大会中一定比例的席位留给普通社员。中小社员的代表进入社员代表大会,不仅有可能影响合作社的重大决策、经营决策和分配政策,而且有利于向全体社员披露信息、增加透明度、减少合作社管理者采取机会主义行为的可能性。发挥好股东代表大会的作用,对重要问题的表决,应给予股东代表足够的时间,让其在充分了解资料和酝酿讨论后进行决策。①

3. 建立监事会并明确其权利义务

从上文的分析中,我们可以发现,在现有的股份合作社中,监事会的力量非常薄弱,没有起到应有的监督作用,有些合作社中监事会甚至都是不存在的。然而,监事会对于监督理事会、制约理事会权力、保护社员的权益中应该发挥重要的作用。基于此,提出以下改进建议。

一是必须要建立监事会。由于所有权和经营权的分离,合作社中股东和经营管理人员之间就形成了一种委托代理关系,然而股东和管理人员的利益并不是完全一致的,管理人员可能为了自身的利益,滥用权力,对农村股份合作社股东的利益造成损失,这样就会产生严重的"代理成本"。这种结果是我们不愿意看到的,当在合作社中引入监事会机制来履行监督职能时,能够有效减少代理成本和代理

---

① 谢倩. 市场经济条件下成都股份合作社组织的特征与机制研究. 西南交通大学学位论文,2014.

风险。因此,有必要在农村股份合作社设立监事会,在保证股份合作社经营管理者拥有一定"弹性"权力的情况下,监事会对其进行必要的监督和约束。监事会的法律定位主要有两个:其一,合作社的独立监督机构;第二,合作社的常设机构。

二是明确监事会的职能。监事会是合作社中设立的专职监督机构,它的职能包括监察股份合作社的经营状况与财务状况,监察股份合作社事务的执行情况。监督理事及管理者的经营管理活动,杜绝其滥用职权,确保合作社经营管理活动良好运行,另外,股份合作社的业务是否合法妥当,是否符合章程也属于监事会监督的范围。

三是强化监事会的独立性和权威性。监事会的独立性和权威性会直接影响到监事会效能的发挥,要保证农村股份合作社的监事会发挥作用,必须要强化监事会的权威性和独立性。关于监事会的权威性,农村股份合作社的章程中应该规定监事会有权对更换理事会或者经理提出意见和建议,有权参与和否决理事会和经理的决策;监事会的监督要在规定的职责范围中进行,不得越位,监事会一般没有决策权,但是有检查和质询权;监事会监督作用的发挥,依赖于掌握的丰富的信息,因此规章制度应该确保监事会的知情权;监事会应该坚持客观公正、实事求是的办事原则,不受其他干扰,保持其权威性。关于监事会的独立性,一个是人员配置上的独立性,监事会人员应该是通过民主的方式从合作社社员中选举产生,监事会只对社员(代表)大会负责,在行政上与理事和经理层相独立,这样才能保证监事会不会屈服于理事的压力;另一个是权力构造上的独立性,农村股份合作社的理事会和监事会都是社员大会下面的两个执行机构,监事会在地位上是和理事会平行的,这种级别上的平行关系才能够保证权力主体之间的相互制衡。

(二)平衡理事会内部权力组成

农村股份合作社中的理事会拥有合作社经营的决策权和执行权,他们在实际上很大程度上控制着合作社的运营。理事会作为一个整体,应该发挥集体的智慧,需要集合不同理事的经验、专长、背景、经历,形成强大的互补合力。理事会应该以积极协作的团队的形式工作,而不是以松散的个体形式工作。理事会的组成需要遵循两个基本原则:第一,多样性原则,是指农村股份合作社的社员应该是有来自精英阶层的,也有来自普通阶层的,既有大股东作为理事,也有中小股东做理事;第二,均衡性原则,是指理事会成员的性别、学历、年龄、经历、经济地位和专业技术的均衡性,理事会中的理事应该拥有多种能力和背景,发挥人才的组合优势,更好应对多变的市场环境。

按照上述的原则,针对现在的股份合作社理事会成员结构出现的问题,提出以下调整目标:第一,克服党政人员垄断理事会重要职务的弊端;第二,避免有较大经济权力的人占据过多的岗位;第三,保持普通社员在合作社中占据一定的比例。良好的农村股份合作社理事会成员结构是避免"内部人控制"的有效途径。所谓合作社的内部人控制,是指合作社内部拥有优势股权的领导人利用自己掌握的大部分决策控制权,在日常决策和经营活动中谋取自身利益,损害大部分普通社员利益的现象。① 学者普遍认为,导致企业内部治理中出现内部人控制问题的主要原因在于,信息不对称、一股独大和监督缺位等。②

为了达到以上的目标,应该从多个方面入手,就目前的情况来看,至少可以从以下三个方面努力:一是严格规定理事的任职资格。理事的资格也就是理事的任职条件,理事的素质形成了理事会的素质结构,直接影响着能否代表社员的利益以及农村股份合作社的进一步发展。很多国家和地区都对理事的任职条件予以限制,主要包括:其一,社员身份的限制。如美国明尼苏达州合作社法规定:"理事会至少由 5 名理事组成,但至少 3 名由合作社社员组成。"③《意大利民法典》第2542 条规定:"理事的多数应当产生于合作社社员。"其二,兼职方面限制。各国对理事任职都规定了兼职限制以确保理事对合作社履行忠实义务。我国《农民专业合作社法》第 30 条规定,合作社的理事长、理事、经理"不得兼任业务性质相同的其他农民专业合作社的理事长、理事、监事、经理"。此外还有交易上的限制,如英国消费者章程规定。

二是明确理事长和理事的产生。在村社自治条件下,农村股份合作社理事长和历史的产生也应该充分遵循民主、自治的原则。农村股份合作社的理事长应该由社员大会民主投票选举产生,选举程序应该公开透明,选举的结果应该公示。农村股份合作社的理事的产生也应该遵循民主、自愿、自治的原则,理事会理事可以由理事长提名,但是需要经过社员人会表决通过才行。需要明确的是在农村股份合作社中,社员大会才是真正的权力中心,理事长和理事的产生必须是由社员大会通过民主公开选举产生的,从而避免默认由村长任理事长、由富人任理事的弊端。

三是严格限制理事长职权范围。在理事会内部,理事长处于核心地位,理事长的职权范围应该受到严格限制,这是因为如果理事长的权限过大,其他理事形

---

①　陈合营. 农民专业合作社的内部人控制问题研究[J]. 理论导刊,2007(5):73 - 76.

②　李炳秀,陈晓春. 内部人控制与非营利组织机构探讨[J]. 云梦学刊,2005(2).

③　USA:Minnesota Cooperative law, Minnesota Statutes 1996, Chapter 308A. 305.

同虚设,会大大削弱理事会的作用,不利于理事会的民主决策,这与理事会成员能够成为全体社员利益的代理人的初衷是互相违背的。所以,在农村股份合作社的章程中应该对理事长的职权范围做出明确的规定,限制理事长的决策内容和权限。合作社法没有对理事长的职权做出具体规定,一般认为,理事长的职权范围包括:第一,主持社员大会;第二,召集和主持日常理事会会议;第三,检查及监督理事会决议的执行情况;第四,对外代表合作社从事交易等。

三、调整股权结构

为了有效配合农村社区自治,集体股的设置在改革初期具有一定的必要性、合理性,但是随着社区自治能力的进步和股份制的发展,应该在立法上进一步规范和优化。通过农村股份合作社章程,对农村股份合作社的集体股进行限制直至取消,确保农民个人股实质化。

（一）明确财产权利主体,创新股权设置机制

第一,在章程上对集体股进行限制。集体股通常没有投票权,只有收益权,[①]是集体借此分享收益。将集体财产或产业量化到农民个人是农村股份合作社的功能之一。虽然保留适当的集体股是社区发展在特定阶段的要求,某种程度上有助于公共产品和公共服务的提供,但是在实践中集体股导致产权边界不清晰,权力义务不明确,形成一个难以量化和规约的集体股东,过多的集体股则会挤兑农民个体股份。集体股权一般只有收益权,没有投票权,显然,集体股权的行使会再一次面临股权乃至农村集体财产权利主体模糊和虚化的问题,这无疑和村社自治的目标是相悖的。因此,应当通过规范农村股份合作社的章程,结合村社自治功能,创新农村合作社股权结构设置机制,限制集体股的占比,明确集体股通过分红所积累的集体财产的投资范围和使用方式。

第二,在实践中逐步取消集体股份。集体股的存在,具有一定历史意义,在改革初期为减少改革的阻力具有一定积极的意义。目前从保留着较多集体股的农村股份合作社的实践中,可以看出集体股权利主体的缺失,导致集体股收益被合作社高管频频滥用和侵蚀,降低了农民的民主意识和自治功能,阻碍了集体财产的使用效率。取消或减少集体股也成为未来股权结构调整的方向。不少学者如

---

① 邓明峰,郭琼瑶. 关于农村股份合作社的股权配置及流转的法律问题探析——以佛山地区为例[J]. 法制与经济,2014(4).

包宗顺①和杨宏翔②等人,主张改革股权设置,取消集体股。避免在农村股份合作社中的集体股收益又形成了新的不明晰的集体产权,并且将面临集体产权的再次改革问题,所以应改集体股为个人股③。另外取消集体股,更能进一步强化农户的产权意识、独立意识和自治能力。因而应该废除集体股,将原来的集体股通过科学的方式折股到每个社员手上,合理控制个人股中各类股的占比。

(二)股权适当差异化,形成合理的效率机制

关于产权如何安排才最具有效率,波斯纳给出权利安排应遵循的准则,即权利应该赋予那些最珍视它们的人。④改革开放的实践证明,"大锅饭"的平均主义严重影响社会效率。"村—社"自治下的股份合作,追求的是村民民主而不是强制,是公平而不是平均,是效率而不是四平八稳。适当的差异化是激发个人积极性、盘活资产的有效办法。允许股权内部转让、赠予、增设募集股等方式让社员持股的份额发生改变,产生一定程度的差异。而产生这种差异的程度和方式必须经股东大会通过的股份合作社的章程明确约定,并对大股东的权利做好各种限制,参照公司法的机制来保护中小股东的利益,防止大股东权利过大损害到中小股东的利益。⑤股权差异化是股份合作社向着更高形态,更具市场竞争力变化的动力,有利于建设公平的利润分配机制。

(三)适当设置募集股,引进开放的竞争机制

农村股份合作制一个突出的特点就是股劳统一,但是股权凝固不利于资本流动,与市场配置资源的基础性作用相矛盾,也不符合现代农村社区流动人口和外来常驻人口参与股份合作治理的现实,必须对其进行改革,从而适应开放的村社民主自治的需要。改革过程中应该逐渐取消合作股,改成募集股,尤其是对新增人口一律采用募集股的方式,不再以"天赋股权"的方式分配股权,而是通过有偿的方式获得股东资格,打破地区福利主义。募集股的适当设置和有效参与,可以有效吸收外部资金,谋求合作社的开放式发展,提高合作社的竞争力和创新力。在开放和自治的社区中,当社员抗风险能力、自我管理能力和追求高收益的意愿

① 包宗顺.积极推进农村社区股份合作制改革[J].江苏农村经济,2005(8):17-18.
② 杨宏翔,王槐生,杨继友.现代产权制度视角下的农村社区股份合作制[J].理论探讨,2005(1):64-66.
③ 刘笑萍.农村社区股份合作制制度创新路径分析[J].农业经济问题,2005(9):13-15.
④ [美]理查德·A波斯纳.法律的经济分析[M].北京:中国大百科全书出版社,1997.
⑤ 邓明峰,郭琼瑶.关于农村股份合作社的股权配置及流转的法律问题探讨——以佛山地区为例[J].法制与经济,2014(4):91-93.

较强时,可以现有基础上向外募集股份,从而引入外部的生产要素和竞争机制,吸收更多外来人口加入社区自治,符合现代农村社区发展的现实需要。其使股份合作社真正和市场和大社会结合,在市场机制中发展和完善,提高自身的生命力和创造力。增强股东的风险意识,减少抑或消除股份合作社的福利性。最为如此也有利于管理者利用市场的手段建设"村—社"自治的管理模式,促进行政管理者正确厘清政府和与市场的边界,准确认识公共权利和私人权利的边界。

（四）允许股权流转,建立公平的利益实现机制

股份合作组织要想成为产权明晰,权责明确的市场主体,必须建立起"流转畅通、保护严格"的现代产权制度,要实现"流转顺畅"这一目标,就必须建立起股权流转机制。股权流转,是产权所有者实现收益的重要方式。从另一个角度来看,可流转的股权有助于提高所有者对股权增值的期望,从而提高对集体经济组织监督与激励的积极性。同时,股权流转还是所有者重要的表态方式,社区成员可以自由选择认购自己认为最有发展空间的股权,通过这种"用脚投票"的方式影响流转的价格,从而在民主自治的基础上真实反映出集体经济组织的经营绩效。从经济效益的角度来说,股权流转可以有效地促进生产要素的优化配置。

进行股权流动性的探索,首先要鼓励股权在组织内部流通,在股份合作制组织内部,允许社员在办理相关手续之后实现股权的继承;经过股东大会讨论通过之后,实现股权的转让、买卖、赠送和抵押。同时必须要制定规范的股权流转办法:重点是要健全股权有偿转让程序、股权委托代理程序、股权继承程序、股权赠予程序等,尤其是要明确股权的转让条件、转让范围、转让后的权益与义务,对股东委托股份经济合作社转让股权的,应张榜公告,实行公开竞购,同时研究制定必须经股东代表大会讨论决定的股权管理办法、规范股权管理。

第二节　村社自治视角下农村股份合作社的体制转型

一、建立更加民主的投票决策体制

格罗斯曼和哈特认为,任何产权和所有权的实现必须通过决策控制权才能完成。[①]　在企业中,使用权的核心是对企业决策控制权的分配,也就是决定企业经

---

① 张维迎. 西方企业理论的演进与最新进展[J]. 经济研究,1994(11).

营发展战略、投资计划、解散、分立、破产、企业的利润分配方案、年度财务预算方案等重大事件的权利。同样,在农村股份合作社中,决策控制权直接作用于所有权和产权的实现,它是农村股份合作社中最重要的权利。在村社自治背景之下,农村股份合作社的决策权属于全体社员,他们可以通过股东大会直接行使决策权,也可以通过将决策权委托给股东代表大会或者理事会来间接行使决策权。针对以上我国农村股份合作社决策体制中出现的问题,提出以下改进意见。

(一)提高投票主体的代表性

1. 明确股东(代表)大会和理事会的重大事项管辖权

在农村股份合作社的组织决策层次中,股东大会(会员大会)、理事会以及经理层分担承担不同的决策职能。其中,股东(代表)大会拥有重大事项的决策权;理事会可参与重大事项决策,提出决策建议,并主要负责日常工作决策;而经理层负责机构的具体运行。为了提高投票主体的代表性,应充分明确和发挥股东(代表)大会和理事会对重大事项的管辖权。

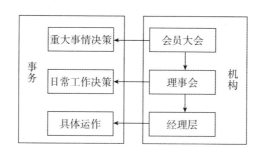

图6-2　农村股份合作社的组织决策层次

资料来源:笔者制作。

2. 同一决策事项中各投票主体应该具有相同的话语权

按照我国《农民专业合作社法》的规定,合作社"社员地位平等,实行民主管理"。这是农民专业合作社应当且必须遵循的基本原则。但是不可回避的是在农民专业合作社的实践中大多存在"能人治社"的现象,这就不可避免的出现了"能人治社"与民主管理不协调的矛盾。另外,关于农村股份合作社的投票机制普遍存在着"一人一票"和"一股一票"的争议,这实际上是关于投票主体话语权的争论。

尽管"能人治社"具有一定的合理性,因为农村股份合作社的社员基本上都是农民,农民的科学文化素质、专业技能、法律意识、管理能力等都十分有限,"能人"

一般是股份合作社中的精英，他们在一定程度上能够克服农民自身专业性不够、能力不足等弊端。但是在村社自治背景下，"能人治社"和民主决策不能偏废，要合理确定民主和权威的关系，毕竟农村股份合作社的出发点和落脚点都是社员的利益，普通的中小社员需要明确表达其利益诉求，需要不对"能人"的权威感到恐惧，大胆发表自己的意见。所以，在农村股份合作社中，既要有能人，也要有普通人，需要有民主的决策。

由于农村股份合作社是股份制和合作制两者的结合，所以在决策的过程中合作社一般采用的"一人一票"与股份制一般采用的"一股一票"就会发生矛盾。在村社自治的背景下，在一般情况下还是要采取"一人一票"的表决方式，因为农村股份合作社的最终目标是维护社员的公共利益，社员地位平等，为了防止大股东对小股东利益的侵害，应该采用一人一票的方式，使得投票主体在一次决策事项中拥有同样的话语权。

(二)提高投票过程的透明性

为了提高投票过程的透明性，主要从以下三个方面着手：一是提前发布完整通知。在村社自治背景下，农村股份合作社的社员应该对于合作社的经营发展拥有充分的知情权和管理权限，所以，为了提高投票决策体制的透明性，应该提前发布完整的投票通知。投票通知应该注意以下两点：第一，完整性。应该发布关于决策的具体事项、投票表决的时间、参与决策的人员、投票的地点、投票的方式等内容；第二，提前性。决策通知应该提前发布，让投票主体有充分的时间准备，考虑其要发表的意见。

二是广泛吸纳社员意见。村社自治背景下，农村股份合作社采取的是社员自治，社员有必要为股份合作社的经营发展献计献策，因此，广泛吸纳社员意见是使得决策过程民主、决策结果有效的一种有效方式。需要注意以下两点：第一，不仅要听取大股东的意见，也要听取中小股东的意见，鼓励社员积极表达自己的意见；第二，对于社员所提的意见应该作出反馈的认真思考，对于比较好的意见要积极采纳。

三是及时公布投票结果。村社自治背景下，投票决策的结果和所有社员的利益都是息息相关的，理性的"经济人"对自身的利益都会表现出高度关心，因此，需要及时公布投票结果。投票结果的公布应该注意以下两点：第一，及时性，也就是说在唱票结束之后就应该公布结构，而不是中间等待一段时间，因为这段时间可能发生暗箱操作；第二，公开性，农村股份合作社的社员是合作社的股东，股东代表大会或者理事会的决议不应该只针对内部人员公开。

（三）提高投票结果的客观性

首先，出以公心，为全体社员谋福利。这是在处理集体利益和个人利益之间的关系。很多政治学家，尤其是那些用经济学的方法来研究政治现象的政治学家，其理论的一个出发点就是将人作为"经济人"，即人们总是想方设法追求自身利益最大化。然而，实际上人是非常复杂的，人们是具有牺牲精神、奉献精神、集体荣誉感的。在农村股份合作社决策中，决策的最终目标是追求合作社利益的最大化，个人的利益可能会因此遭受损失，但是决策主体应该出以公心，为全体社员谋福利，而不是以自身的利益为出发点。

其次，放眼长远，实现可持续的发展。这是在处理短期利益和长期利益之间的关系。在农村股份合作社投票决策中，决策主体应该从合作社长远的发展角度做决策，不能仅仅被眼前利益迷惑。可持续发展是农村股份合作社需要追求的目标，尽管农村股份合作社会随着时代的发展变迁经历一系列结构和体制等方面的改革，但是其股份合作制的基本性质在较长一段时间内不会改变。

最后，注重理性，权威面前坚守原则。这是在处理坚守理性和附庸权威之间的关系。农村股份合作社中存在着很多的能人、精英、权威，在决策的过程中，普通的投票者不能盲目地跟随这些人的意见，不能自己不做深层次的思考，更不能也不顾自己社员利益以代理人的身份奉承这些人。在权威面前应该保持理性，坚持自己的原则。

二、建立更加科学的行政管理体制

合作社是独立的企业法人，具有独立的名称、住所、出资方式和数额，合作社与村行政组织两者之间应该是完全政社分开。但是，现实情况却是它们只是一种表面形式上的分离，仍然有些方面政社不分。村领导常常须兼顾合作社具体地管理事务；又由于合作社发展初期的资金限制，一些属于合作社的经费开支有时也从村行政费用之中列支，短期内难以做到真正的政社分开。① 应该从以下两个方面，完善农村股份合作社的行政管理体制。

（一）形成股份合作社的法人领导制

一方面，严格确定其经济组织地位。农村土地股份合作企业是一种相对独立的法人或经济实体，应依法进行注册登记。《民法通则》第36条和37条规定："法

---

① 张笑寒. 农村土地股份合作社：运行特征、现实困境和出路选择——以苏南上林村为个案 [J]. 中国土地科学,2009(2).

人是具有民事权利能力和民事行为能力,依法独立享有民事权利和承担民事义务的组织"。更加具体地说法人的成立必须具备以下几个条件:依法成立、独立的名称、有必要的财产以及出资方式、组织机构和场所、能够独立地承担民事责任。可见农村土地股份合作企业是一种法人。但是《民法通则》中却未。到1990年的《农民股份合作企业暂行规定》及《农民股份合作企业示范章程》中明确对股份合作企业这一法人类型加以明确规定:股份合作企业具有企业法人资格,但区别于合伙企业。股份合作企业可以依法成立并注册登记,取得法人资格,可以独立地享有民事权利能力和承担民事义务的经济组织。企业与村委会等行政组织应该进行政企分开,财务独立核算、自负盈亏,并且作为一个企业,为了生存和发展,也必须追求盈利目标。①

另一方面,借鉴股份公司的管理经验。农村股份合作社的发展目标是建立规范的现代企业制度,采用现代企业的管理制度。党的十五大对现代企业制度的特征作了权威的概括,即"产权明晰、权责明确、政企分开、管理科学"。现在大多数农村股份合作社企业在成立时就制订了具体的企业章程,这些章程普遍体现了"三权"分离的原则,即与公司制相同的社员(股东)代表大会、董事会、监事会三会制衡机制,这与股份公司制企业的做法是完全一致的。为了保证企业的资金的稳定性,投入的股份不能退股,并明确了产权主体各方的权利和义务。农村土地股份合作制正在逐步摸索和完善中,最终的目标就是尽早建立起一套规范的现代企业制度,使之作为一个经济主体适应市场的要求发挥长久的生命力。

(二)股份合作社拥有自主的经营权

一方面,减少直接的行政干预。农村股份合作社的发展离不开政府的政策支持,但是在村社自治的背景之下,政府不能干扰合作社的正常运行,要减少直接的行政干预。这主要是指以下两个方面:第一,减少直接的行政命令和决定。政府可以通过政策引导农村合作社的建立和运行,但是不应该直接通过行政命令、决定等干预合作社的正常运行;第二,避免村"两委会"成员直接担任农村股份合作社的重要职务,农村股份合作社的重要经营管理人员应该通过法定的渠道产生,而不是直接的任命或者默认。

另一方面,减少对政府财政的依赖。在村社自治背景下,农村股份合作社应该要实现自我管理、自负盈亏,尽量减少政府财政的依赖。因为一旦合作社对政

---

① 张笑寒. 农村土地股份合作制的制度解析与实证研究[M]. 上海:上海人民出版社,2010.

府的财政形成依赖,就意味着政府对农村股份合作社的控制权,意味着社员可能会因为有政府帮忙而降低风险意识,意味着农村股份合作社的改革会因为对财政的依赖而变得非常被动等。在农村股份合作社发展的初期,政府可以给予一定的"照顾",营造良好的政策环境,在其发展壮大之后,政府就主要是一种引导功能了。

三、建立更加严密的内外监督体制

德姆塞茨(1999)认为:"合作社的管理者由于并不拥有剩余索取权,因而通过改善管理所得到的收益不可能资本化为管理者的个人财产,这就导致了投机取巧的行为相比其他类型的组织更容易发生,合作社的监督成本也就较高,所以,合作社中如何合理设置监督机制十分重要。"[1]农村股份合作社需要建立一个完善的监督体系。在明确监事会起主要监督作用的前提下,充分调动社员,社员大会以及监事的监督的积极性,充分发挥各个主体的监督功能,所以一个完善的内部监督体系要包括监事会、广大社员、社员大会、以及理事会四个方面的监督。但是光从内部监督难免会出现监督不到位的问题,因此还要将社会审计机构的监督纳入到监督体系中来,将内外监督相结合,才能建立一个真正完善的监督体系。

(一)健全内部监督体制

首先,加强监事会的组织和运行制度化建设。监事会作为合作社内部的专职监督机构,是社员行使监督权的主体,代表全体社员对社员大会负责,监督和检查合作社的的一切经营活动。监事会的监督具有两个特征:独立性和完整性。监事会成员实行一人一票的原则独立行使监督权。根据《农民专业合作社法》的有关规定,其监督对象主要是理事会和经理人员。为了更好地发挥监事会的集体监督功能,首先必须重视监事会的监督作用,加大对监督的主客体的相关业务培训,规范管理制度,运用科学方法,完善有效监督的内容和程序。真正落实监事会代表广大社员发挥专业的内部监督作用。

其次,发挥股东代表大会的监督力量。原则上社员大会才是农业合作社的最高权力机构,具有包括监督权在内的广泛的最高权力,对重大事项、人事任免、资产处置等都具有最终决定权,其权力具有权威性和强制性。其通过法律赋予的职权对合作社的一切生产经营活动实现监督职能,但是,社员大会并不是合作社的

---

[1] Alehian Armen and Demsetz Harold, "Production, Information Costs, and Economic Organization", *American Economie Review*, 1972 (62).

常设机关,难以实现常规化监督工作,所以其除了保留对结果的审查和决定权,日常的监督权通常交给作为专职的常设监督机关,也就是监事会或理事会。为了发挥好股东代表大会的监督功能,必须对其权力细化落实,完善民主代表制度,建立高效规范的日常联络制度。同时规范股东代表大会对监事会或董事会的授权和监督工作,建立健全监督评价机制,工作审查制度等。

最后,激励理事会成员互相监督。理事会既是常设的决策和管理机构,也承担着相应的监督职能。理事会的监督职能主要体现在依照股东代表大会决定对经理人员的评聘和工作监督。重点是对经理人员的履职能力和态度的监督,并及时地作出反应和调整。由于理事兼任经理的情况大量存在,容易出现"既是运动员又是裁判员"的内部人控制效应,从而弱化成员相互监督作用,增加了利益侵占的机会。[1] 为了发挥好理事会成员的监督作用,应该明确理事会成员监督的对象和内容,主要对理事长、经理等高层管理人员进行行业绩评价以及成员相互监督。通过科学管理和规范用人,建设有效的激励监督机制,建立权力责任清单制度,实现合作社制度开明,作风清明。

(二)完善外部监督体制

外部监督包括系统监督和社会审计监督。系统监督主要是上级主管部门对农民专业合作社的经营管理情况进行监督、检查。社会审计监督指发挥会计师事务所以及审计机构的作用。[2] 针对农村股份合作社的外部监督体制的现状,提出以下改进建议:

第一,强制公开财务预决算。合作社出现"内部人控制"现象的主要原因是:处在农村股份合作社中的委托代理关系中的两方——委托方和代理方之间的信息不对称,而这同样也是外部难以对合作社的治理机构实行有效监督的原因。因此农村股份合作社必须强化信息披露制度,尤其是财务信息的披露。合作社的章程中应该强制规定公开财务预决算,合作社应该按照财务公开的原则,及时、准确地公开农村股份合作社的财务预决算。由于农村股份合作社一般是处于乡村的"熟人社会"共同体,社员之间彼此比较了解,核心社员一旦因违规而被曝光或开除出合作社,将会受到其他社员的排挤而失去进一步的发展空间。因此,农民专业合作社实行财务公开的原则对于合作社的管理者的约束力要比普通社会企业

① 崔宝玉,刘峰,杨模荣. 内部人控制下的农民专业合作社治理——现实图景、政府规制与制度选择[J]. 经济学家,2012(6).

② 张满林. 我国农民专业合作社治理问题研究. 北京林业大学学位论文,2009.

管理人员要强的多,从而对合作社健康发展产生有效的监督作用。①

另一方面,创建多样化监督渠道。和信息的不对称一样,监督渠道的匮乏也是造成外部监督困难的一个重要原因。事实上外部监督主体可以通过多样化的方式参与到合作社的监督中来,需要注意的是,这里的外部并不是指农村股份合作社的外部,而是指合作社治理结构的外部。外部的监督渠道包括:第一,引入决策听证制度,即普通社员或者对本村股份合作社事务比较感兴趣的村民都可以参与的合作社的决策听证中来;第二,参与业绩评估,农村股份合作社的治理情况可以引入外部评估的方式,并且外部监督主体对合作社的评分的高低会明显影响合作社的绩效分;第三,通过审计监督。要充分发挥会计师事务所以及审计机构的作用。从审计合作社的经营状况、章程执行情况、内外部关系、账目及年终总结等几个方面对股份合作社进行审计监督。审计后形成的总结报告要对广大社员公开,接受监督,并且根据报告反应的问题及时督促合作社理事会来有效解决问题。

四、建立更加开放的社员进退体制

股份合作组织具有较强的区域封闭性②,因此农村股份合作社的股权一般都规定其持股人为本村村民,不具有对外开放性,通常不会向社会公众公开招股集资。除此以外,由于对农村股份合作社经营控制权的保护,村民往往是从合作社内部选拔组织管理人员,并不像股份制企业一样从外部聘任经营人员。农村股份合作社的封闭性造成了社员进退体制的不灵活,不利于引入优秀的管理人才,也不利于通过社员的流动来形成"用脚投票"的竞争机制,不利于合作社引入先进的管理理念,也不利于合作社规模的扩大。针对股份合作社社员进退体制的僵化,提出以下对策建议。

(一)社员的加入更加规范

首先,社员的加入应该遵循入社自愿原则。《农民专业合作社法》规定加入农民专业合作组织的社员享有"入社自愿、退社自由"的权利,虽然农村土地股份合作社与农民专业合作社有所区别,不受该法的约束,但农村土地股份合作社的成立也是建立在土地承包经营权主体自愿基础上的,不得强制要求农民将土地承包经营权入股。《农村土地承包法》也明确规定了土地承包经营权流转的主体是承

---

① 张满林. 我国农民专业合作社治理问题研究. 北京林业大学学位论文,2009.
② 潘长胜. 江苏农村社区股份合作制的实践与思考[J]. 农业经济问题,2004(11).

包方,承包方有权依法自主决定土地承包经营权是否流转和流转的方式。① 有些村党支部和村民自治组织通过带有强制性的"劝导",组织全体农户均加入全村唯一的农地股份合作社,"两委"负责人同时成为合作社的董事长和社长。这都违反了自愿原则。"是否加入农地股份合作社,应当充分尊重农民的意愿;而农地股份合作社的负责人不一定非得由"两委"负责人来兼任,而应当由全体社员民主选举产生。"②

其次,社员的加入应该弱化本村人和外村人的区分。对于农村股份合作社的成员吸纳,应不应该只局限于农民本身,还可以积极吸纳外来的企业、团体或较有实力的个人等以资产、实物、知识产权、技术等方式入股农村股份合作社,这样不仅可以解决传统的合作社所面临的融资难的问题,还为农村股份合作社的发展带来了技术和科技支持。但是为了保障农地股份合作社的农民主体性,保证农民的权益不受到外来人员的侵害,外来资产入股的最高比例应该做出限定。融合公司制企业的开放性,弱化本村人和外村人的区分,对外必将拓宽农村股份合作社的融资渠道,形成合作社对外利润最大化,对内也增加农民收益,与服务农民的宗旨相符合。③

最后,社员的加入条件和程序应该明确加以规定。《农民专业合作社法》第14条对成员资格进行了规定,"具有民事行为能力的公民,以及从事与农民专业合作社业务直接有关的生产经营活动企业、事业单位或者社会团体,能够利用农民专业合作社提供的服务,承认并遵守农民专业合作社章程,履行章程规定的入社手续的,可以成为农民专业合作社的成员。"体现了开放办社的思想,也明确了非农民成员依法可以加入合作社。但由于合作社的本质是为农民服务的,所以对于合作社中非农民成员的数量《合作社法》给予了限制,第15条规定,"农民专业合作社的成员中,农民至少应当占成员总数的百分之八十。成员总数二十人以下的,可以有一个企业、事业单位或者社会团体成员;成员总数超过二十人的,企业、事业单位和社会团体成员不得超过成员总数的百分之五。"笔者认为农地股份合作社的成员资格应当在坚持成员资格开放的原则的基础上,确保农民的主体地位,保护弱势群体农民的利益。

(二)社员的退出更加自由

第一,社员的退出是其自由而非惩罚。农村股份合作社实行的是"退社自由"

① 金丽额. 新时期农村土地股份合作制探析[J]. 当代经济研究,2009(1):31-35.
② 杜业明. 关于农地股份合作社的考察[J]. 乡镇经济,2008(9):55-58.
③ 吴琪. 农地股份合作社运行机制规范与实证研究. 南京林业大学学位论文,2012.

的原则,但从我国目前的《农民专业合作社法》及各地方性法规来看,均未明文规定农户股东的退出权,现行农地股份合作社大多也规定土地股权不得继承、转让、买卖、抵押和退股,仅规定股权可在有限范围内转让,有些得经繁琐的批准手续,因此如若合作社经营不善可能导致农民失去土地承包经营权,从而丧失了土地收益,严重侵害农民的权益。① 有些股份合作社还将社员退股作为他不执行计划生育政策等的惩罚,将社员的退出作为惩罚社员的一种方式是显然不符合社员自愿原则的。社员的退出是其自由,农村股份合作社应该尊重这种自由并在实际操作中给予一定的保障,对社员退出股份合作社的条件、程序和后果做出清晰的说明。

第二,小社员通过退社寻求更大利益。社员在股权份额的大小上是存在差异的,小股东由于参与合作社日常管治的成本高,缺乏对经营决策的影响力,会选择"用脚投票"(蒂布特模型),即通过转让手中的股份进而达到退出该合作社的目的,寻求更大利益。大股东由于与合作社利益关联性强,退出成本相对高,一般会更加在意企业的长期收益,因而轻易不会以退社来逐利。所以合作社中股权自由转让机制使小股东的退出成为了可能,也实现了大小股东和公司自身利益的平衡。② 因此,股东尤其是中小股东应该认识到退社自由对他们的重要性,在他们对股份合作社的表现不满意的时候,可以选择退出来实现最后的抗争。

五、建立更加灵活的股权流动体制

"股权封闭性一直是土地股份合作社难以克服的一个障碍,为此,在土地股份合作社发展初期,为了稳定合作社生产经营,可对社员(股东)的股权设置及其流动给予一定的限制。"③因为股权的封闭性会导致农村股份合作社融资的困难,不利于合作社规模扩大,不利于股份合作社随着环境的变化实现转型。针对农村股份合作社股权新增、转让和继承的不灵活性的弊端,提出了以下改进建议。

(一)引入有偿配股制度

股权配给改革对过去的配股制度进行了意义重大的革新,从无偿配股逐渐过渡到有偿配股,从社员股份不断调整逐渐过渡到一次性配股。这样的革新有两大好处:"首先,有偿配股可扩大社区股份合作组织的资金来源,解决部分社区股份

---

① 李华雨. 农地股份合作社之收益分配法律制度研究. 南京农业大学学位论文,2012.

② 邓明峰,郭琼瑶. 关于农村股份合作社的股权配置及流转的法律问题探讨——以佛山地区为例[J]. 法制与经济,2014(4):91-93.

③ 张笑寒. 农村土地股份合作社:运行特征、现实困境和出路选择[J]. 中国土地科学,2009(2).

合作组织自有资金不足问题;其次,通过有偿配股,社员(股东)投资了部分自有资金,使其相比无偿配股情况下更关心社区股份合作组织经营状况,增强监督力度,促进社区股份合作组织管理规范化。执行一次性配股"生不增,死不减"政策有助于稳定股权,与土地家庭承包制中"生不增,死不减"的稳定地权的政策有相似作用。"①但股权配给改革仍然面临着巨大的挑战,"在社区人口不断增加的压力下,代际间矛盾将进一步激发,对代际间公平诉求和新增人口参与分红的要求将迫使股权重新分配。迫于新增人口压力,很多地方仍保留成员无偿配股,增人增股减人减股规定。"②但是,实行有偿购股从而有效改变股权新增不灵活的弊端,是农村股份合作社股权体制改革的必要选择。

(二)健全股权流转机制

建立健全农村股份合作社改革的关键在于促进股权的流动,建立健全股权流转机制。股权流转,包括股权转让、赠与、继承等形式,以转让为主要形式。但当前很多股份合作社的股权只能内部转让,无法相对集中,这不利于资本的重组及资源的优化配置,因此促进股权的流动,建立股权流转机制是进一步深化社区股份合作社改革的必由之路,具体应做到以下四点:一是逐步扩大股权流转的范围。股权的开放和流动,应逐步由封闭性走向开放性,首先开放股权在本村村民中自由买卖和转移,再逐渐延伸到本村村民之外,允许股权向外部转让,最终的目标是建立产权市场,允许个人产权要素进入市场自由买卖以盘活农村集体资产,这样有利于资本的重组及资源的优化配置。二是创建股权流转的公平环境。股权转让是以平等、自愿、协商为基本原则的,要积极创建股权流转的公平环境:农村股份合作社资产要定期评估并及时将评估的结果向股东公告,包括资产质量、每股资产净值、企业收益状况以及运营情况等,积极保障股东的知情权。三是规范股权转让的手续。股权转让双方应签订规范统一的股权流转书面协议,并由家庭成员签字,再进行公证后,由合作社及时办理股权转让变更登记手续。四是搭建股权流转规范交易平台。建立以中介服务组织为依托的股权流转交易平台,加强监管。

(三)拓展股权功能作用

"允许股权在农村股份合作社内部进行抵押贷款,有条件的地方应允许股东

---

① 邱俊杰,李承政.农村社区股份合作制改革——改革中存在的问题及深化改革的方向[J].科技管理研究,2011(24).
② 同上.

以股权抵押向银行贷款,以支持股东的二次创业。另外,农村社区股份经济合作社若新的投资项目多,资金需求量大的,允许现金配股。"①

（四）限制股权外部流转条件

股权要向社区外部流转时必须符合以下条件:第一,社区股份合作社已经撤村建居并且集体所有土地已全部被征用或转为非农建设用地;第二,社区成员的养老、医疗等社会保障已妥善安排;第三,集体资产已全部量化到个人;第四,经股东(代表)大会讨论同意,具体实施办法应由股东大会讨论确定。

六、建立更加合理的收益分配体制

（一）按股分配与按劳分配相结合

西方契约认为,由于有限理性和交易成本的存在,缔约双方不能够完全预见契约履行期内可能出现的各种情况,从而无法达成内容完备、设计周祥的契约条框,这就是不完全契约。由于不完全契约的存在,必然有某些权利没有被契约明确而"剩余"下来,故称之为"剩余权利",它包括剩余控制权(residual rights of control) 和剩余索取权(residual claims) 两种。剩余索取权是获得企业净收益的正当性。企业净收益的分配、索取未分配收益的正当性和过程等。②

只有当剩余索取权的安排和剩余控制权的安排相对应的时候,企业的运行效率才能够最大化。"农村股份合作社税后盈利的分配在扣除企业盈余公积金和公益金之后实行,即企业剩余索取权基本上是按股东的入股份额大小进行分配,剩余索取权主要表现为股份制下资本所有者股东的权利。"③但是依照"利益共享、风险共担"的分配原则,股东在获得盈利分红的同时,也要共同承担企业经营亏损风险的义务,'即合作社剩余索取权的掌握者相应地也需承担其应该承担的风险和责任,在一定程度上实现剩余索取权与控制权的两权统一。"④

（二）社员的获利和合作社营利相协调

农村股份合作社的利益分配应该和合作社的经营状况相协调。在很多合作

---

①　俞跃伟. 宁波农村社区股份经济合作社运行机制研究. 上海交通大学,2010:58.

②　Kim Zeuli, "The Evolution of cooperative Model". In C. D. Merrett and N, Walzer (eds.). *Cooperatives and Local Development*, Sharp: New York, 2004, p. 54.

③　张笑寒. 农村土地股份合作制的制度解析与实证研究[M]. 上海:上海人民出版社,2010.

④　张笑寒. 农村土地股份合作制的制度解析与实证研究[M]. 上海:上海人民出版社,2010.

社中,都设置有保底分红,即无论农村股份合作社当年的经营收益状况如何,社员都可以获得一定量的分红。这样做是不符合农村股份合作社的自治原则的。在村社自治背景下,合作社应该是自我管理、自负盈亏的,也就是说每个社员都应该承担合作社经营带来的结果。保底分红显然会削弱一些普通社员的风险意识和责任心,他们可能感受不到合作社经营好坏对他们收益的严重影响,从而没有动力去监督合作社的运行,为合作社的发展献计献策。

在村社自治的背景之下,社员的获利应该和合作社的营利状况挂钩,尤其是在合作社经营出现亏损的状况之下,他们作为股东应该承担后果。

第三节　村社自治视角下农村股份合作社的政策选择

一、鼓励自治政策

农村村民自治自20世纪80年代我国颁布相关法律之后,就一直作为我国基层社会的治理方式和体制。在过去的三十年中,农村村民自治虽然仍然存在各种各样的问题,但是在推动我国农村的发展中发挥了不可磨灭的作用。当前农村向村社转变的过程中,农村股份合作社经济发展形式便是农村成员在自治过程中开创的一种全新发展方式。村社股份合作社发展的根本还是基于村集体所具有的村集体财产,从根本上来说,其产权主体仍然是全体村民,在法律意义上,村集体对农村股份合作社享有所有权,理论上来说这意味着每个村民都对农村股份合作社享有所有权,而这种所有权便又构成了当前农村继续实行村民自治的前提和基础。

基于利益相关的产权结构为村民自治提供了内在动力。我国农村在农村股份合作社发展起来之前是以家庭联产承包责任制为主,其后逐渐发展出了乡镇企业和私人企业。在这两个阶段,村民都是以个人或者以家庭为基础,只是在如义务教育等某些方面产生共同利益或者说利益纠结,但是这种短浅的利益相关并不能支持村民的自治需求,这也体现在我国农村村民自治进展的缓慢,当然这也只能是一个方面的因素。随着农村经济的发展,农村股份合作社的出现,村社成员对于公共服务和自身权利要求的增多,使得村社自治真正成为村社成员主动追求的治理方式和体制。因为自身对于农村股份合作社所拥有的名义上的所有权和自身实际拥有的股权,都促使村社成员追求自治政策作为最佳的治理方式来维护自身的利益。①

因此从上述分析来看,继续鼓励在农村或者现代村社实行自治是社会和村社成员的要求。具体来说,有以下三个方面。

(一)提高农民自身民主意识,提高农民参政热情

我国市场经济的发展不仅促进了农村经济的发展,也促进了农民自身民主意识的提高。农民在经济收入提高的情况下开始更多地考虑个人所享有的政治权利与义务,更加意识到自身的国家主人公身份。加之我国政府一直在农村基层地区政治建设和政治文明的推广,农民群体对于自身民主主体地位的认识更加深入。农民群体在初步解决经济问题之后,他们要求享受到平等的政治权利、公正的社会公民地位、进一步获得经济发展福利的权利。针对现阶段农民民主意识的觉醒,对于作为为公民服务的政府来说,首先应该从自身转变思想,认识到农民自身所具有的巨大的创造力,从根本上改变对农村是城市附庸的错误认识,充分尊重农民所应享受的权利和地位,并为保障这些权利付出努力。当前新农村建设时我国和谐社会建设的重要方面,新农村的建设离不开农民的支持,只有农民才明白自身理想的新农村的样貌。在新农村建设中,政府应当放权让农民群体施为,充分尊重农民在新农村建设中的选择,不要对农村建设中的具体方面指手画脚,政府所应该做的就是引导和监督,保证新农村建设大方向上的正确性。同时应该打破目前的城乡二元结构,去掉农民"二等公民"的帽子,给予农民群体平等的政治权利和社会待遇,这也是符合宪法规定的举措。估计农民积极参与农村政治建设,提高农民政治参与热情,普及政治参与的知识,实现农村地区政治参与的常态化和稳定化。

(二)完善村民自治微观制度,发挥农村精英作用

当前我国农村自治法律相关规定,农村村民自治管理主要分为民主选举、民主决策、民主管理、民主监督四个方面,完善村民自治微观制度就应当从这四个方面入手。完善民主选举制度应当首先从法律完善入手。我国农村村民自治法虽然规定了农村村委会由村民选举产生,但是并没有规定具体的提名颁发和选举日程安排②。因此有必要急促完善农村村民自治相关法律,将村民选举的制度与具体安排详细规定和明确,最大程度减少漏洞,杜绝选举中的不法事情,并应当及时

---

① 邓大才. 利益相关——村民自治有效实现形式的产权基础[J]. 华中师范大学学报,2014
(7).

② 张教和. 我国村民自治存在的问题及对策[J]. 人民论坛,2011(35).

更新。民主决策应当真正体现农村村民的意志,而不应当成为少数人实现自身利益的工具。村民大会应当制定更为详尽的议程安排,并设置村级监事会,明确各自职责分工,保证决策的民主性。民主管理的关键在于信息的不对称,这样会引发代理人侵犯委托人利益的行为,因此应当完善和彻底实行村务公开制度,村民享有随时查看的权利。对于民主监督应当完善村民投诉和举报的渠道,在提高村民自身权利意识水平的同时,保证村民监督作用的发挥。

(三)发挥农村党组织的民主自治带动作用

"现阶段,在农村社区建设过程中,农村基层党组织代表农民的利益,成为农民利益诉求和表达的主体;党组织是依据政策要求制定社区建设和农村资源流转规则的主体,又是代表农民与外在市场主体谈判的主体;党组织对社区管理组织是监督与被监督的关系,农民的利益表达和冲突在党组织层面上得到实现和表达,党组织主导建设社区内部的各种服务型公益组织和各种经济合作组织。"①中国共产党作为我国社会事业建设的领导者,在农村村民自治的发展与建设中承担着不可避免的责任与义务。但作为政治和组织领导的党组织在领导方式上应该拥有相应的领导方式,而不是越俎代庖,大事小事都要管,使得村委会成为执行机构,损害了农村村民自治的实体,降低了村民政治参与的热情。真正发挥农村党组织在农村村民自治中的带头作用,做到以党内民主带动村民民主,实现农村村社的进一步发展。

二、招商引资政策

农村股份合作社的发展是当前我国农村在促进自身发展时的创举,是以村集体资产为基础,结合了股份合作制的优点而创新出的一种新的经营模式,其在促进农村经济发展的过程中发挥出了应有的作用,但是随着模式的普遍采用,也会逐渐产生相应的问题,其中很重要的一项便是资金来源问题,虽然在早期能够依赖村集体资产进行产生并盈利,随后也吸收了村社成员的资金作为发展资金,但是随着规模的扩大,以及其本身性质的特殊性,农村股份合作社在发展过程中也需要采取相应的措施来进行自身改革和建设。

(一)股份开放,允许外部资金的进入

农村股份合作社是作为村集体资产在运营,本身具有公有性,即便是进行了股份制改革,股权的开放对象仍是局限在村社成员内部。这种内向性使得农村股份合作社在初期发展时能够获得村社成员的权力支持,并且保证自身的公有性和

---

① 王洪彬. 新型农村社区民主监督社会化的生成机理[J]. 社会主义研究,2014(2).

资金分配的公平性。可以说在股份合作社早期发展阶段,这种内向性的股份合作制度保证了股份合作社的发展。但是随着股份合作社规模的增大,资产规模需求的加大,其必然面临着融资的需求,而村集体和村社成员的资金却是不能随意使用的。因此,在当前只有通过对股份的改造,吸收外来资金作为股份合作社发展的进一步动力。对于股份改造并不是新谈,股份改造最大的担忧便是股份改造之后,外来资金获得相应的股权会稀释原有的村集体资金所占据的股权,从而改变农村股份合作社的性质,使其转变成私人企业,不能够继续为村民利益服务。这种担忧并不无道理的。在我国一部分国有企业进行股份制改造的初期,便是出现过这种情况,侵吞国有资产,造成严重损失。但是对于目前农村股份合作社的发展来说,可以通过融资不放权的形式吸收外来资金,将外来资金只是作为投资资本,而不给于其相应的股权,只是以相应的收益作为回报,这种方式是常见的融资方式。另外也可以放开股权,吸引外部资金进入股权内部,但是要保证集体资金的优势地位,可以将既有收益作为村集体资金或者将村社成员资金投入并入集体资金内部,后期再按比例分红。这样的好处在于能够学习外来资金的管理经验,促进自身的发展。

(二)吸引外部资金,建设配套企业

由于农村村集体资产的有限性和特殊性,其不可能为农村股份合作社的发展提供配套、齐全的产业链条,而这就需要通过吸引外部资金达到生产本地化的目的,从而降低生产、运输成本。通过吸引外资进入本地建立配套企业,可以有效地减少农村股份合作社自身的压力,同时配套设施本地化生产能够相应地减少运输成本,提高股份合作社的效益。当然,外来投资也能够增加本地的就业机会,使劳动力不需要外出打工,从而保证本地劳动力的充分利用。健全的配套产业链的建设对于吸引高等人才回乡建设也是十分利好的。而对于吸引外部资金具有困难的地方,可以由当地政府进行相应的帮扶,甚至可以通过政策规划将相邻的不同村社通过宏观设计成为产业链的不同阶段,从而促进地区的发展。

(三)公共服务的外包

不论是在任何层面,农村股份合作社都实际承担着相应村社的公共服务供给的任务和职能,而这也是村社成员对此的共识。当前农村社会的发展使得农村成员对公共服务的数量和质量的需求都呈现出上升趋势。村社成员不再局限于村委提供什么公共服务,就只享受什么服务的被动接受状态,其更能够从自身需求出发,要求提供更多、更好的公共服务。这种对公共服务需求的变化是当前农村经济生活提升,村民素质提升的表现。农村股份合作社提供公共服务的职能是由其性质决定的,但并不是说就必须由其亲自提供。当前随着"委托—代理"理论在我国社会建设中运用的增多,很多政府公共服务便是通过外包的形式由私人企业进行经营、提供,这不仅有助于政府集中注意力,履行好自身职能,也有助于提高公共服务提供的质量和效率。而在农村村社建设中,农村自身的公共服务相对于政府层面来说是要简单许多的,因此完全可以在相应的层面进行代理承包的形式来提供公共服务。同时,农村地域的特殊性和社会关系的内向性,也使得在由第三方进行提供时,村社成员能够更好地对其进行监察,保证公共服务提供的数量和质量。

三、教育培训政策

教育是国家和社会进步的基础和根本保障,只有教育事业做得好,才能为社会的发展提供源源不竭的人才供给。自我国全面实行"九年义务教育"政策之后,农村地区的受教育程度得到了很大的提升。而且随着教育水平和生活水平的提高,农村地区更倾向于寻求接受更高层次的教育,尤其是对于新一代来说,对于教育质量的要求也越来越高。同时国家对于在农村地区教育政策的帮扶力度也逐渐加大。现阶段我国农村教育政策的变革与创新对农村教育的发展起着有力的推动作用。"农村教育政策创新主要表现在:重新明确农村教育的重要作用与地位、进一步完善农村教育的管理体制、建立农村义务教育保障新机制、实施农村人力资源开发新战略等方面。"这些因素都促进了农村地区群众素质的提高,在促进农业更好发展的同时,也极大地改变了农村的村风村貌。但是教育的发展毕竟不是能够一蹴而就的事情,教育是百年大计,当前我国农村教育仍然存在很多问题,尤其是伴随着农村股份合作社的发展,一些问题变得更为突出。

首先,从之前的数据统计来看,可以清晰地发现当前农村存在很明显的技术人员缺口的局面,主要表现为技术人员数量的短缺和水平低下。农村股份合作社中技术人员比例偏低,所受专业技术教育培训不够体系、完善,技术水平不高,缺乏完善的理论指导,更多的是技术人员在实际操作生产中所积累的经验,没能够形成完整的体系。技术人员的缺乏严重影响了农村股份合作的发展。当前农村所需技术人员主要表现为两个方面,一个是农业生产所需要的农业技术人员,另一个是股份合作社生产过程中所需要的专门工种技术人员。对于前者来说,农业技术人员的存在能够帮助农民更好地组织农业生产,更好地规划农业生产的规模、种类,详细地规划农业生产的时间和计划,从而能够以更加科学的方式促进农业生产的提高。同时,目前我国农村农业生产仍然存在着大量的碎片化生产的问题,这不仅降低了农业生产的效率,降低农业生产整体产出水平,而且会占用大量的农村劳动力,束缚了农村劳动力的解放和流动,极大地影响了农村股份合作社劳动力的来源,从而限制了双方的发展。

其次,当前农村股份合作社发展中还存在着高端人才缺乏的局面,主要是高等管理人才和高等农业技术人才的缺乏。当前农村股份合作社的管理过程中,更多的是依赖极具特色的个人权威主义的管理方式,由一个对整体拥有绝对权威的领导进行管理,其拥有绝对的权力,所言所行直接影响着整个合作社的兴衰。这种管理方式是在适应目前农村股份合作社发展的现实情况中产生的,它在合作社发展的初期阶段确实能够产生非常大的积极作用,促进合作社的迅速发展。但是当合作社发展到一定规模,这种管理方式便会成为合作社进一步发展的障碍。引进高端管理人才,采取经理制对股份合作社进行管理是保证合作社进一步持续发展的策略。对原有权威领导方式的改革一方面可以避免集体资产被侵蚀,由"村资产"转为"家资产"的可能性,避免在股份合作社内部管理中形成血缘为基础的利益集团,另一方面也可以采用更为科学高效的管理方式,减少不必要的程序和步骤,设定更为合理有效的激励政策,保证股份合作社成员的积极性。同时,高端农业技术人才不同于农业专业技术人才,他们对于农业的发展更能够从具有战略层次的角度进行分析,把握当前农业发展的大势,更为系统、长远地设计农村农业的发展前景。

当前农村出现这种人才缺乏的问题原因是多方面的,主要来说便是当前农村职业教育体系的落后、农村群众观念的错位、人才吸引政策的缺乏或者不力,等等。针对这些问题,本文尝试从以下三个方面进行探讨。

第一,继续加强农村基础教育建设。虽然我国已经实行了法律强制的九年义务教育,并且取得了极为显著的成果,但是随着计划生育政策的推行和农村人口流动的加剧,目前农村基础教育并没有继续展现应有的作用。继续加强农村基础教育建设主要应该专注于三个方面,一是农村幼儿教育,当前农村幼儿教育存在很多不规范的地方,不仅严重影响了幼儿接受学前教育的质量,而且对幼儿本身的安全问题也形成了一定的安全隐患,这对于农村股份合作社未来的支柱无疑是致命的。其次,当前农村基础教育适龄孩童数量不断减少,很多地区学校达不到相应的招生数量,面临着并校的选择,这对农村基础教育形成了新的挑战,并与不并,并哪里便是面临的新的问题。最后,随着城市准入门槛的降低,很多农村优秀教师会期待到城市发展,从而造成农村优质教师资源的匮乏,有些地区甚至成为实习教师训练场所,由此可见,提高农村教师的待遇、加强农村教师培训也是加强农村基础教育的当务之急。

第二，加强农村技术人员的培养。上文已经谈论到当前农村面临的技术人员缺乏的困境，加强农村技术人员的培养是一个系统的工程。①应当转变当前农村群众对职业教育的错误认识。随着我国普通教育的发展，很多农村家庭将孩子送往城市接受更好的教育，同时受传统观念的影响，将考上大学作为重中之重。这种观念无可厚非，毕竟好的大学代表着未来可能更好的生活，但是并不是所有人都有机会进入大学。但是普遍的观念认为学习职业教育属于无能的表现，这种观念严重影响了农村技术人员的培养，使得一部分本可接受职业教育，提高自身技能的人群失去了机会。加强在农村地区对于职业教育培养重要性的宣传，转变农村群众对于职业教育偏见的努力是必不可少的。②加强职业教育学校的建设。当前农村对职业教育存在的偏见很大一部分来源于职业教育学校建设的落后，不仅师资存在问题，对于学生的管理和学校自身的建设也存在很大问题。学生在职业教育学校并不能学到有用的知识和技能，投入与产出不成正比，也成为很多人放弃职业教育的重要原因。因此应当加强职业教育学校的建设，从师资、体制等多方面加强建设。③政府应该有所作为。我国对于职业教育的发展自新中国成立以来便比较重视。随着改革开放的进行，越来越多的民间资产进入了职业教育的领域，在促进了发展的同时，也带来如教学混乱、事故频发等问题。这需要我国政府从上至下能够对职业教育的发展形成统一、足够的认识，尤其是将促进农村地区发展的职业教育作为重点，从政策、法规层面形成完善的规定和支持，保障职业教育发展的健康性和持久性。

第三，吸引高等人才回乡建设。高等人才回乡建设问题一直是我国农村面临的尴尬问题。农村培养了大量的大学生等高等人才资源，但是由于城市更好的资源条件，很少有高等人才愿意回乡。吸引高等人才回乡建设首先是要农村自身发展能够为高等人才的发展提供一定的保证，能够为其实现自身的理想和目标提供基本的物质条件保证。其次政府应该采取更为有效的措施鼓励高等人才下乡建设，为下乡高等人才提供更具吸引力的政策条件。最后是要加强对高等人才爱乡建乡的教育，能够从个人思想层面转变认识，这样更能够发挥高等人才对于农村建设的积极性和巨大作用。

第七章

结　语

一、关于村社自治与农村股份合作的相互嵌入性模式

根据村社自治与农村股份合作各自的动态发展和二者之间的关联性,可以从以下三个大的方面进行研究:农村村社自治与集体经济组织的流变与现状、村社自治与股份合作的关联环节和机制、村社自治视角下农村股份合作的结构与体制。

农村村社自治与集体经济组织具有不同的涵义。关于农村村社自治,从其研究范式、组织结构和制度框架着手,本研究阐释村社治理—自治的平衡模式这一重要概念;关于集体经济组织,则是从法律地位和现实含义两个方面进行说明的。而两者的流变,农村村社自治以组织为中心,主要包括组织方式、组织功能和组织能力三个方面;农村集体经济组织则体现在其经历的主要制度,包括农村家庭联产承包责任制、乡村集体企业产权制度和农村社区股份合作制。其各自发展的现状中都有着一系列不可避免的缺陷,农村村社自治存在组织结构单一化、民主机制形式化和管理机制官僚化等问题;集体经济组织则存在职能受限、产权模糊和前景不明这样一些问题。

关于村社自治与股份合作的关联环节,股份合作的高度内向性以及股份合作内在的"租金最大化"推动了村社自治。而对于农村村社自治与股份合作的关联机制,一方面体现在村民会议和股东代表大会这两个表现形式;另一方面体现在其运行现状,它主要包括三个方面的问题,分别是村民公选的程序与标准存在形式主义问题、"一人一票"与"一股一票"冲突的凸显、村社自治与股份合作自主纠正机制的缺失。而改善这些问题的路径,主要包括村民自治能力的提高与基层民主法治建设的完善、村社自治组织与股份合作组织的界定与区分、建立并完善村社自治与股份合作的自主纠正机制。

关于村社自治视角下农村股份合作的结构和体制,分别有其不同的内涵和外延。在结构方面,它主要包括人员结构、管理结构和股权结构三大类型。根据村社自治对农村股份合作结构的要求,必须符合人员结构的合理性、管理结构的平衡性和股权结构的科学性。在体制方面,它主要包括投票决策体制、行政管理体制、内外监督体制、社员进退体制、股权流通体制和利润分配体制等内容。以决策、管理、监督进退、股权、利润这几大重要体制为出发点,村社自治对农村股份合作体制拥有、投票决策体制的民主性、行政管理体制的科学性、内外监督体制的严密性、社员进退体制的开放性、股权流动体制的灵活性、利润分配体制的合理性等要求。

二、关于村社自治视角下农村股份合作社的制度基础

20 世纪 80 年代初期,为适应家庭联产承包责任制的需要,农民自发突破人民公社体制,广西河池地区的宜山、罗山两县的一些农民自发地成立了一种新型的管理组织——村民委员会,中国农民由此走上了自我管理、自我教育、自我服务的村民自治道路。村民自治在我国广大的农村地区经过 30 多年的实践,已经被证明是一种有效的基层治理模式。随着近年来股份制的引入,农村股份合作社的发展给农村合作社的经济发展注入了新的动力,对农村经济社会发展有着显著的积极意义。

关于村民自治制度以及农村股份合作社的民主制度,本书认为:首先,村民自治制度作为农村基层一种新型组织形态,是农村政治、经济、文化发展的内在需求与国家支持、引导等合力作用的结果,具有群众性、自治性和直接民主性。村民自治制度从 20 世纪 80 年代诞生,在农民不断的实践中得到发展与成熟,修订后的《村委会组织法》着眼于程序更加规范、制度更加完善。接着对村民自治在制度变迁中各参与主体的利益博弈进行探讨,包括中央政府、县以上地方政府、乡镇政府、村组织(村委会、村支部)和个体村民五个参与主体,它们在村民自治制度的发展过程中都具有十分重要的推动作用。村民自治具有经济建设功能、民主政治要求,以及对农村基层具有和谐稳定的作用,对于化解基层矛盾,建设和谐乡村都有着积极的意义。村民自治制度在变迁的过程中制度供给上存在的困境,包括农民意识形态与利益分配结构障碍,基层政府的干预与村民自治要求之间的矛盾等。其次,关于我国目前农村股份合作社的民主制度,由于受传统思想、治理结构不健全、缺乏自我约束机制、股份合作社的所有权与经营权分离等问题的影响,说明建立健全的农村股份合作社民主制度的必要性,只有合理的股份合作社民主决策机制才能促进股份合作社的健康发展。

关于集体产权与经济效率,本研究在对农村集体经济产权相关概念及其制度的历史演变进行界定与论述的基础上,总结出我国农村集体经济产权制度中的弊病,如缺乏民主决策,导致集体资产流失,以及市场活力不足等。这些问题决定了进行制度变革的必然趋势,而股份合作制作为变革方式的理性选择,运用股份制企业的优点,集中农村闲散资金,利于形成资本优势,使产权和管理权有机统一,按劳分配与按股分配相结合,使农村股份合作社的发展既灵活,又具有广泛的适应性。

关于农村股份合作社在发展中的公平与效率的二律背反及其悖论的化解,本研究在讨论公平与效率等核心概念和价值的基础上进行了探讨。公平指的是所有的规范社会成员利益关系的原则、制度等都应该合乎社会发展的需要。效率不仅仅是投入产出之间的比例,更是整体能力发展水平的重要指标,是衡量社会发展的主要尺度。我国经历了公平优先的分配原则、效率优先的分配原则,为了克服片面强调效率或者公平所带来的弊端,党中央开始将效率和公平提升到同等重要的地位。党的十六大报告明确提出"坚持效率优先、兼顾公平""初次分配注重效率、再次分配注重公平"的理念。在我国农村股份合作制的建设与发展过程中,将效率与公平有效结合起来,一方面既可以保障农民收益,也能提高农民的生产积极性;另一方面也是促进农村股份合作社健康长远发展的必要举措。

三、关于村社自治视角下农村股份合作社的运作原则

农村股份合作制是一种介于股份制和合作制之间的经济组织形式,是在村民合作劳动的基础上,吸收股份制的资金吸纳及按股分红的方法,使劳动合作和资本合作有机结合,实现按资与按劳分配相结合的原则,共享权益、共担风险,自负盈亏,进行独立核算。村社自治视角下的农村股份合作社在运作过程中应该坚持开放性、公平性以及共有性的原则。

股份合作制组织开放性指的是组织在运作过程中与外部环境之间进行的物质、能量以及信息的交换。在这种交换过程中,组织实现了自身的发展。农村股份合作社的开放性包括股东资格的开放性、管理人员开放性和股权交易的开放性三个方面。股份合作制组织是股份制与合作制组织的有机结合,形成的一种劳动与联合的组织形式,既克服了合作制组织排斥外来资金流入的弊端,同时也克服了股份制组织过分强调利润,而将劳动者至于被动位置的不足。

股份合作的公平性,则是指在设计股份合作完成后,其运行过程与结果符合农村股份合作社中"主流公平观"的程度,即股份合作能够符合合作社成员关于公

平处理公共事务和公平分配共有资源的期望。股份合作公平的首要价值目标是落实每个成员所处的地位，要达到这个价值目标就必须确立农民在财产和投资两大方面的主体地位。把一切依法属于农村集体经济组织的经营性实物或货币资产，按价值明晰量化给属于此组织的成员个人，明确落实农民作为集体所有资产主体的身份。股份合作公平的第二个价值目标是保障每个成员的基本权利，要达到这个价值目标就必须做到产权较明晰，每个合作社成员都应该获取其应得所有权、控制权和剩余索取权。股份合作公平的第三个价值目标是推动农民收入的增加、维护农村社会治安稳定。村社自治视角下农村股份合作社的公平性包括融资、收益、机制的公平性三个方面。

农村股份合作的公有性有三个评判标准，首先，在产权主体的考虑公有性时更加着重于产权主体是零散个体的整合，更加关注产权主体的集体性；其次，从产权客体的整体性角度来说，其资本都具有不可分割性，农村股份合作社所拥有的整体资本并不会具体量化到村社成员个人，同样也不会退返给股份成员；再次，从产权主体对产权客体的关系来看，每个产权主体对作为产权客体的企业资本拥有"平等的、无差异的权力，因此股份合作制企业中的经济差异来源于成员投入劳动的多少的不同。

但是，就目前我国农村股份合作社的运行情况来说，并没有很好地实行开放性、公平性、公有性这三大基本原则。为了促进股份合作的开放性，可以采取设置募集股、允许股权流转以及构建公司治理框架等措施；实现股份合作公平性的途径则包括使合作社具有可选择性的民主特征、建立基层弱势群体补偿的政策机制、建立决策活动中各方利益平衡机制、建立决策与执行程序相统一的机制以及加强基层治理中腐败与特权的监督等；实现农村股份合作社的公有性，则需处理好个人利益与集体资金、股份合作效率与公平的对立统一关系。

四、关于村社自治视角下农村股份合作社的当前困境

关于当前村社自治下农村股份合作社自身存在的困境，通过对农村股份合作社的整体分析，可以将其分为结构缺陷、体制约束、影响变量三个方面。当前我国农村股份合作社在自身的结构构造上是存在一些先天问题的，这与我国幅员辽阔，实际情况错综复杂的国情分不开。具体来说，农村股份合作社虽然建筑起了基本的结构构架，并且在决策、管理、监督等方面都有相应的机构，但是并不能很好地形成一个整体，发挥 1 + 1 > 2 的作用。就权力机构来说，股东大会是当前农村股份合作社中的最高的权力机构，负责对农村股份合作社的重大问题和决策的

决定权。但是在实际的调研过程中,我们发现股东大会作为最高权力机构并没有能够充分发挥自身所应该具备的功能和作用,更多地流于形式,这与股东大会自身存在的决策效率低、过程繁杂有一定关系,但更多的是股份合作社对于股东大会自身的认识存在问题。同时作为日常决策管理机构的董事会却权力过大,甚至许多决策并不通过股东大会自身便会做出决策,并予以执行。就执行机构来说,当前股份合作社普遍采取设置经理层级的做法,经理是合作社的主要执行人。但是目前合作社的经理人受制于自身的经验、知识等的限制,并不能很好地将合作社的政策进行执行,在执行力上普遍表现出偏弱,这也严重影响了股份合作社的发展。就监督机构来说,监事会拥有监督大权,对股份合作社的任何机构和个人都有权进行监督,并在一定条件下采取相应的措施,防止股份合作社遭受损失。但实际情况是监事会并没有起到相应的作用,反而成为董事会的附属机构,并不能起到监督约束的作用。作为村管理中的主体的村委会与股份合作社的管理主体一直存在着纠缠不清的关系,这是一个普遍现象,村委会意识不到自身的职能定位,过多地干预股份合作社的运行,妨碍了合作社作为一个独立个体的成长与发展。同时农村股份合作社的社员结构存在专业化程度较低、流动性差、自治意向偏弱等问题,使得农村股份合作社发展的潜力不够。

与上述结构缺陷相对应的便是股份合作社的体制约束。从决策来说,投票决策体制不够民主,或者说由民主流于形式。投票主体缺乏代表性,主体的产生、参与存在很多不公开不公正的方面,主体对于自身的权利义务认识也不够深刻。投票过程也缺乏透明性,没有或者相应的约束机制起不到应有的作用,从而导致投票结果也缺乏相应的客观性与说服力。股份合作社的行政管理体制也不够健全,党政领导人干预过多,专业经理人的优势和专业得不到很好的发挥。社员和股票流动机制不够灵活,社员加入、退出和股权的新增、继承、转让的成本都过高,并且手续繁杂。

对于目前的农村股份合作社存在的问题是有许多影响变量因素在发挥作用的,本书通过对数据的分析,认为主要是在组织、盈利、管理、规范和稳定五个方面的变量影响较大。市民社会的发展是社会前进的动力,市民社会要求社会公民拥有基本的公民意识,而这对于目前的农村地区来说仍然是一个艰巨的任务。而农村股份合作社的盈利能力除自身的经营管理之外,与所处地区的经济发展水平也有很大的关系,相对来说,地区经济发达地区股份合作社发展更为容易。村民受限于自身的知识水平,在管理方面基本是依赖自身的实际经验在进行管理,并没有相应的系统的管理知识体系,局限了股份合作社的管理水平的提高。同时股份合作社方面的法律法规的建设也处于落后阶段,并不能为现阶段的农村股份合作社提供充分的健康发展的依据。政府对农村股份合作社发展的政策支持对其发展产生了更为重要甚至是决定性的影响,而稳定、持续的政策支持也是当下农村股份合作社能否持续健康发展的关键所在。

五、关于村社自治视角下农村股份合作社的体制改革

关于村社自治视角下农村股份合作社的体制改革问题,本书期望通过体制改革让农村股份合作社适应时代的变化,解决发展过程中遇到的体制机制问题,更好实现村民自治的功能,让农村股份合作社成为农民团结致富的良好途径,成为农民利益表达和分配的重要组织。这一议题主要涉及三个方面的内容:第一个方面是村社自治视角下农村股份合作社的结构调整问题,探讨如何通过合作社人员、资金和管理结构的调整使之更适合于村社自治的发展要求;第二个方面是村社自治视角下农村股份合作社的体制转型问题,研究如何通过决策、行政管理、监督、社员进出、股权流动和利润分配等体制的转型使得合作社更加适应村社自治的发展要求;第三个方面是村社自治视角下农村股份合作社的政策选择,研究如何通过完善招商引资、教育培训等政策来营造更加良好的农村股份合作社发展环境。

村社自治视角下农村股份合作社的结构调整主要包括人员、管理和股权结构的调整。第一,社员结构的调整。首先应该通过培养合作社内部人员的专业技能或者从合作社外部引进专业技术人员而提高合作社的专业性;其次应该通过建立健全相关的的法规制度和培养社员的维权意识来提高社员的流动性,行使"用脚投票"的权力,为合作社带来效率;最后应该通过克服搭便车的行为和创造有利于社员自治的环境条件来提高社员的自治性。第二,治理结构的调整。首先应该建立股东代表大会、董事会、监事会三权分立的机构划分,其中股东代表大会享有最高权力;其次,应该平衡理事会内部的权力构成,保持理事会成员的多样性和均衡性特点,克服党政人员垄断理事会重要职务,避免有经济权力的人占据过多岗位,保持普通社员达到合理的职位比例。第三,股权结构的调整。首先应该控制集体股和个人股的比例,从章程上对集体股进行限制,在实践中逐步取消集体股;其次应该保持股权的适当差异化,形成激励机制,拒绝平均主义,调整股权生不加死不减的做法;最后应该适当设置募集股,为股份合作社的发展提开放的融资渠道,但是募集股只享有分红权但不享有投票权,募集股形式可多样但比重不宜过重。

村社自治视角下农村股份合作社体制转型主要包括投票、行政管理、监督、社员进退等体制的转型。第一,投票决策体制的转型。首先要提高投票主体的代表性,投票过程的透明性;其次要提高投票规则的合理性,保证投票结果的客观性。第二,建立更加科学的行政管理体制。首先要形成股份合作社的法人领导体制,严格确定其经济组织的地位,借鉴股份公司的管理经验;其次股份合作社要拥有自主的经营权,减少直接的行政干预,减少对政府的财政依赖。第三要建立更加严密的内外监督体制。首先要健全内部监督体制,以制度的形式规定监事会的组成和权力,积极发挥股东(代表)大会的监督力量,从多方入手激励理事会成员互相监督;其次要完善外部监督体制,强制公开财务预决算,创建多样化的监督渠道,鼓励普通社员参与监督。第四要建立更加开放的社员进出体制。首先,社员的加入更加的规范,减少本村人和外村人的区分,对于社员加入的条件和程序要有明确的规定并严格执行;其次,社员的退出更加自由,社员的退出是其自由而非惩罚,社员不会因为退出合作社而蒙受巨大损失。第五要建立更加灵活的股权流动体制,使股权的新增、继承和转让更加灵活。第六要建立更加科学的利润分派体制,将按股分配和按劳分派有机结合起来,社员的获利和村社的发展相同步。

村社自治视角下农村股份合作社的政策选择主要包括鼓励自治政策、招商引资政策、教育培训等,并以此来营造合作社发展的良好环境。第一,要推行鼓励自治政策,具体措施包括提高农民的民主意识,鼓励农民积极的政治参与;完善村级民主选举制度,发挥村庄精英的作用;应该充分发挥党组织的民主带动作用等。第二,要发展招商引资政策,具体措施包括开放股权,允许外部资金的进入;吸引外部资金,建设配套企业;将部分可以外部的公共服务外包出去等。第三,发展教育培训政策,具体措施包括大力培养合作社中的专业技术人员,弥补技术人员比例偏低的缺口;培养高级管理人才,解决高等管理人才匮乏的问题;加强农村基础教育建设,普遍提高农村人口的素质和受教育水平等。

六、关于村社自治视角下农村股份合作社的多维思考

农村股份合作制是我国城市化过程中,农民为了分享农地转变引起的级差地租所带来的集体资产增值以及自身保障而作出的选择。这一选择是将集体存量资产进行评估清核,在考虑农民基本生活补助、养老保险及集体公益金基础上折股量化到人,将集体资产变成法人或准法人财产,由董事会运作的新型经济组织形式。

股份合作制方案在设立之初,可更多考虑社区(村)党及自治组织在董事会中的固有席位。但长期来看,必须厘清上级政府、社区(村)党组织及自治组织与农

村股份合作社的关系,关键在于确立股份合作社的单一经济法人地位,同时加强其监管和规范。符合条件的产权主体可以进入合作社,以形成新的生产力、迅速扩大生产规模。

要剥离股份合作社的社会属性,合理的办法是设置公共服务基金,政府加大对农村公共服务的投入代替股份合作社提供自治组织的运作经费,让股份合作社成为角色单纯的经济运营体,解除"一人一票"和"一股一票"之间关于公平性的矛盾,保证自治组织立足于公共服务,在经济上与合作社分离,从而理顺民主制度与经济制度关系。

除了将现代企业制度融入股份合作社的管理中,作为经济载体的农村股份合作社,要形成真正民主决策机制,合理方式是推动股份合作制向股份制的转变,实现个人股自由流通,股东自由退出,以股东直接民主决策机制取代原先股东代表大会的代议制。在此基础上,社区自治的小范围协商民主与股份制公司更大范围内的直接民主相结合。

股份合作制是城乡分割治理下的特殊制度,应随着城镇化发展而退出。改制后的股份公司需要通过货币方式缴纳使用权属费用,避免既得利益群体对集体资产侵占,同时要健全股份公司债权债务规范。应对经营不善的股份公司设定破产条件,要求其与股份有限责任公司一样具有有限债务偿付制度,从制度上规范集体资产可延续经营。

附　录

A. 调查指标体系

表 A　"村—社"自治背景下农村股份合作社的结构与体制调查指标体系

一级指标	二级指标	三级指标	四级指标
农村股份合作社的结构	社员结构	社员的专业性	专业技能的社员占总社员的比例低
			高技能社员在专业社员中的占有比例
		社员的流动性	社员和外村社员的结构
			初始社员和新增社员的名额
			社员人数应随着时间的推移进行增减
			社员能够凭借各种股权拥有社员身份
		社员的自治性	社员对于组织运作过程的关心度
			吸纳社员成为股份合作社的管理人员
			社员对于股份合作社的整体认识程度
	治理结构	各管理机构之间的权力均衡	股东(代表)大会的地位
			理事会的地位
			监事会的地位
		各管理机构内部的权力均衡	党政机关人员的占比
			有影响力的经济组织的法人的占比
			普通社员的占比
	股权结构	集体股和个人股的比例	哪些村社资源能折算成集体股
			相同资源的不同产权是否按照统一价进行折算
			集体股和个人股的比例控制在合理的范围内
		个人股中各类股的占比	全额享受对象和酌情享受对象的占比
			基本成员股、承包权股和劳动贡献股等的占比

续表

一级指标	二级指标	三级指标	四级指标
农村股份合作社的体制	投票决策体制	投票主体的代表性	理事会和股东(代表)大会的重大事项管辖权
			同一决策事项中各投票主体是否具有相同话语权
		投票过程的透明性	提前发布完整通知
			广泛吸纳社员意见
			允许社员参与监督
			及时公布投票结果
		投票规则的合理性	兼顾公平性和效率性
			兼顾股份制和合作制
			考虑新型的投票规则
			切合实际的动态调整
		投票结果的客观性	出以公心,为全体社员谋福利
			放眼长远,实现可持续的发展
			注重理性,权威面前坚守原则
	行政管理体制	党政领导与合作社法人领导	办公场所和人员
			合作社领导人属性
		上级政府干预	直接行政干预
			财政干预
	内外监督体制	内部监督体制	监事会的组成和权力
			股东(代表)大会的监督力量
			理事会成员互相监督
		外部监督体制	公开财务预决算
			多样化监督渠道
			普通社员的监督动机
	社员进出体制	社员的加入	本村社员的加入
			外村社员的加入
		社员的退出	退出的条件
			退出的后果
	股权流动体制	股权的新增	条件是否清晰,简易
			程序是否公开,易操作
			后果怎样,应该承担的风险
		股权的继承	条件是否清晰,简易
			程序是否公开,易操作
			后果怎样,应该承担的风险

续表

农村股份合作社的体制	股权流动体制	股权的转让	条件是否清晰,简易
			程序是否公开,易操作
			后果怎样,应该承担的风险
	利润分配体制	按股分配与按劳动分配	以按劳分配为主还是按股分配为主
			是否存在干部优先股
			分配结果是否公开
		社员获利和村社的发展	多大比例的利润用于分红
			合作社的部分利润是否用于村里的公共服务和建设
			合作社分配的利润是否有利于提高村民整体生活水平

B. 调查问卷内容

村_____编号

属于私人、家庭的单项调查资料,非经本人同意,不得泄露。

——摘自《中华人民共和国统计法》

尊敬的村民朋友:

您好!

为充分了解村社自治背景下农村股份合作社的结构和体制情况,我们组织了这次针对设有农村股份合作社的村子的村民问卷调查。本次调查完全匿名,您所填写的信息,我们将依照有关法律法规严格保密,仅用于科研目的。

感谢您的支持和配合!

2014 年 7 月

调查员:_____　　　　　调查时间:_____　_____

填写说明:

① 您请在每一个问题后适合自己情况的答案号码上画"√",或者在____处填上适当的内容。

② 若无特殊说明,每一个问题只能选择一个答案。

③ 填写问卷时,请不要与他人商量。

一、个人特征

A1 您的性别：1 男 2 女

A2 您的年龄：_____岁

A3 您的文化程度

1. 小学及以下   2. 初中   3. 高中及中专   4. 大专及本科

5. 硕士及以上

A4 你的婚姻状况

1. 未婚   2. 已婚   3. 其他

A5 您的户籍是否在现居住的村子？

1. 是   2. 否

A6 您是否为村股份合作社的社员？

1. 是   2. 否

A7 您在现在的村子居住的时间是多长？

1. 0—4 年   2. 5—10 年   3. 11—15 年   4. 16—20 年

5. 21 年及以上

A8 您是否为村委会工作人员？

1. 是   2. 否

A9 您是否为你们村股份合作社的管理人员？

1. 是   2. 否

二、结构情况

B1 据您了解，你们村股份合作社中有专业技术的社员占全部社员的比例如何？

1. 0—20%   2. 21%—40%   3. 41%—60%   4. 61%—80%

5. 81%—100%

B2 有专业技能社员中有较高专业技能的社员的比例如何？

1. 0—20%   2. 21%—40%   3. 41%—60%   4. 61%—80%

5. 81%—100%

B3 社员中有多少社员是来自本村的？

1. 0—20%   2. 21%—40%   3. 41%—60%   4. 61%—80%

5. 81%—100%

B4 在股份合作社成立之初就入社的成员占到全部社员的比例？

1. 0—20%   2. 21%—40%   3. 41%—60%   4. 61%—80%

5. 81%—100%

B5 现在的社员人数占全村人口的比例与股份合作社成立之初相比有何变化?

1. 明显增加　　　2. 略微增加　　　3. 没有变化　　　4. 略微减少

5. 明显减少

B6 一般情况下,要具备下列哪些条件才能成为社员?

1. 在本村有土地　　2. 户籍在本村　　　3. 在本村有不动产

4. 能够为股份合作社投入超过一定数额的资金　　　5. 其他因素

B7 您认为社员对于股份合作社的运作过程的关心程度如何?

1. 非常关心　　　2. 比较关心　　　3. 一般关心　　　4. 不太关心

5. 很不关心

B8 社员对于股份合作社的利润分配结果是否关系?

1. 非常关心　　　2. 比较关心　　　3. 一般关心　　　4. 不太关心

5. 很不关心

B9 据你所知,有大约多少社员是股东(代表)大会或者理事会的成员?

1. 0—20%　　　2. 21%—40%　　　3. 41%—60%　　　4. 61%—80%

5. 81%—100%

B10 社员对于合作社、股份合作社之间的区别和联系认识是否清晰?

1. 非常清楚　　　2. 比较清楚　　　3 一般清楚　　　4. 不太清楚

5. 很不清楚

B11 下表是关于股份合作社管理机构权力大小的调查,请在和您认识相符的表格中打"√"

	非常大	比较大	一般大	比较小	非常小
理事会权力					
股东(代表)大会权力					
监事会权力					

B12 下表是关于理事会成员构成的调查,请在和您的认识相符的表格中打"√"

	0—20%	21%—40%	41%—60%	61—80%	81%—100%
村委会成员					
生产和运销大户、供销合作社、龙头企业等有经济地位的人员					
普通社员					

B13 集体股金占全部股金的比重是多少？

1. 0—20% 2. 21%—40% 3. 41%—60% 4. 61%—80%

5. 81%—100%

B14 请在下表中和您认为的个人股中各类股的占比相符的打"√"

	0—20%	21%—40%	41%—60%	61—80%	81%—100%
全额享受成员					
酌情享受成员					
基本成员股					
承包权股					
劳动贡献股					

三、体制情况

C1 据您了解，关于你们村股份合作社发展的重大事项一般交由哪个机构决策？

1. 理事会 2. 股东代表大会 3. 监事会 4. 社员大会

5. 其他

C2 请在下表中关于理事会成员在决策过程中的话语权大小的情况中打"√"

	非常大	比较大	一般大	比较小	非常小
村委会成员					
生产和运销大户、供销合作社、龙头企业等有经济地位的人员					
普通社员					

C3 请您在下表中关于股份合作社决策过程中的相关工作好坏与现实相符的打"√"

	非常好	比较好	一般好	比较差	非常差
提前发布决策通知					
广泛听取社员意见					
允许社员参与监督					
及时公布投票结果					

C4 理事会会议的决策是否实行一人一票

1. 是 2. 否

C5 股东（代表）大会的决策是否实行一股一票

1. 是 2. 否

C6 您认为股份合作社决策的投票结果客观程度如何?

1. 非常客观　　　2. 比较客观　　　3. 一般客观　　　4. 不太客观

5. 很不客观

C7 您认为影响股份合作社投票人投票的因素有哪些?

C8 据您了解,股份合作社的领导和办事机构和村委会一致的程度怎样?

1. 非常高　　　2. 比较高　　　3. 一般高　　　4. 比较低

5. 非常低

C9 您认为乡镇政府通过下列手段干预农村股份合作社程度如何?

	非常高	比较高	一般高	比较低	非常低
行政命令					
行政规划					
财政干预					

C10 请在下表中关于履行股份合作社的内部监督职权情况与现实相符的打"√"

	非常好	比较好	一般好	比较差	非常差
理事会					
股东(代表)大会					
监事会					

C11 在去年一年中,股份合作社财务信息公开的次数为

1. 0—1 次　　　2. 2—3 次　　　3. 4—5 次　　　4. 6—7 次

5. 8 次及以上

C12 在公开的财务信息中,关于股份合作社的收支情况是否清晰?

1. 非常清晰　　　2. 比较清晰　　　3. 一般清晰　　　4. 不太清晰

5. 很不清晰

C13 你认为作为普通社员监督股份合作社运行的渠道是否广泛?

1. 非常广泛　　　2. 比较广泛　　　3 一般广泛　　　4 不太广泛

5. 很不广泛

C14 你认为普通社员监督股份合作社运行的热情是否高?

1. 非常高　　　　2. 比较高　　　　3 一般高　　　　4 比较低

5 非常低

C15　下面是关于本村社员入社机制的调查,请在您认为的现状上面打"√"

	非常高	比较高	一般高	比较低	非常低
加入条件的严格程度					
加入程序的复杂程度					
退出所要付出的成本					

C16　下面是关于社员退出机制的调查,请在您认为的现状上面打"√"

	非常高	比较高	一般高	比较低	非常低
退出条件的严格程度					
退出程序的复杂程度					
加入所要付出的成本					

C17　请在下表中关于股权流通灵活情况的描述与您认为的实际相符的打"√"

	非常灵活	比较灵活	一般灵活	不太灵活	很不灵活
股权新增的灵活程度					
股权转让的灵活程度					
股权继承的灵活程度					

C18　从当地从事同类产品生产人员中,社员的人均平均年纯收入与非社员相比

1. 好很多　　　　2. 好一些　　　　3. 没有差别　　　　4. 差一些

5. 差很多

C19　如果理事会成员领取一定的报酬,这部分占合作社当年盈余的比重:

1.0—20%　　　　2.21%—40%　　　　3.41%—60%　　　　4.61%—80%

5.81%—100%

C20　股份合作社用于社员分红的金额,占合作社当年盈余的比重:

1.0—20%　　　　2.21%—40%　　　　3.41%—60%　　　　4.61%—80%

5.81%—100%

C21　股份合作社将盈余用于农村基础设施建设的状况：

　　1. 非常满意　　　2. 比较满意　　　3. 基本满意　　　4. 不太满意

　　5. 很不满意

　　我们的调查结束了，再次感谢您的热心配合，祝您和您的家人身体健康，工作顺利！您对我们的调查有什么建议、意见和要求，欢迎写在下面。

参考文献

Armen, Alehian, Demsetz Harold. Production, Information Costs, and Economic Organization. American Economic Review, 1972(62).

Chan, Sylvia. Village Self-government and Civil Society. China Review, 1998: 235 – 258.

Hendrikse, G. W. J. and C. P. Veerman. Marking Cooperatives and Financial Structure: A Transaction Costs Economics Analysis. Agricultural Economics, 2001, 26 (3): 205 – 216.

Hermanlin, B. E., & Weisbach, M. S. Boards of directors as an endogenously determined institution: A survey of the economic literature. NBER Working paper, 2001: 8161

Howell, Jude. Village Elections in China: Recent Prospects, New Challenges. tudes rurales 179 ,2007: 213 – 233.

Hsu, Paul C.. Rural Cooperatives in China. Pacific Affairs 2. 10, 1929: 611 – 624.

Kung, James, Yongshun Cai, and Xiulin Sun. "Rural Cadres and Governance in China: Incentive, Institution and Accountability". The China Journal 62 (2009): 61 – 77.

Lawrence, Susan V.. Village Representative Assemblies: Democracy, Chinese Style. Australian Journal of Chinese Affairs, 1994, 32: 61 – 68.

Lipton, M., and J. Lorsch, A Model Proposal for Improved Corporate Governance Business Lawyer 48.

Manion, Melanie. The Electoral Connection in the Chinese Countryside. American Political Science Review, 1996, 90(4): 736 – 748.

Millward, Robert. An Economic Analysis of the Organization of Serfdom in Eastern

Europe. The Journal of Economic History,1982,42(3):513 - 548.

Oi, Jean C.. The Role of the Local State in China's Transitional Economy. The China Quarterly,1995(144):1132 - 1149.

Oi, Jean C.. Economic Development, Stability and Democratic Village Self-governance. China Review,1996: 125 - 144.

Pollock, Frederick & Frederick William Maitland. The History of English Law: Before the time of Edward I, Vol. I, Cambridge University Press, 1968.

Stavis, Benedict. China's Rural Local Institutions in Comparative Perspective. Asian Survey 16.4,1976: 381 - 396.

Su, Fubing, Dali Yang. Elections, Governance, and Accountability in Rural China. Asian Perspective 29.4,2005:125 - 157.

Tiebout,Charles M.. A Pure Theory of Local Expenditure, Journal of Political Economy, 1956

Wen, Dale Jiajun. China's Rural Reform: Crisis and Ongoing Debate. Economic and Political Weekly 43.52,2008: 86 - 96.

Xu, Ting. The End of the Urban-rural Divide? Emerging Quasi-commons in Rural China. ARSP: Archiv für Rechts- und Sozialphilosophie / Archives for Philosophy of Law and Social Philosophy96.4,2010: 557 - 573.

Yao, Yusheng. Village Elections and Redistribution of Political Power and Collective Property. The China Quarterly 197,2009: 126 - 144.

Yawei, Liu. "Consequences of Villager Committee Elections in China: Better Local Governance or More Consolidation of State Power. China Perspectives 31,2000: 19 - 35.

Zeuli, Kim, The Evolution of cooperative Model,in C. D. Merrett and N, Walzer (eds.), Cooperatives and Local Development. New York: Sharp, 2004.

[德]恩格斯.法德农民问题,马克思恩格斯选集:第四卷[M]. 北京:人民出版社,1995.

[德]恩格斯.家庭、私有制和国家起源(中译本)[M]. 北京:人民出版社,2003.

[德]马克思,恩格斯.马克思恩格斯选集:第3卷[M]. 北京:人民出版社,1995.

[德]马克思. 给维·伊·查苏利奇的信——二稿,马克思恩格斯全集:第19

卷[M].北京:人民出版社,1963.

[俄]列宁.论合作制(中译本)[M].北京:外国文书籍出版社,1950.

[法]勃朗.劳动组织(中译本)[M].北京:商务印书馆,2012.

[法]孟德斯鸠.论法的精神(中译本)[M].上海:三联书店,2009.

[古希腊]亚里士多德.政治学(中译本)[M].北京:中国人民大学出版社,2003.

[美]R·科斯,A·阿尔钦,D·诺思等著.财产权利与制度变迁——产权学派与新制度学派译文集(中译本)[M].上海:上海三联书店,上海人民出版社,1994.

[美]Y.巴泽尔.产权的经济分析(中译本)[M].上海:上海三联书店,1997.

[美]阿道夫·A·伯利,加德纳·C·米恩斯.现代公司与私有财产(中译本)[M].北京:商务印书馆,2005.

[美]阿瑟·奥肯.平等与效率——重大的抉择(中译本)[M].华夏出版社,1987.

[美]保罗·A.萨缪尔森,威廉·D.诺德豪斯.经济学(中译本)[M].北京:中国发展出版社,1992.

[美]布坎南.自由、市场和国家(中译本)[M].上海三联书店,1989.

[美]道格拉斯·C·诺思.制度、制度变迁与经济绩效(中译本)[M].上海:格致出版社,1994.

[美]杜赞奇.文化、权力与国家——1990—1942年的华北农村(中译本)[M].南京:江苏人民出版社,2010.

[美]黄宗智.《明清以来的乡村社会经济变迁:历史、理论与现实》卷一《华北的小农经济与社会变迁》,北京:法律出版社,2014.

[美]加里·贝克尔.人力资本理论:关于教育的理论和实证分析(中译本)[M].北京:中信出版社,2007.

[美]理查德·A波斯纳.法律的经济分析(中译本)[M].北京:中国大百科全书出版社,1997.

[美]马丁·L·威茨曼.分享经济(中译本)[M].上海:上海译文出版社,1991.

[美]曼瑟尔·奥尔森.集体行动的逻辑(中译本)[M].上海人民出版社,1995.

［美］乔·萨托利. 民主新论(中译本)[M]. 上海:东方出版社,1993.

［美］乔纳森·哈斯. 史前国家的演进(中译本)[M]. 北京:求实出版社,1988.

［美］萨缪尔森,诺德豪斯. 经济学(14 版)(上)(中译本)[M]. 北京经济学院出版社,1996.

［美］斯蒂尔曼. 公共行政学:下册(中译本)[M]. 北京:中国社会科学出版社,1989.

［美］詹姆斯 C.斯科特. 农民的道义经济学——东南亚的反叛与生存(中译本)[M]. 南京:译林出版社,2007.

［意］托马斯·康帕内拉. 太阳城(中译本)[M]. 天津:天津人民出版社,2010.

［英］密尔. 代议制政府(中译本)[M]. 北京:商务印书馆,1982.

［英］莫尔. 乌托邦(中译本)[M]. 北京:商务印书馆,1982.

安丰柱. 治理理论视阈下的乡村自治研究. 山东大学学位论文,2009.

包宗顺,伊藤顺一,倪镜. 土地股份合作制能否降低农地流转交易成本?——来自江苏 300 个村的样本调查[J]. 中国农村观察,2015(1).

包宗顺. 积极推进农村社区股份合作制改革[J]. 江苏农村经济,2005(8).

保长武. 村民自治制度刍议[J]. 新农村(黑龙江),2013(12).

北京市农村合作经济经营管理站编. 北京市农村合作经济经营管理志[M]. 北京:中国农业出版社,2008.

曹维安. 俄国史新论[M]. 北京:中国社会科学出版社,2002.

陈合营. 农民专业合作社的内部人控制问题研究[J]. 理论导刊,2007(5).

陈和钧. 关于合作经济的几个问题[J]. 农村经济与社会,1993(3).

陈会广,钱忠好. 土地股份合作制中农民土地财产的剩余权与退出权研究[J]. 中国土地科学,2011(7).

陈荣文. 合作社"集体所有制"属性辨析[J]. 科学社会主义,2014(6).

陈水乡主编. 北京市农村集体经济有效实现形式的实践与探索[M]. 北京:中国农业出版社,2011.

陈天宝. 农村社区股份合作制改革及规范[M]. 北京:中国农业大学出版社,2008.

陈锡文等. 中国农村制度变迁 60 年[M]. 北京:人民出版社,2009.

陈肖旭. 新型农村合作社民主制度发展相关问题思考[J]. 福建师大福清分

校学报,2007(1).

陈兴立.关于我国农村村民自治的若干理论问题[J].《西南政法大学学报》学位论文,2004(2).

陈业林,邓晓丹.村民委员会选举中存在的问题及对策研究[J].大连干部学刊,2006(12).

陈兆霞,蒋舸.德国有限责任公司法改革——自由+灵活+债权人保护[J].私法研究,2010(1).

程伟礼.对中国古代村社组织的历史和理论的思考[J].苏州大学学报(哲学社会科学版),1997(1).

崔宝玉,刘峰,杨模荣.内部人控制下的农民专业合作社治理——现实图景、政府规制与制度选择[J].经济学家,2012(6).

丹丽,陶光辉.基于农民专业合作社治理结构的法律服务.中国农民合作经济组织发展:理论、实践与政策.杭州:浙江大学出版社,2009:224.

党国印.论农村集体产权[J].中国农村观察,1998(4).

邓大才.利益相关——有效实现形式的产权基础[J].华中师范大学学报,2014(7).

邓明峰,郭琼瑶.关于农村股份合作社的股权配置及流转的法律问题探讨——以佛山地区为例[J].法制与经济,2014(4).

邓小平文选:第二卷[M].北京:人民出版社,1994.

邓正来.国家与市民社会:中国视角[M].上海:格致出版社,2001.

丁煌.西方行政学说史[M].武汉:武汉大学出版社,2004.

董景山.农村股份合作改革之法律视角初论——以农村社区几种具体改革模式为讨论基础[J].上海财经大学学报,2010(5).

董雅芸.论合作社治理的法律机制研究.华东政法大学硕士学位论文,2007.

杜业明.关于农地股份合作社的考察[J].乡镇经济,2008(9).

范青青.临安市农村集体资产股份合作制改革研究.浙江农林大学学位论文,2013.

方志权.农村集体经济组织产权制度改革若干问题[J].中国农村经济,2014(7).

费孝通.江村经济[M].上海:上海世纪出版社,2007.

费孝通.乡土中国(修订版)[M].上海:上海世纪出版社,2013.

费正清.美国与中国[M].北京:商务印书馆,1987.

冯开文. 合作制度变迁与创新研究[M]. 北京:中国农业出版社,2003.

冯开文. 论农村集体经济组织的重要地位[J]. 农村经营管理,2010(2).

付建龙. 我国农民合作社制度研究. 南京师范大学博士学位论文,2013.

傅晨. 农村社区型股份合作制的治理结构[J]. 农业经济问题,1992(2).

傅晨. 农村社区型股份合作制的治理结构——一个交易费用经济学的透视[J]. 农业经济问题,1999(6).

盖国强. 新阶段农村土地制度改革目标是建立现代土地制度[J]. 山东农业大学学报(社会科学版),2004(2).

宫希魁. 用大视野审读农民问题[J]. 改革内参,1999(5).

龚欣一. 完善农村集体经济组织体制的法律思考[J]. 法制与经济(上),2011(12).

顾征英. 关于农村社区股份合作制改革的实践与思考[M]. 南京:南京林业大学,2007.

管爱华,符纯华. 现代世界合作社经济[M]. 北京:中国农业出版社,2003.

郭冬梅. 近代日本的地方自治和村落共同体[J]. 日本学论坛,2004(4).

国务院发展研究中心农村经济研究部课题组. 稳定与完善农村基本经营制度研究[M]. 北京:中国发展出版社,2013.

国务院法制办公室政法司编. 村民委员会组织法讲话[M]. 北京:中国法制出版社,1999.

韩高奎. 村民自治制度及其完善探析——对寿光市村民自治情况的社会调查. 山东大学学位论文,2007.

韩家彬,汪存华,杨龙见. 经济权利与我国城乡收入差距——基于省级面板数据的经验分析[J]. 东北大学学报(社会科学版),2011(1).

韩杰. 现阶段中国村民自治制度分析及探讨. 东北财经大学学位论文,2006.

何安华. 土地股份合作机制与合作稳定性——苏州合作农场与土地股份合作社的比较分析[J]. 中国农村观察,2015(5).

何泽中. 村民自治概念辨析[J]. 法学评论,2001(1).

贺雪峰. 村民自治的功能及其合理性[J]. 社会主义研究,1999(6).

贺雪峰. 论人口流动对村级治理的影响[J]. 学海,2002(1).

洪远朋. 合作经济的理论与实践[M]. 上海:复旦大学出版社,1996.

胡碧玉. 西部人口、资源、环境与可持续发展研究[M]. 成都:四川人民出版社,2009.

胡健,董春诗.市民社会的概念与特征[J].西北大学学报(哲学社会科学版),2005(3).

胡锦涛.高举中国特色社会主义伟大旗帜为夺取全面建设小康社会新胜利而奋斗——在中国共产党第十七次全国代表大会上的报告[M].北京:人民出版社,2007.

桓台县农村改革试验区办公室."股田制"试验与探索[J].山东省农业管理干部学院学报,1999(1).

黄辉祥.村民自治的生长:国家建构与社会发育.华中师范大学学位论文,2007.

黄静晗,潘扬彬."村改居"社区集体经济产权制度改革与探索——以福建省厦门市马垅社区为例[J].沈阳农业大学学报(社会科学版),2012(3).

黄少安.产权制度效率标准与资源配置效率标准的关系[J].中国经济问题,1995(2).

黄思俊.印度农村潘查亚特制度的演变[J].史学月刊,1990(6).

黄小贺.中国村民自治运行机制研究.复旦大学学位论文,2010.

黄延信,余蔡,王刚,陈瑜.股份合作社:农村经营体制创新的有效载体——重庆市发展农村新型股份合作社调查[J].中国农民合作社,2013(7).

黄增付.农民合作社村庄整合的实践与反思——基于闽赣浙湘豫土地股份合作社案例的分析[J].农业经济问题,2014(7).

黄中廷,陈涛主编.从共同共有到按份共有的变革[M].北京:中国农业出版社,2004.

黄中廷.新型农村集体经济组织设立与经营管理[M].北京:中国发展出版社,2012.

黄祖辉,梁巧等.农业合作社的模式与启示:美国、荷兰和中国台湾的经验研究[M].杭州:浙江大学出版社,2014.

黄祖辉,徐旭初,蒋文华.中国"三农"问题:分析框架、现实研判和解决思路[J].中国农村经济,2009(7).

黄祖辉,赵兴泉,赵铁桥.中国农民合作经济组织发展:理论、实践与政策[M].杭州:浙江大学出版社,2009.

贾后明.论公有制目标与实现形式的矛盾与统一——兼论股份制的公有性[J].江汉论坛,2007(12).

江海燕等.中国农村村民自治制度的理论与实践反思[J].江西社会科学,

2002(2).

姜勤. 推进农村"三大合作"促进农民增收[J]. 新农村(黑龙江),2012(10).

蒋承,刘天然. 公共财政、农村股份合作与城乡一体化——以中山市农村公共福利提供为例[J]. 中央财经大学学报,2011(3).

蒋省三,刘守英. 土地资本化与农村工业化——广东省佛山市南海经济发展调查[J]. 经济学家(季刊),2004(4).

竭红云. 村民自治下的农村权力结构及其功能分析[J]. 河北青年管理干部学院学报,2009(2).

金丽额. 新时期农村土地股份合作制探析[J]. 当代经济研究,2009(1).

景跃进. 党、国家与社会:三者纬度的关系——从基层实践看中国政治的特点[J]. 华中师范大学学报(人文社会科学版),2005(2).

孔令平,董振琦. 略论奴隶社会前期的土地制度——兼驳"东方公有、西方私有"的传统观点[J]. 学术月刊,1981(9).

孔祥智,何安华. 资源禀赋差异与合作利益分配——辽宁省农民专业合作社案例分析[J]. 中国合作经济评论,2011(4).

孔有利,刘华周. 农村社区股份经济合作社产权分析——以江苏省村级集体经济组织股份合作化为例[J]. 中国农学通报,2010(23).

雷世界. 对四川公选乡村干部的若干思考[J]. 西华大学学报,2005(6).

李秉龙. 农业经济学[M]. 北京:中国农业大学出版社,2013.

李炳秀,陈晓春. 内部人控制与非营利组织机构探讨[J]. 云梦学刊,2005(2).

李华雨. 农地股份合作社之收益分配法律制度研究. 南京农业大学,2012.

李建斌. 又见"贫农"——对湖北省京山县岭村土地流转的一项考察[J]. 中国农业大学学报(社会科学版),2009(2).

李江. 村社功能的转变与利益平衡的法律应对. 西南财经大学硕士学位论文,2010.

李景汉. 定县社会状况调查[M]. 上海:上海人民出版社,2005.

李俊英. 农村集体经济组织的主要形式与发展趋势[J]. 农村经营管理,2010(2).

李磊. 集体经济组织成员权的制度构造[J]. 法制与社会,2011(31).

李明义,段胜辉编著. 现代产权经济学[M]. 北京:知识产权出版社,2008.

李全胜. 论中国农村村级治理模式创新:复合式治理[J]. 中州学刊,2012

（3）.

李胜兰. 再论我国农地使用权制度改革[J]. 学术研究,2004(12).

李谢辉. 论我国村民自治的完善. 内蒙古大学学位论文,2010.

李永安. 论我国〈村民委员会组织法〉修改的前瞻性问题[J]. 河南省政法管理干部学院学报,2010(1).

李云飞. 农奴制的社会基础——以中世纪英格兰为例[J]. 首都师范大学（社会科学版）,2007(6).

李正华. 三个重要文件与新时期中国乡村政治的变革[J]. 党的文献,2006（4）.

郦道元.《水经注》卷14《交州外域记》,叶当前,曹旭注,评. 南京:凤凰出版社,2011.

廖鹏程. 股份制民主与社会管理——以浙江省温州市鹿城区"城中村"农村社区股份合作制改革试点为例. 复旦大学学位论文,2008.

林纯洁. 德国地方自治对中国改革的启示[J]. 学习月刊,2009(2).

林德荣. 新农村建设的创新模式——山东蓬莱市南山王谷土地股份合作社的个案调查[J]. 农村经济,2010(2).

林坚,马彦丽. 农业合作社和投资者所有企业的边界——基于交易费用和组织成本角度的分析[J]. 农业经济问题,2006(3).

林尚立. 基层民主:国家建构民主的中国实践[J]. 江苏行政学院学报,2010（4）.

凌刚. 村民自治视角下苏南农村集体资产股份合作制改革研究——以吴江市盛泽镇西白洋村为例. 华东理工大学学位论文,2011.

刘俊杰,张龙耀,王梦珺,许玉韫. 农村土地产权制度改革对农民收入的影响——来自山东枣庄的初步证据[J]. 农业经济问题,2015(6).

刘素贤. 关于农民专业合作社与农村社区股份合作社的探讨[J]. 农技服务,2013(1).

刘伟. 改革开放以来我国农村基层民主政治建设研究. 山西财经大学学位论文,2011.

刘卫宇,李敬锁,牟少岩. 农民专业合作社外部监管体系的内容及职能[J]. 青岛农业大学学报(社会科学版),2011(3).

刘笑萍. 农村社区股份合作制制度创新路径分析[J]. 农业经济问题,2005（9）.

刘勇.农民专业合作社法律属性的经济学分析[J].华南农业大学学报(社会科学版),2011(1).

刘玉照,文金龙.集体资产分割中的多重逻辑——中国农村股份合作制改造与"村改居"实践[J].西北师范大学学报,2013(11).

刘稚.试论越南封建村社制度[J].东南亚研究,1988(3).

刘自敏.股份合作社控制权分配研究——基于双(多)边专用性投资的视角.新疆:中国农业经济学会,2013.

刘自敏.新型股份合作社逐渐兴起[J].中国集体经济,2013(20).

陆文强,李建军.农村合作制的演变[M].北京:农村读物出版社,1988.

罗猛.村民委员会与集体经济组织的性质定位与职能重构[J].学术交流,2005(5).

吕德文."拿钱的办事员"和"集体化"的消解——税费改革后的乡村治理状况[J].华中科技大学学报(社会科学版),2010(6).

马良灿."内卷化"基层政权组织与乡村治理[J].贵州大学学报(社会科学版),2010(2).

马长山.国家、市民社会与法治[M].北京:商务印书馆,2002.

蒙柳,许承光,覃春霞.完善我国农村股份合作制治理结构的思考[J].统计与决策,2011(1).

米鸿才等.合作社发展简史[M].北京:中共中央党校出版社,1988.

民政部基层政权建设司.农村基层政权建设与村民自治理论教程[M].北京:教育科学出版社,1998.

牛若峰.也论合作制:上[J].调研世界,2000(8).

潘名山,王安康.新型集体经济[M].上海:上海财经大学出版社,2010.

潘长胜.江苏农村社区股份合作制的实践与思考[J].农业经济问题,2004(11).

逢玉静,任大鹏.欧美农业合作社的演进及其对我国农业合作社发展的启示[J].经济问题,2005(12).

彭海红.中国农村集体经济的现状及发展前景[J].江苏农村经济,2011(1).

彭真.彭真文选[M].北京:人民出版社,1999.

钱忠好,曲福田.农地股份合作制的制度经济解析[J].管理世界,2006(8).

钱忠好.农民土地产权认知、土地征用意愿与征地制度改革——基于江西省鹰潭市的实证研究[J]. 中国农村经济,2007(1).

钱忠好. 中国农村土地制度变迁和创新研究[M]. 北京:中国农业出版社.

秦愚. 中国农业合作社股份合作化发展道路的反思[J]. 农业经济问题,2013(6).

邱俊杰,李承政. 农村社区股份合作制改革——改革中存在的问题及深化的方向[J]. 科技管理研究,2011(24).

邱俊杰,李承政. 农村社区股份合作制改革——改革中存在的问题及深化改革的方向[J]. 科技管理研究,2011(24).

任大鹏. 多主体干预下的合作社发展态势. 中国农民合作经济组织发展:理论、实践与政策. 杭州:浙江大学出版社,2009.

上海市农村经营管理站编. 上海推进农村集体经济组织产权制度改革集锦[M]. 上海:复旦大学出版社,2012.

沈阳华. 关于弱势群体的问题研究[J]. 价值工程,2014(9).

史天健. 西方模式难套中国民主[J]. 党政干部文摘,2007(7).

孙宏伟. 英国地方自治体制研究. 南开大学博士学位论文,2014.

谭秋成. 乡镇集体企业产权结构的特征与变革[M]. 长沙:湖南人民出版社,1998.

谭芝灵. 回顾与反思:中国农村股份合作制经济发展历程[J]. 理论探讨,2009(2).

谭忠健. 马克思主义自治观与中国村民自治研究——基于广东省阳西县的分析. 中山大学学位论文,2009.

唐茂华,陈丹. 农村土地制度变迁的政策过程及现实困境[J]. 农村经济,2011(3).

唐鸣. 关于村委会选举选民登记的几个法律问题——对省级村委会选举法规一个方面内容的比较与评析[J]. 华中师范大学学报(人文社会科学版),2004(1).

陶叡,陶学荣,付含宇. 乡村治理中的制度变迁分析——以村民自治制度为视角[J]. 中国行政管理,2010(5).

田代贵,陈悦. 农村新型股份合作社改革的总体框架:一个直辖市例证[J]. 改革,2012(7).

万朝荣. 关于基层民主法治建设的几点建议[J]. 新重庆,2012(6).

汪海霞. 论以正当程序实现"包容性"增长[J]. 前沿,2011(11).

汪海燕. 农村社区股份合作制改革比较研究[J]. 北京农业职业学院学报, 2008(6).

汪立波. 姑苏城外春水蓝——土地股份合作社激活苏州农村土地流转[J]. 农村工作通讯, 2009(9).

王国敏, 罗静. 农村集体经济:辩证审视、现实困境与必然出路[J]. 探索, 2011(3).

王景新, 鲁可荣. 民国乡村建设思想研究[M]. 北京:中国社会科学出版社, 2013.

王景新著. 乡村新型合作经济组织崛起[M]. 北京:中国经济出版社, 2005.

王可侠. 股份合作制的特征及效率分析[J]. 经济问题, 2000(12).

王瑞恒, 李如霞. 简论中国语境下的机会平等与结果平等[J]. 辽宁师范大学学报(社会科学版), 2010(1).

王天义, 徐国华. 论股份合作经济的内涵与外延[J]. 经济管理, 1996(12).

王伟. 中国村民自治[J]. 洛阳师范学院学报, 2000(1).

王文惠. 试论当前村民自治中的民主问题——以贵州省锦屏县圭叶村"五合章"为例[J]. 贵州师范大学学报(社会科学版), 2009(2).

王曦. 关于农地股份合作社发展的思考——以江苏地区为例[J]. 江苏农业科学, 2013(10).

王习明. 村治研究的发展轨迹、学术贡献与动力机制——基于1998—2009年CSSCI检索论文的研究[J]. 甘肃行政学院学报, 2011(5).

王小映. 土地股份合作制的经济学分析[J]. 中国农村观察, 2003(6).

王晓萌. 新农村建设背景下村民自治问题研究. 中国海洋大学学位论文, 2009.

王醒男. 村民自治与社区型股份合作企业—急速城市化进程中广州村民自治变迁逻辑的经济学分析[J]. 南方经济, 2004(9).

王秀梅. 转型期加强基层民主法治建设的对策思考[J]. 科技创业月刊, 2012(6).

王一多. 经济权利平等解析[J]. 西南民族大学学报(人文社科版), 2009(12).

王永健, 任雪凤. 对中小企业融资问题的探析[J]. 经济研究导刊, 2014(7).

王玉双. 我国农地股份合作制发展问题研究. 东北农业大学学位论文, 2006.

王中保. 企业公有性、效率与经济发展[J]. 当代经济研究, 2008(6).

韦少雄,胡正辉.股份制民主:创新村民自治模式的有效探索[J].科技信息,2013(26).

温铁军等.部门和资本"下乡"与农民专业合作经济组织的发展[J].经济理论与经济管理,2009(7).

吴爱民.地方政府学[M].武汉:武汉大学出版社,2011

吴大英.村民自治:有中国特色的社会主义基层民主[J].江苏社会科学,1999(6).

吴法俊.简论股份制与合作制的十大区别[J].中国集体经济,1989(8).

吴湖.基于村级事务流程化管理制度作用的探究——以宿松县北浴乡罗汉山村为例[J].当代经济,2012(9).

吴琪.农地股份合作社运行机制规范与实证研究.南京林业大学学位论文,2012.

吴宇哲,彭毅,鲍海君.基于土地发展权分配的征地区片综合地价研究[J].浙江大学学报(人文社会科学版),2008(6).

吴兆祥等.瑞士债法典[M].北京:法律出版社,2002

吴振国.西方发达国家企业法律制度概观[M].北京:中国法制出版社,1999

吴自斌.法国地方政府治理的变迁与启示[J].江苏社会科学,2010(4).

武桂杰.村民自治结构——功能研究.郑州大学学位论文,2003.

武玉坤,黄文勇.转型社会中农村集体经济组织角色功能研究——以东莞为例[J].安徽农业科学,2011(20).

夏锋.让土地成为农民财产性收入来源[J].财会研究,2008(6).

项继权.集体经济背景下的乡村治理一南街、向高和方家泉村村治实证研究[M].武汉:华中师范大学出版社,2002

肖婕,胡光.中国农村基层民主政治程序化的历史探析[J].山东省农业管理干部学院学报,2010(1).

肖轶.重庆农村新型股份合作社发育动因研究——基于重庆500户农户和100位基层干部的调查数据[J].中国农学通报,2015(20).

谢民亚.当前村民自治运行中的问题及其对策研究.东南大学学位论文,2004.

谢义亚.农村股份合作制的内涵、外延及分类[J].中国软科学,1994(6).

新宾.近代中国市民社会问题研究评述[J].社会科学动态,2000(4).

徐建春,李长斌,徐之寒,李翠珍.农户加入土地股份合作社意愿及满意度分析——基于杭州4区387户农户的调查[J].中国土地科学,2014(10).

徐丽琴.城市化对村民自治的影响——上海郊县村民自治研究.复旦大学硕士学位论文,2006.

徐勇,魏启智.论农村村民自治的创造性和独特性[J].求索,1997(4).

徐勇,徐增阳.论村民自治与加强农村基层组织执政能力[J].当代世界与社会主义(双月刊),2005(4).

徐勇.村民自治:一场"静悄悄的革命"[J].人民论坛,2008(17).

徐勇.论村民自治与加强农村基层组织执政能力[J].当代世界与社会主义(双月刊),2005(4).

徐勇.论中国村民自治的独特性与创造性[J].求索,1997(4).

徐勇.中国农村村民自治[M].武汉:华中师范大学出版社,1997

许安标.农民如何行使民主权力[M].北京:法律出版社,1999.

许惠渊等编著.产权理论与农村集体产权制度改革[M].北京:中国经济出版社,2005

杨宏翔,王槐生,杨继友.现代产权制度视角下的农村社区股份合作制[J].理论探讨,2005(1).

杨建中.彭真与村民自治[J].中共天津市委党校学报,2008(2).

杨宽.试论中国古代的井田制度和村社组织[J].学术月刊,1959(6).

杨珊.土地股份合作社中农民土地利益实现的法律探讨[J].西南民族大学学报(社会科学版),2011(11).

杨少文,熊启泉,陈伟.农民专业合作社规模的经济学分析[J].华东经济管理,2013(9).

杨张乔.村社治理:自治的组织建构和制度创新——以浙江农村为例的新制度主义分析范式[J].浙江学刊,2009(5).

叶燕华,张键,易星涛,章志龙.法治视域下村民自治权保障探析[J].江西农业大学学报(社会科学版),2009(3).

于金波.论农村经济体制改革与村民自治[J].河南农业,2009(10).

于向阳.论村民委员会出现的历史必然性[J].学术论坛,1984(1).

俞跃伟.宁波农村社区股份经济合作社运行机制研究.上海交通大学学位论文,2010.

张广春.构建社会主义新农村的村民自治研究.合肥工业大学学位论文,2007.

张红星．新农村建设中村民自治的发展与完善．天津师范大学学位论文,2010.

张景峰．对村民自治概念的法学分析[J]．社会主义研究,2003(4).

张军．现代产权经济学[M]．上海:上海三联出版社,1994.

张开云,李倩．石虹霞农村村社治理研究——基于"中山模式"的分析[J]．中南民族大学学报(人文社会科学版),2010(5).

张丽琴．建国以来村级组织建设及其职能演变——60年村级民主发展的历程考察与政策分析[J]．长安大学学报(社会科学版),2010(1).

张满林．我国农民专业合作社治理问题研究．北京林业大学学位论文,2009.

张维迎．西方企业理论的演进与最新进展[J]．经济研究,1994(11).

张伟兵．走向小农户联合的农民专业合作社:可能与可为——立足粮食生产的一个新思考[J]．中州学刊,2014(4).

张晓山,苑鹏．合作社基本原则及有关问题的比较研究[J]．中国农村观察,1991(1).

张晓山,苑鹏．浅议中外社区合作组织[J]．农村经济与社会,1991(3).

张晓山．农民合作发展需关注六大问题[J]．农村工作通讯,2011(5).

张晓山编著．合作经济理论与中国农民合作社的实践[M]．北京:首都经济贸易大学出版社,2009.

张笑寒．农村土地股份合作社:运行特征、现实困境和出路选择——以苏南上林村为个案[J]．中国土地科学,2009(2).

张笑寒．农村土地股份合作制的制度解析与实证研究[M]．上海:上海人民出版社,2010

张志敏．组织与认同:俄罗斯村社变迁．华中师范大学硕士学位论文,2012.

赵磊．公平与平等、效率问题新论[J]．当代经济科学,1990(1).

赵明晨．中国村民自治中的行为关系研究．新疆师范大学学位论文,2009.

赵鹏程,原贺贺．农民合作社对农民组织化的作用探究——基于四川省示范合作社的调查[J]．农村经济,2015(3).

赵卫邦．印度的村社制度——它的基本形态、内部结构和剥削关系[J]．四川大学学报(哲学社会科学版),1980(4).

赵秀玲．村务公开制度的变迁及其展望[J]．河北学刊,2001(9).

折晓叶．荷兰农业合作组织的中介功能及其启示——兼谈农民与市场的中介问题[J]．管理世界,1996(2).

郑水明. 浙江农村社区股份合作制改革的发展特点和趋势[J]. 农村经营管理,2008(11).

郑晓东. 美国城市社区自治的现状与趋势[J]. 浙江学刊,2008(5).

中国农村股份合作制研究课题组. 关于农村股份合作企业运行机制若干问题的研究——对山东周村、河北遵化36家股份合作企业的个案调查与问卷分析[J]. 中国农村经济,1997(4).

周国辉. 用脚投票现代政府控制理论新探[J]. 学术论坛,1996(3).

周晓东. 农村集体经济组织形式研究[M]. 北京:知识产权出版社,2011.

周应恒,耿献辉. 涉农产业经济学[M]. 北京:科学出版社,2014.

周应堂,王思明. 中国土地零碎化问题研究[J]. 中国土地科学,2008(11).

朱晓鹏. 从经济民主到政治民主——论合作制的民主原则及意义[J]. 宁波党校学报,2005(3).

邹静琴. 村民自治制度背景下乡村关系的调适与重构[J]. 华南师范大学学报(社会科学版),2003(1).

后 记

　　股份合作本质上是一个涉及资本与人力资源等要素配置及收益分配的经济问题,但放置到农村背景中,其治理结构与体制的转变就成为一个关联到农村自我管理的政治经济问题。这是因为,总体而言,农村股份制经济只是在原来集体经济的基础上实行村集体经济资源量化改造的一种形式,其发展的结构与体制受到集体经济的地缘性质与原集体经济成员的身份资格的约束。在通常情况下,村集体股份经济受到地缘与经济成员资格的约束,很难实现经济要素的交换、流动、优化配置与扩张,难以在股权结构与内部治理结构上有所突破。从这个意义上说,农村股份经济实质上是地缘意义上的农村社区股份制经济。为此,农村股份制改造的本质是要消减其地缘意义,也即消减其政治属性,还原其经济属性。因此,可以说,农村经济股份制改革过程是政经关系的分离的过程与打破股权封闭性的过程。

　　当前,这一改革过程本质上并不仅取决于经济结构与经济行为自身的诱致性变迁,而取决于政治决心与政治体制的变化。这就是说,一方面,这一过程的推进是渐进或台阶式的,另一方面,它也与农村治理精英对治理结构把握的能力与意图有关。这是一个问题的两个方面,也体现了地方农村治理的原则性与灵活性以及必然性与偶然性。必然性是说农村集体经济要经历一个股份合作制的过程最后过渡到股份制经济。这既是一个过程,也是三个不同的阶段。在每一个不同的阶段,农村集体经济的治理结构,其外显的形式与农村社会管理的经济支持能力与支持结构有关,比如农村的社会管理从行政村向社区转变,这个转变与股份合作制向股份制过渡有类似性与同步性,这与地方公共财政能力有关,也与治理转变与股权的流动性的实现也有关。这是一个双轨过程,既是一个政治过程,也是一个经济过程。从这两个过程来回顾本课题的研究,不难看出本研究的最大局限性在于,不能分阶段地研究农村股份经济改革的趋势、不同阶段的治理结构与体制以及这种结构和体制与经济环境的相关性。这种相关性约束决定了改革过程的灵活性与偶然性。这是一个更微观、更深入、更与实际相结合的研究切入点,只有深入进去,才能更深刻理解农村股份制改革的确切困境,找到农村股份制改革更具有可操作性的思路与对策,并从中抽象出农村经济政治各自的发展脉络及其相关性。毫无疑问,这是本课题进一步研究的方向。

此外,在研究资料和数据采集上,还有待进一步拓展和完善。一方面,由于搜集手段有限,收集到的与研究主题直接相关的外文资料较少,并且受语种限制,这些资料仅限于英文文献。另一方面,由于研究经费、人员和时间等因素的限制,本研究的调查问卷范围较小,样本量还不够大。尽管调查结果对相关结论不会带来实质性影响,但仍会使基于问卷调查得出的研究结论具有一定的局限性。今后应拓展资料收集渠道,选取多中心大样本问卷调查进一步验证相关结论。